美国的艺伎盟友

重新想象敌国日本

【美】涩泽尚子◎著 牟学苑 油小丽◎译 刘东◎主编

America's Geisha Ally

Reimagining the Japanese Enemy

江苏人民出版社

图书在版编目（CIP）数据

美国的艺伎盟友：重新想象敌国日本 /（美）涩泽尚子著；
牟学苑, 油小丽译. -- 南京：江苏人民出版社, 2016.10
书名原文：America's Geisha Ally: Reimagining the Japanese Enemy
ISBN 978-7-214-19664-4

Ⅰ.①美… Ⅱ.①涩… ②牟… ③油… Ⅲ.①日美关系—
研究 Ⅳ.①D831.32 ②D871.22

中国版本图书馆CIP数据核字(2016)第239876号

书　　　名	美国的艺伎盟友：重新想象敌国日本
著　　　者	［美］涩泽尚子
译　　　者	牟学苑　油小丽
责 任 编 辑	周晓阳
装 帧 设 计	末末美书
版 式 设 计	书情文化
出 版 发 行	江苏人民出版社
出版社地址	南京市湖南路1号A楼，邮编：210009
出版社网址	http://www.jspph.com
印　　　刷	大厂回族自治县正兴印务有限公司
开　　　本	880毫米 × 1230毫米　1/32
印　　　张	10.25
字　　　数	240千字
版　　　次	2017年12月第2版　2017年12月第1次印刷
标 准 书 号	ISBN 978-7-214-19664-4
定　　　价	48.00元

1941年12月7号日军偷袭珍珠港事件使美国人深感震惊和不安。《时代》杂志将这一事件称为"笑里藏刀的预谋犯罪",反映了当时美国民众普遍的情绪。"数以万计"毫无防备的、仍沉睡梦乡的美国人被粗暴地惊醒了,大声叫嚣着"这些黄皮肤的杂种!"。美国人在惊讶愤怒于日本空军如何横跨太平洋成功发动偷袭的同时,强烈要求采取报复行动。在弗吉尼亚诺福克的新兵征募中心,第一个前来报名的人宣称:"我要让这些日本佬尝尝我的拳头!"在华盛顿,一位盲目的爱国者由于无法在日本佬身上出气感到沮丧,于是砍倒了华盛顿潮汐蓄水港沿岸的四棵日本樱花树泄恨。在田纳西首府纳什维尔,据说当地资源保护部否决了一项申请,该申请要求颁发600万个价值2美元的捕猎"日本佬"的许可证。资源保护部对该项否决解释说："捕猎'日本佬'开放限制，无需证件。"太平洋战争释放了美国人对日本人的种族仇恨，这种仇恨有时近乎于种族灭绝，持续存在于冲突的全过程。

美国人在发动这场"残酷战争"的时候，受到了此前既有的"黄祸论"的影响——美国的日本移民勤俭、善于模仿、精明。日本佬被描述成不可被同化、只靠米饭就能生存、对欧美工人及农民的生计存在破坏威胁的民族。许多美国人认为"日本佬"让人琢磨不透，他们用卑鄙的手段获取不正当的竞争优势，而珍珠港偷袭事件使得美国人确信日本人的确是一个绝无仅有、奸诈狡猾的民族。由于太多的美国人都认为这种阴险奸诈是日本人固有的民族特性，以至于日本移民和他们在美国出生的孩子也像国内的日本人一样被归类为美国的敌人。美国联邦政府以军事需要这一虚假偏执的借口为由，将整个西海岸的日裔美国人——包括婴儿、孩童、少年还有成年人——都作为潜在的破坏者集中拘禁起来。

二战接近尾声时，《时代》、《生活》杂志的发行人亨利·卢斯说："美国人不得不学着仇恨德国人，但对日本佬的仇恨却来得很自然——就像曾经与印第安人斗争时的仇恨一样自然。"对他以及其他上世纪中期的美国人而言，种族仇恨和文化对立是很"自然的"或者说是基本常识。在他们的眼中，不论是土著印第安人还是日本人都是"野蛮人"，坚守一些奇怪的不合理的信念，而不遵从"文明的"西方传统规范。日军对盟军战俘的野蛮残忍行径以及他们对天皇的所谓自杀式效忠使得美国人认为日本佬是比德国人更残暴可耻的敌人，也因此太平洋战争更为残酷。因为美国同德国文化上的相似性，大部分美国人将"好德国人"与纳粹加以区分，但他们却倾向于将所有日本人作为效忠"天皇"的狂热分子加以惩罚。

战争结束后，许多美国的公众人物和普通百姓仍旧视日本人为敌人。实际上一项盖洛普民意调查显示大多数美国人都后悔没在日本多投几枚原子弹。在庆祝第三舰队返航旧金山的宴会上，海军上将威廉·哈尔西表明对那些为确保"彻底击败冷酷敌人"而忍辱负重和捐躯的美国战士而言，对日本的"宽大"行为将是对他们的侮辱。在报纸头版刊登由前战俘陈述的有关日军暴行的证词同时，哈尔西善用时机表明了观点，他的观点得到许多无意对日本人表示善意的美国人的认同。

很明显，战后许多美国人仍然厌恶"日本佬"，但由于战后不久冷战的加剧，日本成了美国在亚洲最重要的盟国。尽管战争期间美国的轰炸机几乎炸毁了日本所有的城市，但日本仍算是一个有着金融机构、交通通讯设施和一批有文化、守纪律的劳动力的工业国。日本保留着一个成功的资本主义社会必需的成分，在战略意义上，它的地理位置远离亚洲大陆，日本凭借这种种优势成为美国在远东抵御共产主义的"堡垒"。看到共产主义在亚洲蔓延，美国决策者的忧虑与日俱增，与此同时他们只得将注意力放在对前敌国的经济复兴上，以试图使日本成为亚洲的资本主义国家典范。因此美国决策者不得不放弃占领初期对日的首要政策：即对日进行民主化，以及让日本对亚洲邻国发动的侵略战争负责。在1947年到1948年后，盟军最高统帅部这个驻日军政府走上了一条历史学家称为"逆转路线"的道路。盟军最高统帅取消了许多雄心勃勃的改革计划，例如土地再分配计划，取消了变日本为民主平等国家的计划。为了加强日本的经济复兴，美国还停止了日本对亚洲国家的战败国赔偿，并且强迫亚洲国家再一次成为日本的准殖民原材料供应国。不仅如此，美国还变本加厉地为裕仁天皇辩护，这场破坏性极大的战争正是以裕仁的名义发动的，给数百万的亚洲人民带来重大伤亡及痛苦，但美国却拒绝将其作为战犯审判。这样一来，日本这个二战中亚洲首要的侵略者在随后的冷战中却成了该地区最大的受益国。美国为推进其冷战目标，对日本经济的保护和培植为五六十年代日本的"经济奇迹"打下了基础。

我们了解了美国决策者为何在二战后很快就与日本建立重要的盟友关系，可是对于他们如何在战后对日政策上获得美国民众支持这一点我们知之甚少。就在不久前日本佬还被彻头彻尾地唾弃为戴着可乐瓶底眼镜，长着龅牙的类人猿，美国民众怎么会这么快就接受与其结盟了呢？精英决策者可能已决定将日本作为对抗共产主义的堡垒，但美国民众是如何在战后不久就接受这项政策的呢？

要理解美国民众对日态度由憎恶的种族敌人到重要盟国的巨大转变，我们可以在美国大众话语中寻找线索。战后的美国大众话语中认定两个"自然的"不争的等级关系——男性高于女性，成年人高于儿童——并且将这种等级关系比拟在"白种人"同"有色人种"的美日两国的国家关系上。将日本比喻成女性，这样日本的政治附庸国的身份就像艺伎附属于男性客人一样顺理成章；而日本被比作孩童则突出了其成长为"民主"国家的潜能。战后美国人开始用这种普遍接受的、既有的、对性别和成熟度的思想意识看待美日关系。美国民众在性别与成熟度这两个互相强化的概念框架下理解美日双边关系，也开始不再将日本人看做野蛮人，而是需要美国引领和爱护的附属物。换句话说，性别和成熟度的意识形态帮助美国人弱化了对日本的种族敌对。将仇敌女性化或视其为不成熟孩童的做法使美国民众较容易将"日本佬"人性化，继而赋予他们以新的角色：他们是美国人的职责。

战后美国对日本的重建受到两个方面的影响，一是美国扮演世界领导者这一新角色的方式，另一方面是在原有等级体系面临挑战的变革的世界里，美国对民主作用的看法。美国国内两性关系及种族关系的变化是最为切实的。当时女性已准备好挑战欧美男性在经济和政治上的既定统治地位，要求维持二战期间女性享有的更多的权利、机会和待遇。尽管女性有组织的公然对抗的势头直到几十年后才有所增长，但在战后的话语中，它对瓦解传统性别等级的作用显而易见。的确，美国人在冷战文化中将日本女性描绘成女性的典范的做法可被视为是对这一新思想方式的抵抗。而在国外争取民主的斗争不断胜利的背景下，美洲黑人在争取社会地位及政治权利平等上组织得更为完备，准备得更为充分。他们的境遇以及美国社会事实存在的种族歧视加强了美国人对民主社会需要"包容"少数族裔这一话题的探讨。美国人这种对待少数族裔——包括新近被拘禁的日裔美国人——的方式不是简单地出于道德良知，而是美国在寻求将新兴的独立国家争取纳入自己的势力范围时，为国家威望考虑而制定的外交政策。

　　因此日本战后的形象是美国国内种族及性别关系变化所引起的思想转型的产物，也是美国开始以世界强国的姿态对抗苏联和共产主义集团的战略产物。当然日本也参与了这一形象改变的过程，试图向美国人展示日本是个崇尚和平的可靠盟友，但是在此我所关注的是涉及日本的美国话语和文化以及20世纪中期从全球视野出发的美国如何理解自己作为世界领导者的责任。

　　为了在美国大众话语中重塑日本形象，范围广大的政府及非政府的人物都投身其中，包括道格拉斯·麦克阿瑟将军、加州最高法院法官威廉·马修、国家部门的官员们，还有记者、作家、好莱坞制片人以及普通百姓。这一过程中尤为重要的角色是那些在美国占领期间去过日本的美国人；他们也是美国国内思想变革的先锋。最终描绘的日本新形象成为了冷战期间解读美国媒体、电影和学术研究中日本形象的标准。

随着日本形象的改变，改变的观念深刻地影响了许多人。在本书中我们会读到关于和日本女性结婚的美国大兵，战后留美的大学生，背负叛国罪的日裔美国人，"广岛少女计划"和"精神的养子"计划的报道。所有这些叙述者都超越了感知层面，向我们展示了意识形态对实际生活的影响。同时我们也会看到，所有这些个体——情愿或不情愿地——都参与到了美国对日话语的改变当中。

将日本敌人转型为在美国文化上可被接受的盟友是一个复杂而曲折的过程，有时会牵涉到政府的许多部门——可能是以直接的形式，例如盟军最高统帅部对驻日工作人员进行的岗前培训，也可能是以间接的形式，例如通过该部门支持的私有经济实体的努力而达到目的。基本上，美国政府没有精心策划这场战后民众对日观念改变的戏码。独立思考的美国民众有时会不知不觉地倾向于散播有助于达成政府目的的观念。美国的作家和制片人，协同美国政府官员一同就日本人以及与前敌国日本的适当关系传达了非常连贯的信息。

在文化传播渠道方面，例如期刊、电影和报纸，美国人对日观念的转变过程尤为曲折，整个过程毫无规律且时断时续地朝着纳日本为盟友的目标前进。这些文化上的改变未必与国家一级的政治事件步调一致。换句话说，从政策目标指向大众文化的单向流动极少，实际上，政治目标和大众文化处于一种相互影响的复杂关系——一种容许差异和矛盾存在的共生合作关系。这意味着美国公众话语和大众文化基本上是在帮助证实决策者们所定目标的正确性，但有时也会与他们意见相左，决策者彼此也常会对政策的细枝末节意见不一。并非所有的美国人都接受转变后的对日观念。当许多《生活》杂志的读者或是好莱坞的观众接受种族包容和日本人的同时，许多人也在拒绝接受。直至今日，在美国也能听到有人坦言仍不相信日本人，也可以听到有人讲他上了年纪的亲戚因为珍珠港事件仍旧仇恨日本人。日本负面僵化的形象仍深植于美国文化，随着政治经济状况的变化，这一形象随时可被激活。

　　本书的目的不是研究对日占领官员如何制定政策，而是讲述一段文化历史，借以理解美国的意识形态是如何辅助国家的外交政策的。发生在冷战这几十年的"文化转向"的确影响了许多研究美国对外关系的历史学家，但更多的学者仍在继续关注政策制定，仍在继续构建论据，试图说明一如性别这样的文化概念如何对政策施以影响。还有些学者也研究了欧美人眼中日本人的形象，但没有明确地将这些形象同欧美国家在国内外的政策相联系。不过也有些学者还在努力试图理解美国文化是如何帮助美国实现了在海外的实力扩张。在爱德华·萨义德的东方学理论中，他向世人展示了表面上温和无害的欧洲文学文本抑或是学术研究所起的作用。它们通过将远东殖民地描绘成无能力自制因此无法自治的"东方他者"来维护欧洲帝国主义列强和它们的远东附属殖民地之间的不平等或剥削关系。因此东方学这一意识形态为帝国主义者提供了奴役殖民地人民的合理解释。可以确信的是，美国从未将资源贫乏的日本作为其殖民地加以剥削，相反美国帮助日本成为了现代化的资本主义国家，用查莫斯·约翰逊的话说，这是"美帝国的最高奖赏"。尽管如此，萨义德的理论使得我们认识到一个强国的人民是如何无意识或潜意识地延续国家的外交政策的。

除了书名，书的内容和艺伎关系不大。但艺伎这一概念——一种在日本社会非常边缘化的文化风俗——是战后美国日本观的核心。而这一点是如何形成的才是本书的主题。

目录

◎

第一章　妇女和儿童在前

1945年12月的一天，天灰蒙蒙的，露西·赫登·克罗克特以红十字会工作者的身份来到了日本，在占领区开始了给她指定的工作。露西的对日态度就像那个阴沉的冬日，在她看来，"日本佬"就是一个狂热而顽固不化的民族，他们罪有应得，就该受到盟军空军对他们的彻底打击，尤其是来自B-29轰炸机的打击，将整个日本炸成像广岛和长崎一样的废墟。从厚木机场坐车前往东京的路上，露西却惊奇地发现对日本的景物有似曾相识之感。那些瓦片及稻草覆盖的屋顶、闲置的稻田，还有修剪整齐的灌木，她"以前"在纸扇、瓷器和织物上都看到过。露西后来在占领区回忆录里这样写道："每一处景致都像富士山商标一样令人熟悉。"

怀着对这似曾相识之感的惊异，露西来到了给她安排的住处：第一宿营区。她把行李卸在大厅，"绷着脸看着这些身材矮小的日本佬脚步匆匆地走着，彼此鞠躬行礼，发出嘶嘶的问候声。"当时即便不是大部分的美国人，至少也有许多美国人决定，对这个"矮小的民族"采取冷漠的态度。主流媒体的声明证实了一个普遍的观点，那就是日本人是注定的与生俱来的敌人；与此相关的言论也随处可见，例如"对我们美国人来说，仇恨日本佬毫无困难，无需挣扎"，"对日本佬的仇恨来得很自然——就像曾经与印第安人斗争时的仇恨一样自然"。战后，获释战俘的证词详述了白人盟军战犯在"日本的战俘集中营"所遭受的惨无人道的野蛮兽行，这更加深了美国人对日本人的种族敌视。1945年9月刊的《檀香山广告报》发表社论称"自尊自爱的美国人民"在此后很长一段时间中都不会使用"朋友"一词来称呼日本人。日本是"一个阴险狡诈、令人不齿的恐怖国度，它的国民几乎无一例外都如恶魔般残忍"。日本平静温顺地接受了美军驻军占领，这令美国人惊奇于"这个世界上最不可思议的国家和民族"，但占领区的早期报道警示美国人要保持戒备，以防不测，因为"这些战败的日本人仍怀恨在心"。

带着这些最新报道传递的信息，克罗克特来到日本，决定对夙敌以冷面相待。直到一天早晨一个日本侍女的举动感动了克罗克特，使她减弱了抵触情绪。克罗克特回忆说，这个侍女胆怯地敲开了她的门，进门后不停地鞠躬，并且羞涩而恭敬地送给她一瓶花作为"礼部（物）"，她在回忆时模仿着这个侍女的日本口音说："美国女士们非常好——咦。"克罗克特回忆说："这样的好意我除了接受还能怎样？""这样主动真诚的示好能让最冷漠多疑的陌生人也卸下防备、消除敌意，而且这种对占领者诚恳的善意体现在方方面面。"像这位侍女一样，许多日本妇女展现出的是谦卑而非高傲，关心而非冷酷，忠诚的服务而非奸诈背叛，这对于削弱战时日本士兵的野蛮残忍的僵化形象很有帮助。在许多美国人看来，这些日本妇女，尤其是从事服务工作的女性，似乎是在替国人赎罪。这些日本女性表现出的谦卑奴性和高度的女性气质有助美国人转变对种族敌人的态度，表示友好。

比日本女性还亲善的是日本的儿童，克罗克特在书中写道，这些儿童构成了"消弭占领者与夙敌之间屏障的最和谐的日本因素"。在占领初期，美国人遭遇了东京市民的紧张和冷淡，恐惧和幻灭的情绪遍布日本其他地区。战败的日本人认为美国兵不会放过他们，已经做了最坏的打算。但是美国占领军发现他们同日本儿童之间障碍很少。一个海军中士告诉克罗克特，当他们的军队进驻长崎时，居民都躲在家里，街道上几乎空无一人。但当他们穿过长崎的街道，却发现一些好奇的孩子躲在街角偷偷张望，而且很快又发现了更多的孩子。于是军队停下来拿出糖果分发，这个中士回忆说："不知不觉我们已被孩子们围住了……那些大人们观察着我们的一举一动，发现我们并没用刺刀把他们的孩子四分五裂，反而对孩子们很友善，他们才知道我们并不像他们想象中的魔鬼，很快一扇扇隔板门滑动着打开了。"1945年9月的《新闻周刊》报道说，美国军人与日本人的友善交往很少，但却忍不住要分发糖果或食物给那些"非常可爱"的"大眼睛的日本儿童，不像他们那些了解战争的父母，孩子们对美国大兵一般少有恨意"。到12月，克罗克特到达日本的时候，孩子们向美国大兵讨要"巧克力"、"口香糖"的场景已成为日本占领区的典型画面，所有经历过的人都记得。

克罗克特发现美国人来日本后最喜欢的闲暇消遣就是购物。令人喜爱的日本妇女和可爱的孩子们有助于引导美国人恢复与战败敌人的友善来往，除此之外，消费品也激励他们重新开始与日本的商业关系。《新闻周刊》的首篇对占领区美国人的报道名为《美国佬热购和服，热衷艺伎风俗》。美国人对纪念品开始了狂热的搜索，许多通讯记者和回忆录作家挖苦道：买些日本特色的东西肯定是"他们占领日本的首要目的"。克罗克特观察发现，无论是从华盛顿或是从位于东京的总部到京都的重要任务行动，最终都会变成"狂热的购物游"，美国人会购买些"便宜的白色丝绸和服，上面绣着精美华丽的龙纹和花饰……还有白色丝巾、手绢、睡衣和装饰桌布，上面同样绣着或画着富士山、艺伎、樱花和神社的鸟居"，还会买些其他也是专门制造的"外销品"。

旅游业为美国驻军提供了另一种了解日本的途径。克罗克特说,美国人在占领区每天的商业活动中"冷静系统地考察"日本,从中寻找乐趣。在克罗克特看来,日本这个绵延1,500英里、景色优美、有着一千多年文化历史的岛国,似乎为了盟军人员的便利,已经将它能展现的最美的景致都进行了巧妙的处理包装。克罗克特承认美国B-29轰炸机给日本带来的重大损害,将日本满目疮痍的国土描述成"一个布满伤疤但容貌依旧清秀的女性脸孔"。这些疤痕并没有过分地减少她或是其他美国人对日本美景的兴趣——东方的亭台宝塔、绿油油的稻田、赏心悦目的艺伎,还有背在母亲背上的婴儿。克罗克特观察说,美国驻军在日本拍了很多照片,每个美国兵的"制服"里必备的不是装在枪套里的枪,而是装在有肩带的皮匣子里的柯达照相机、莱卡相机或是拍立得照相机。

美国占领军政府知道,有许多像克罗克特的美国人来日本时仍对这个新树之敌怀有深深的敌意和怀疑。盟军最高统帅部肩负着这个额外附加的任务,为了将日本纳入自由资本主义体系,它必须帮助其内部人员减少敌对情绪。应对这一挑战,盟军最高统帅部采取的一项策略是强调美国人应承担的具有历史意义的职责使命。《我们在日本的使命》是美国战争部拍摄的教育片,要求驻日本冲绳和朝鲜的士兵都要观看,片中警告说"现在是我们大获全胜或是功亏一篑的关键时刻"，如果美国人"能解决7千万日本人""盲从领袖"的问题，持久的和平就指日可待了。影片还强调，这个问题根源在于日本人的头脑，而他们的头脑从生理上来说与美国人的头脑没有什么不同——这意味着盟军最高统帅部反对科学种族主义。画面转切到一张全是日本婴儿的照片，镜头聚焦在其中一个，画外音解释说"出生时，他和别的婴儿一样，没有一个婴儿是生来就具有危险思想的"。但是日本人已经被"军国主义者"洗脑扭曲，认为日本可以统治全世界，而盟军最高统帅部的职责就是要对这些日本人进行再教育。现在要教导日本人让他们去思考、了解、讲述和倾听过去的种种愚蠢行为，教导他们拥护"一个我们知道必能带来和平的政府形式"。

教育片《我们在日本的使命》着重强调了美国在日本所起的教育作用：教化那些刚愎自用的日本学生抛弃"征服全世界"这种青春期愚蠢的梦想，转而拥抱和平。这就意味着美国大兵们必须意识到"征服者的英雄感是于人于己都不利的"，这也是美军在士兵的《日本指南手册》中所强调的。军方在手册中提醒美国大兵"即使在被占领的日本，主人的角色也是不恰当的。我们正在试图教育这些受权威压制的民众何谓民主，如果占领仅仅意味着换了一个逞威者，则毫无意义。我们的职责是让他们认识到'滥施淫威'是不正常的，是错误的"。相关权威部门将会在法庭上审判日本战犯，所以手册中，军方训诫美国大兵"你们无权'惩罚'日本人，不许凭一时冲动骚扰他们"。美国军人不应把日本人当作"劣等民族或群体"对待，要"尊重他们独特的风俗和传统"。军方在手册中还提醒美国大兵，作为占领部队的一员，他们就是"代表美国的非正式的外交官"，劝诫他们要像在国内一样，举止文明。在盟军最高统帅部国民信息教育部颁发的"新进人员指导手册"中，军方指出"如果我们不努力了解日本社会，就不能指望日本人接受我们带来的新思想"。因此在手册中，军方要求国民信息教育部的工作人员走出去，试着用富有同情心的观察和礼貌的询问多了解日本。

同样，盟军最高统帅部要求美国大兵们也多了解日本习俗，希望他们能爱屋及乌，尊重日本人，因为几个月前记者约翰·拉塞尔达写道，日本人"在军方宣传册中被描述成""脚趾开裂的类人猿，应该被血腥屠杀……他们咎由自取"。现在美国士兵都得接受历时一小时的"作战科目"指导，例如"插花、焚香、婚俗、服装、茶艺和鸬鹚捕鱼"。日本手册不仅界定了美军驻日的职责是保护一个无抵抗能力的民族，还试图通过赞美他们的"木雕、漆器、景泰蓝等精美手工艺品"，培养美国人对日本人的尊重。手册简要描述了日本历史，给人的印象是日本人虽然在艺术方面具有天赋，但在处世才能和果断性的男性事务上则显得危险而无能。所以手册以两个穿和服的女孩放风筝为封面也就不足为奇了。

　　盟军最高统帅部重建美国人眼中日本人形象的策略与占领人员对日本妇女儿童的亲善反应不谋而合。最高统帅部的介绍指导材料极力宣传一种传统的观念，即女性和儿童是脆弱无助的，并要求占领部队为他们提供强有力的男性保护、介入和引导。将焦点放在日本人的女性气质和孩童心理——以及现实生活中的妇女儿童——这一做法使得美国人弱化了一般认定的日本士兵野蛮残暴的形象，使他们可以对日本表现宽容大量的慈父作风。同殖民地的家长作风不同，这一宽大的慈父作风旨在培养这个"落后的"国家快速成长，朝着民主政治经济发展。美国自由主义者们将日本看成柔弱无助的妇女儿童，将自己看成是良师益友和保护者，这样一来就缓和了他们对日本的仇视。在这一思想意识框架下，对日本暂时的保护和教育似乎变得合情合理又有必要。这一说法听上去合乎情理，甚至连国内的美国人最终也同意了，尽管有些不情愿。

　　当时在日本的美国人首先接受了这种观点，将自己良师的身份与享受日本服务及商品化的愿望相符合。最高统帅部鼓励观光旅游，认为它能为驻军人员提供有益的娱乐活动，也能提供一种与日本人友好交往的方式。因为是套在师徒这一概念框架下，毫无疑问这种关系通常是不平等的。由于在战争中溃败，日本人现在成了美国人的学徒。

在讲述美国对日看法由种族敌视到冷战同盟的转变时，一定要结合当时美国人在日本的见闻，否则整个事件会缺乏完整性。是这些在日本的美国人首先经历了这一转变，并将这一信息传递给了国内的读者。

"日本玩偶"和维多利亚时期的"日本热"

露西·克罗克特和其他战后驻日的美国人都惊奇地发现日本是如此地"熟悉"，而他们又如此之快地开始将占领期日本当作异国情调的旅游场所和纪念品购物天堂。在征服敌人后，对战败国的妇女儿童表示出友好的情感是不足为奇的，但是美国在日本投下了两枚原子弹，仅仅几个星期之后，美国人就已开始将这个国家和民族看作令人愉悦的景观了。早在19世纪，西方文献中就强调了日本是一个开满樱花的国度，这为美国人将战后日本看作"一个满脸伤痕但容貌依旧清秀的女性"埋下了伏笔。无论在游记、传教士的记录还是在富有的欧美游客的讲述中，日本都被描述成了小巧、幼稚、有着女性温柔的雅致迷人的地方，那里有长着红润脸颊的儿童、坐在黄包车里穿和服的妇女，还有戴着草帽在稻田里耕作的农夫。19世纪末20世纪初，日本的形象更加强了这种看法，当时日本的形象是在国内生产些价值不大的小摆设和其他消费品。大部分驻日的美国人情不自禁——甚至是力求——以19世纪欧美游客描述的样子想象日本：一个观光游玩的好去处，一个艺术品和古玩的购物天堂。

　　二战期间，美国人对"奸诈危险的敌人发动了一场冷酷无情的战争"，但他们对日本人的态度还未完全恶化到种族灭绝或目空一切的程度。受到法国"日本主义"的触动，美国人在19世纪的最后二十几年注意到了日本的艺术文化，他们在发现日本社会"奇特古怪"和落后的同时，也钦慕日本人的美学和艺术。在1876年的费城百年世博会、1893年的芝加哥世博会，还有1904年的圣路易世博会上，日本的展台都广受欢迎，吸引了成千上万的美国人参观，这点燃了"日本热"的火种，熊熊烈火一直燃烧到20世纪头十年。这种狂热是以东方主义视角为基础的，在这一视角下，西方工业社会已病入膏肓，到处是浓烟滚滚的工厂、大量生产的商品、腐败的政治、劳资纠纷和傲慢的"新女性"，而日本则是它的一剂良药。在这些感情丰富的维多利亚式东方主义者的眼中，日本是一片和谐迷人之地，在那里稻田翠绿、参天古木中林立着宝塔、小型家庭作坊中灵巧的工匠做着手工艺品、可爱的"小不点"在蹒跚学步，"明眸朱唇的少女"细心周到地端茶送水，轻言细语，令人心情放松。这别具一格的"东方伊甸园"形象在欧美一系列的文学戏剧作品中反复描绘、一再加强，这类作品数目之大、种类之广，都令人惊奇，包括旅游指南、游记、传教士的书面报告、杂志文章、小说、短篇故事、诗歌、歌曲、无声电影，还有像吉尔伯特和萨利文的舞台剧《日本天皇》，当然还有普契尼的《蝴蝶夫人》。大部分的西方人——除加州那些仍敌视日本人为"黄祸"的美国人外——喜欢以一种浪漫化的方式看待日本，而且这种观念根深蒂固，尽管后来有关现代化进程中的日本，有许多更真实准确的信息广为流传，但他们常常固执地拒绝改变原来的看法。

在东方主义的视角下，日本被女性化，处理成"一片纸扇和花的海洋"，"一个现实中的仙境"，这帮助在西方工业化国家开辟了一个逐渐成长的国际化女性消费市场。美国上流社会及中产阶级对日本产生新的知性及文化兴趣的同时，几乎全美国各阶层的人都开始购买日本制造的消费品或是其他地方制造的和日本有关的产品。在欧洲和美国，日本产品以及与日本相关的产品风靡一时，19世纪的旅行家伊莎贝拉·伯德评论说，这里的风景人物都让我想起"盘子、扇子和茶具上的图画"，1945年来日的露西·克罗克特也有同感。美国的进口业和其他商业都将女性化日本这一观念作为营销手段大力开发——不仅用来销售家居摆设类日本商品，还用来向家庭主妇宣传推销家用产品。美国的消费市场大量进口日货，将国内市场同日本紧密结合，甚至连佩尔肥皂、比塞尔地毯吸尘器、桂格麦片这些和日本进口无关的厂家也使用日本女性的形象进行销售。

手工制作的日本人偶可算是欧美人最常与日本人相联系的产品。这些可能是专为女孩制造的玩偶常常被买来或赠送用做闺房的玩物摆设。美国人带着恩宠的口吻称它们为"日本玩偶"或"日本娃娃"。在广告、杂志图片、乐谱、明信片以及儿童读物上，人偶的形象随处可见。无处不在的"日本玩偶"使得美国人将真实的日本人也物化成了"玩偶"。例如，《蝴蝶夫人》的创作蓝本的作者皮尔斯·洛蒂，在他的半自传体小说中常将日本新娘描写成"玩偶"，"时下货架上的陶瓷丝绸玩偶"的真人版。在这部著名的小说中，西方旅居者花钱买了他喜爱的日本新娘，后来不再喜欢了就抛弃了她。因此将日本女性称作"玩偶"，不仅把她们客体化为临时玩玩且容易操纵的玩物，也暗示着她们是天真幼稚的。

这种印象被泛化到整个日本民族，他们相对矮小的身材也使得西方人贬低小看他们的成就与能力。亨利·亚当斯将日本描述成一个"玩具世界"，人们住的玩偶房子是"用纸糊的窗户和席子铺的地板"。亚当斯对日本的"玩具"寺庙很是失望，写信给朋友说"我仍想在这个国家寻找宏伟庄严的东西，但希望不大"。拉迪亚德·吉卜林说每每看到日本哨兵穿着不合体的西式制服，背着相对他们的体型来说超大的武器，就觉得滑稽，忍俊不禁。他强调说，"日本人做得出笔挺的蓝色小军装，但他们理解不了军人的职责"，"精美的扇子和茶具与人们对军营的印象是格格不入的"，吉卜林和亚当斯都将日本人比作在西方销售的日本产品，坚持认为日本人能力所及的事物是些无关紧要的琐事。正如1945年9月的《新闻周刊》报道的一样，许多战后驻日的美国人刚到时都有同感，他们惊奇于日本的一切，包括"城市和工厂的断壁残垣"，都给人一种像迷你世界里"玩具的印象"。看着惨败的日本，许多美国人不禁要问"这样的民族竟然敢壮起胆来轰炸珍珠港"，他们是怎么办到的？这样的日本士兵是如何横扫东亚的？英国记者昂纳·特雷西感叹说，"他们体型太小了，真让人惊异于他们的胆大妄为。"

　　20世纪的西方人同样秉持着维多利亚时期人们的看法，用性别和成熟度这两个相互套叠的概念框架为参照来解释日本人的民族性。在这些概念框架下，这些西方人自以为是地判定着日本人所具有的能力、可得到的豁免以及美日之间的关系。同过去一样，美国人情不自禁地会将面积狭小的日本和它身材矮小的国民同能力和权利这样的概念联系在一起考虑。在他们看来，日本人妄图建立亚太帝国的做法——就好像小孩拿着玩具枪参战打仗一样——简直就是目空一切，自信过头。

　　战前，西方人认为日本人的幼稚会是种持久的状态，会永远住在"玩具王国"，但经过这场血腥野蛮、危害巨大的战争后，美国人不会再对日本人的纤弱小巧有浪漫的美化了。战后评论家说日本凭借着其崛起的军事力量和工业力量，发动了这场骇人听闻的恶战，以前那个尚未现代化的质朴的日本已荡然无存了。为弱化这一想法，美国决策者们借用先前有关日本的成熟度这一概念框架来重新描绘日本，将其描述为一个需要政治教育的国家，而美国则是这个日本小学生的民主之师。1945年9月中旬，《高级学术》刊文向美国高中生解释说，战士山姆大叔现在是"山姆校长"了，担负着重任，要对"7，300万难以驾驭的学生——即整个日本民族进行再教育"。或者像《美国先声论坛》的弗兰克·凯利和《时代》杂志的科尼利厄斯·瑞恩所说："日本人要从头学起，从蹒跚学步、牙牙学语到学着思考做事。不管我们喜欢与否，教导他们是联合国的职责。他们可能成为世界和平的重要因素，也可能成为新一轮可怕的核战争的温床。"

借助这些通俗易懂的比喻和关联，记者和其他舆论导向帮助美国民众解读了最高盟军统帅部关于将日本重新纳入以美国为首的民主资本主义势力范围的决策。美国设定其占领日本的目标是教育这个"世界上最大的少年管教所"的问题学生，这样就使得美国的行为显得顺理成章了，即对日本这个学生应该严格耐心地教导，而不能一味惩罚报复。同时，重新将日本人视为优秀的仆人而非残暴的敌人，这一视角的转换也有助于美国人善待日本人。《时代》、《生活》杂志的记者诺埃勒·布克解释说，美国人在战后能如此快地与仇敌融洽相处，得益于日常接触中美日之间的"主仆关系"。一位上尉的夫人曾发誓说决不允许"日本妞"碰她的孩子，后来却发现在日本的生活就像"度假"，住着宽敞，配备齐全的房子，有四个温顺的仆人服侍，还有许多消遣娱乐活动。败者为寇，虽然战败使得日本人处于卑微的奴仆地位，但在和美国人接触中，他们仍表现得诚恳、热情，这一事实也在美国国内被大加宣传。

美国国内媒体通过强调日本的妇女和儿童来推广一个更温柔天真的日本形象。尽管美国战时出版物的封面将日本女性也描绘成和"盲目狂热"的日本男性一样，但是在像类人猿、臭虫或是四眼龅牙的士兵这些普遍的男性化的战时形象中，女性的脸孔是很少出现的。战后，美国的杂志和新闻编辑以及后来的电影制片人在急切地考察日本社会时，都倾向于特别关注日本的女性。当然他们刊登了许多天皇、东条英机还有其他日本领导人的照片，但在表现占领期日本的日常生活时，编辑们对女性特别钟爱。诚然，自开战以来美国编辑们开始对日本妇女和儿童有了前所未有的新的了解，还有日本男性人口在战争期间锐减了130万，但这并不能完全解释大众传媒中日本成人男性形象严重缺失的原因。

几十年后，《时代》、《生活》杂志的通讯记者谢莉·迈丹斯解释了这一焦点转换现象。美军驻日期间，她住在东京，而她做摄影记者的丈夫卡尔，率领着亨利·路斯（Henry Luce）时代有限公司也在日本工作。《生活》杂志是当时最受欢迎的期刊之一，当谢莉·迈丹斯被问及该杂志中日本成人形象女多男少，比例严重失调时，她否认了这一点，并且提到她丈夫出版的一部占领期日本的摄影集，其中男性和女性形象都得到了同等的表现。但是当时《生活》杂志的编辑的确否决了许多照片，后来他将这些照片收入了1955年度卷，为那个时代提供了一个更平均和谐的描绘。但是谢莉·迈丹斯强调说，对某些图片的偏好仅仅是出于摄影文学规律的需要："一个好的图片新闻（就像文本中的文章）目的在于尽可能以有趣的吸引人的方式展现摄影者的所见或理解。"她用一个假设的场景来说明这一点，例如一个编辑在为靖国神社选取远景配图，摆在他面前有三张图片可选：一张展现的是两个身穿西裤、头戴军帽的男性，另一张是两个身穿和服的女性，第三张展现的两个人物是身穿民族服装的妇女和儿童。谢莉认为，比起男性，第二张图片中的女性形象出现在神社巨大的鸟居前，能让"画面更吸引人"，但是第三张图片才是最佳选择，她解释说，尽管男性以及他们的制服能够凸显神庙的"庄严肃穆"的气氛，但女性和孩子的形象却能丰富画面的色彩，同时还能与神庙的气氛形成对比，增添反差效果。

靖国神社因安置日本战争亡魂而闻名，它的声名或许有助于我们理解谢莉的想法。战时美国人视日本人为"长着龅牙的四眼黄皮野兽"，战后新闻工作者们意识到有必要削弱人们的这种僵化印象。要达到这一目的，衣着鲜艳的妇女和儿童出现在靖国神社前，肯定比头戴军帽的男性更合理。在日本战后，男性戴军帽以及女性穿着劳动裤或马裤都很普遍。在迈丹斯假设的场景中，艳丽的和服其实是奢侈品。战时以及战后，许多东京居民被逼无奈，只能用珍藏的和服向郊区的农民换取食物。尤其所提到的战后头两年，漂亮的和服非常少见。美国记者们在"展示"他们的所见所闻时，出于审美的考虑，同时也无意识地认定女性和儿童是天真幼稚的，因此选用的是特殊的图片形象，而不是更普遍常见的。自海军上将佩里首次闯入江户湾，美国人就开始了解日本并形成了一种对日观念，因此性别与成熟度这两个互为强化的概念便成为了这种观念的一部分。尽管20世纪日本的情况有了很大的变化，美国人还是以19世纪既有的框架看待日本。美国人又恢复了被战争短暂中断的做法——购买日货、欣赏美景、接受服侍。但相对于战前，美国政府开始正式地自封为日本的监护人，以确保日本不会危及其邻国或受到苏联那种与西方对立的"生活方式"的影响。这一做法直接导致许多驻日的美国人将其与日本人的个人联系视为具有更大的国际重要性，甚至是具有地缘政治性。美国人通过以妇女和儿童这种可接受的形式来学着应对所厌恶的种族敌人，美国人相信他们因此正在使自己完善为更好的世界领导者。

"美国大兵'爸爸'受到他的幸福'家庭'的欢迎"

《檀香山广告报》的一位通讯记者预言说，鉴于美日之间在"语言及习俗上的巨大差异"所造成的"天然屏障"，战后美国大兵们在对待日本时，应该不难坚持对日非亲善准则。然而他低估了日本儿童对占领者的吸引力。一位曾在占领初期服役的军队护士吐露："孩子们很可爱，不由自主地就被他们吸引了。"马克·盖恩也承认不忍在"这些穿着灰色和服、像瓷娃娃一样的小孩"面前耀武扬威。

这些绝对友善的孩子们似乎很喜欢美国人。哈罗德·诺布尔在《星期六晚报》中写道，"在日本不论走到哪，孩子们都会挥手致意，欢呼着跟在身后叫嚷着，'你好'、'再见'，还有'呼哈呼哈'"这一美国大兵中流行的感叹用语。孩子们常常会在地上找到美国大兵从呼啸而过的吉普车上扔下的糖果，如果有人停下分发糖果，很快就会被二十几个面带笑容的孩子团团围住，都争着渴望得到一块。在占领初期的几个星期里，孩子们讨要糖果的场面随处可见，以至于如果一个地方没有孩子们叫嚷着要"巧克力"或"香烟"，就可以肯定这是美军还未抵达的地方。

孩子们通常都很友好，喜欢围在美国大兵的周围，对美国大兵而言，他们也享受孩子们的喜爱和尊敬。美国红十字会发现孩子们的爱戴对美国军人的自我价值有提升作用，于是开始为这些思念家乡的美国兵们安排广受欢迎的"儿童联欢会"。于是对日占领还不到半年，美国大兵和日本儿童就"忙着反复上演军人与孩子这个有趣而又古老的喜剧"，《纽约时报》报道说："这是种无人可挡的自然友爱的情感——也没人想要阻挡。"因为没什么人阻拦，美国大兵可随意地给孩子们分发食物，用美国军用吉普车拉他们兜风，教他们打棒球，甚至在盟军最高统帅部确立了非亲善准则后，情况仍旧如此。

最终盟军最高统帅部开始支持美国大兵们对日本孩童的慈善博爱之举，尤其是在节日期间，以此鼓励军人们的关怀宽容之心——这一举措对来自布朗克斯的军士长休·奥赖利起到了非凡的功效。1949年12月，像其他所有驻守在大阪的军部一样，第二十五步兵师的二十七团接到命令去该区孤儿院分发玩具。作为"猎狼犬"二十七团的一员，军士长奥赖利对他和战友们看到的一切深感震撼：三个草棚就是神圣之家孤儿院。这一天寒气彻骨，四十多个孩子围挤着一个火盆，蜷缩在漏雨的草棚中一个干燥的角落。这个草棚塌陷的屋顶用纸板拼凑着，草棚隔壁就是跑马场。当奥赖利发现精心喂养的赛马住在供暖的马厩，而神圣之家的孩子们却在脏乱不堪的草棚中几近冻死，很可能每天也吃不饱时，他非常愤怒，认为必须做些什么帮助孩子们，于是他说服了猎狼犬二十七团"收养"了这些日本孤儿。

这对奥赖利是一个惊人的转变，珍珠港事件爆发后，作为一名陆军退役军人，他没有重新入伍陆军军队，而是参加了海军陆战队，就是不想被困着做军事操练，失去"痛杀日本佬"的好机会。战后他返回了陆军，令他不快的是，在1949年7月，他被派往占领区日本。在出发去日本前，他开玩笑说会"踢日本小孩的头"，但看到这些小到 6 个月，大的也才14岁的孤儿们饱受战争蹂躏、生活条件极端恶劣，奥赖利被深深地触动了。他说服猎狼犬团部募款，从团里拨粮及医疗用品，捐赠国内亲朋好友寄来的物品，尽他们所能——包括每周两次的军医探访——帮助神圣之家孤儿院的孩子们和为之服务的圣·文森特·德·保罗慈善会的修女们。大部分其他赞助孤儿的美国部队在圣诞节期间也给孩子们送玩具，开联欢会，但是奥赖利告诉《基督教世界》的一位撰稿人，他使得猎狼犬团部通过了"领薪日，圣诞日"的口号。每个领薪日，该团的捐款平均有3，000-4，000美元，相当于团部每人捐出1美元。奥赖利用团部首轮14个月的捐款为孩子们建造了结实的西班牙式房屋。即使在1950年7月，该团部被调往朝鲜作战后，他们仍在继续捐助孤儿们，一些像美国援外合作署这样的机构和许多其他驻日美国人听说了他们的事迹，也纷纷解囊相助。有了这些支持帮助和新的设施，神圣之家孤儿院扩大了规模，接受了近160名孤儿。

　　奥赖利很自然地成了团部的宣传员，他定期给《星条旗》杂志写文章，记述猎狼犬团的功绩和孤儿院的状况。随着"猎狼犬孤儿院"事迹的广为流传，美联社派摄影记者拍摄了奥赖利从朝鲜休假探望神圣之家的孤儿们的照片，并用电报将孤儿院的故事传送给美国的各大报纸。《纽约时报》刊登了美联社的报道，并配以"美国大兵'爸爸'受到他的幸福'家庭'欢迎"的标题和一张生动的照片——欣喜的奥赖利身边围着二十多个学龄前孤儿，个个都长着肥嘟嘟的小脸蛋，穿着干净的白色围裙。《时代》杂志也在周刊上受托刊载了有关这个布朗克斯人和孤儿院的故事；撰稿人詹姆斯·A.米切纳为《假日》杂志写的一篇有关日本的文章中提到奥赖利；1953年，E.J.卡恩为《纽约客》写了篇题为《铁骨柔肠的猎狼犬》的长篇故事。文章的近半篇幅集中描述了奥赖利是如何追求并最终与斋藤裕子，一位大阪的富家少女结为连理的。两年后，奥赖利的异族爱情和"猎狼犬孤儿院"的故事成为了好莱坞电影的蓝本。

一位美国大兵"爸爸"受到他的幸福"家庭"欢
迎：军士长休·奥赖利于1951年1月从朝鲜战场休
假时探望神圣之家孤儿院的孩子们。美联社大世界
图片提供。

　　奥赖利对孤儿的父爱以及他与日本女子的恋爱婚姻，对
广大的美国人显然是具有吸引力且感人的模型。奥赖利只是个
例外，却被当成了美国仁爱的象征。在1949年12月，其他军
部也受命看望过大阪的孤儿，但是就我们所知，只有神圣之家
的孩子们幸运地得到了美国大兵资助，建起了崭新的孤儿院，
而数以万计的孤儿仍穿着破破烂烂的衣服，过着流浪儿般的生
活。并不是所有的大兵都亲切善良，有些大兵从吉普车上朝日

本小孩扔糖果只是为了娱乐，就好像人们投食喂鸟的心态。猎狼犬团部的故事只代表美国大兵最好的行为表现，却强化了美国作为父亲角色供养日本"孩子"这种普遍盛行的象征比喻——这个令人鼓舞的比喻帮助美国人忘却了战争的残酷，一同被忘却的还有美国的空袭，正是这些空袭使得孩子们变成了孤儿。

在重重敌意之后，孩子们和驻日美军在一起的幸福场景是很重要的。美国方面拍摄出版了大量驻日期间笑容可掬的美国大兵和日本儿童的照片，使得这一场景已符号化了。作为占领军一方的国民，美国人想看到他们的士兵善良仁慈。军事冲突之后，美国对人道博爱的强调是为了暗示美国士兵在国外作战杀敌是无奈之举——他们宽厚仁爱而非冷血无情。这种应对之策并非是美国特色，但却很好地解释了《星期六晚报》为什么选取了一张三个美国大兵为一个光溜溜的冲绳幼儿治疗脚伤的海军官方照片来为1945年5月头版的冲绳苦战报道增色。几个月后，笑脸盈盈的日本小孩与美国大兵的合照同样令人信服，孩子们的接纳和友好意味着他们看到了美国大兵们的"善意"，以及给日本带来腥风血雨的美国人的"善意"。"他们恨我们吗？"这是驻日美军及国内观察家对日本人质疑最多的问题之一。儿童们的反应相当重要，人们认为"单纯的孩子们"是直率坦白、讲实话的——因此可为宣传所用。奥赖利曾在1951年说过："这些孩子们从不相信美国人对他们犯了什么错误"，任何一个走进神圣之家的美国大兵都会受到孩子们的欢迎，因为"孩子们知道他们是好人"。

指出孩子们为宣传所用的事实丝毫不会抹煞奥赖利这位1951年大阪的"年度先生"所做出的实实在在、令人感激的努力，也丝毫不会减损许许多多的美国士兵对日本儿童的慷慨及善意——实际上，作为宣传员的奥赖利非常清楚这一点。对政府及它在媒体的支持者来说，激烈的武力交锋之后，孩童幸福生活的形象无疑是一个重要的宣传工具。一旦民众相信他们的士兵们在国外是在做"善事"，就有可能继续支持军队入驻别国的政策。于是建立民主家长制不仅要将日本人描绘成有待培训的孩童，还需将美国人刻画成他们仁慈的保护人、和蔼的良师益友。这样做使美国人重新定位对日本人的看法以及他们在日本扮演的角色。

迷人的蝴蝶夫人：日本女性的形象塑造

美国人，不论男性还是女性都表达了对日本女性的偏好，他们发现日本女性更真诚更友好。海军上尉约翰·阿什米德在《大西洋月刊》上写道："我曾接触过在这儿以及菲律宾工作的日本男性，我不信任他们，但对日本的女性和儿童却不会如此。"他发现日本女性头脑中"鲜有像武士道这样的军国主义观念",和她们谈论政治话题比较轻松容易。另一位美国作家也表示说,日本女性在遭到反对时极少表现出"傲慢自大、狂躁易怒和自私"这些日本男性具有的特征。在露西·克罗克特看来,日本两性之间对比鲜明——男性冷峻且粗暴无礼,女性则温顺、惹人怜爱——"可能是两个完全不同的种族"。

克罗克特在书中特意使用"黄种人"、"日本佬"的尖刻字眼称呼夙敌,但她却高度赞扬日本女性惹人喜爱,好似少女般的行为举止。日本占领区的美国人将女佣、女性职员、女服务员以及其他年轻女性都称为"宝贝桑"——这个称呼结合了美国的搭讪语("嘿,宝贝"——"Hey,baby")和日本日常用语中的尊称(san)。克罗克特解释说:"在我们眼里,宝贝桑就像是个可爱的有生命的布娃娃,情感丰富,一会哭一会笑;又像是勤劳的会笑会唱的小生命,任何人对她们稍微表示一点好意,她们就像找到支撑的藤一般依附过去。"克罗克特以及其他美国女性对这一称呼的使用,表明了她们在面对日本女性时的优越感,反映了美国人认为日本女性就像孩童,情感脆弱而不稳定。可能大部分日本女性说的不流利的英语,在美国人听来口齿不清、表达简单,会给他们留下这样的印象。驻日美国人认为日本女性的天真单纯——她们的好奇心还有"孩

子般的、热情的、讨人喜爱的个性"——正是她们魅力的一部
分。克罗克特认为宝贝桑为任何人服务时都"忠诚、亲切、不
遗余力"，"待人非常热情"，她们帮助"消融了最坚定的日
本仇视者的冷漠"，她们那"可人的性格""赢得了美国人意
想不到的理解和同情"。

　　大部分驻日服役工作的是远离妻子和女友的正常男性，他
们为宝贝桑所吸引也就不足为奇了。海军预备役军人比尔·休
姆为《海军时代》远东版创作的一部大受欢迎的半色情的连载
系列卡通里展现了宝贝桑的形象。后来休姆以两卷本的形式出
版了这部卡通作品，并附了约翰·安纳里诺的书评，即：《宝
贝桑：美国士兵眼中的驻日时期》（1953）——这是一本最
受在朝美军喜爱的畅销书和《宝贝桑的世界：休姆对日本的
幽默调侃》（1956）。休姆和安纳里诺称宝贝桑是战后日本
新女性，并不像美国军人想象的一样——即"蝴蝶夫人"式的
"梳着精致的发型……用扇子风情万种地遮着魅人的脸庞的女
性"。休姆笔下的宝贝桑没有穿漂亮的和服，也没有盘着硬挺
的发型，而是有着细细的腰身和小腿，长长的披肩发，还有坚
挺的乳房。

　　　　她长着鹅蛋脸，高颧骨，翘鼻子，嘟嘟嘴，涂着
　　鲜红的嘴唇，极力模仿着她们在美国影片中看到的认

为时髦的样子。长长的黑发半遮着脸庞。她比美国妞矮，但谁会在意？她可有一个比美国姐妹们宽容得多的心胸，你的每一个愿望她都奉若使命。她是个敏感又实际的小生命，所以我们的愿望要合情合理。

休姆的宝贝桑是个美丽性感的小猫，是一个正常欧美男性的性幻想物。尽管在休姆笔下他只是个普通人，常被刻画成一个傻大个，宝贝桑是"他的宝贝玩偶……娇小但并不脆弱的玩偶"。休姆和安纳里诺补充说"她是真正的玩具，而不是那种摆在家里壁炉上的装饰性的日本玩偶"。休姆和安纳里诺在欣赏宝贝桑的天真本性的同时，也赋予她任性直率和娇羞的一面：例如在一个场景中，宝贝桑对她的男友撅着嘴娇嗔道："你为什么总是送我糖果，从不给我钱？"尽管在漫画中，她经常要钱，但她的创作者们坚持说她不是那种"以色相骗取男人钱财的女人"，她给男友看家人的照片，照片上有靠她赡养的孀居的母亲和年幼的弟妹。休姆和安纳里诺认为宝贝桑"给她男友的生活带来了阳光"，这样的金钱交易是公平的。

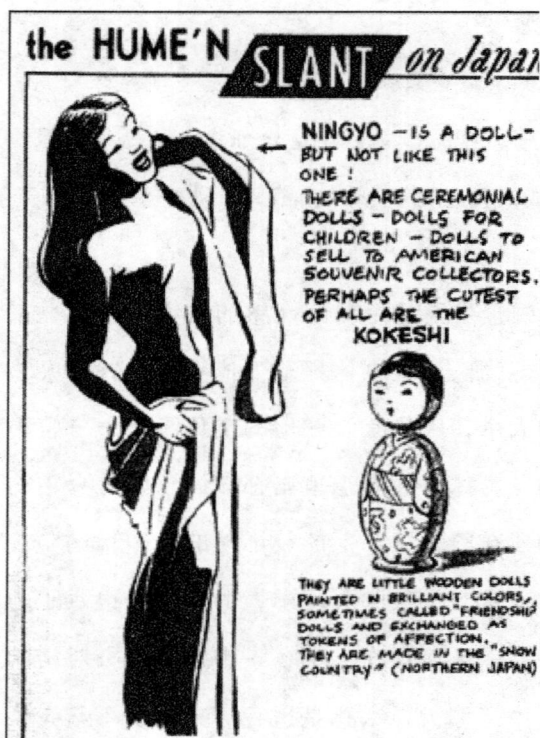

漫画家比尔·休姆与作家约翰·安纳里诺继畅销
书《宝贝桑：美国士兵眼中的驻日时期》后，又
推出
新作《宝贝桑的世界：休姆对日本的幽默调侃》

　　需要性服务的美国大兵可以从一些走投无路的女性那里得
到慰藉，包括战败国年轻的战争遗孀，这是占领军士兵的典型
做法。正像《生活》杂志的一篇占领早期的报道中指出的，这种
"姑娘"有"很多"。据报道，驻日军队花费的1.85亿中有一半

用于这种服务，但是不知这个数据是否包括"单独服务"——例如休姆笔下的宝贝桑一段时间内只和一人交往。直到1949年中期，迫于来自日本妇女组织的强大压力，统帅部最终关闭了官办妓院，当时官办妓院有7万名妇女从业，还有5.9万名自由从业妓女。在休姆和安纳里诺笔下的宝贝桑就像中尉平克顿眼中的乔乔桑一样会被遗弃在日本。宝贝桑帮助美国服役军人"填补了驻日期间的空虚"。休姆的漫画是为曾在"富士山"服役的美军娱乐而创作的，意在"通过回忆可爱的宝贝桑为士兵们的生活带来的欢乐，来逗他们开心"。大概这种临时性的角色对宝贝桑比较合适，她是别样的蝴蝶，不同于被平克顿遗弃后自杀的乔乔桑。随着驻日美军的轮换归国，宝贝桑从一个情人飞到另一个情人那里，从一个固定男友转到另一个固定男友怀抱中。实际上，宝贝桑应该用动词"变成蝴蝶"来形容，含义和蝴蝶夫人乔乔桑的用情专一恰恰相反。

当然，真实生活中的日本女性没有坚挺的胸部，据凯利和瑞安称她们并不"符合国内（西方）的审美标准"，但是很快美国士兵就喜欢上了她们"可爱迷人的、孩子般的个性"。士兵们的情感"被日本妇女的谦卑顺从所俘获"。翻译官马丁·布朗芬布伦纳在中篇小说《芙纱子和军队》（1946）中描写了美国大兵在受到这种特别的个人关注时所表现出的愉悦兴奋。书中的主人公摄影师鲍勃·史密斯每每想到女友芙纱子就激动兴奋，"她总是充满爱意的等他来，对他照顾体贴，细致入微，亲密地称他‘鲍布桑’，她赞赏鲍勃的每个习惯性的礼貌动作"，例如为她开门。鲍勃还不满20，芙纱子的态度却让他觉得自己很了不起，像个男人。因为鲍勃和芙纱子之间的关系，他试着将"日本佬"当做"日本人"看待。在占领初期，日本政府征募了大量下层阶级的妇女充当"减震器"，用后来执政的首相池田勇人的话说，是通过满足占领者的"性欲"来"保护大和民族纯正的血脉"。成千上万像芙纱子一样的女性在被迫的情况下，用她们的身体和服务来调和、削减、控制美国士兵对日本的仇恨敌视。

这种与日本妇女的亲密关系并不总意味着敌视的减弱。一些美国士兵认为以前的日本女友只是性伙伴，不像60年前在长崎驻军的海军军官于里安·维欧（又名皮埃尔·洛蒂）对他的临时新娘的态度。

在神户火车站，露西·克罗克特目睹了两个即将回国的美国大兵，坐在火车上冷淡无情地对站台上两个泪汪汪的日本女友说着再见。"一个女孩抽泣地问，‘你什么时候回来？’年轻人大笑说，‘回来？为什么？宝贝，等日本佬再炸珍珠港的时候，我就回来了。’"密西西比人艾略特·蔡兹在描述日本时说美国大兵不该和"这样一个奇怪发臭的国家"的"黄种人"相爱。这位后来的美联社新闻撰稿人称，大部分的驻日军队认为他们的任务更像是"突然有人交给他们一只满满的便盆，告诉他们要严加看守"。蔡兹在小说化的回忆录《不锈钢和服》（1947）中讲述了《幸灾乐祸》的故事以及美国大兵驻日期间行为放荡，期盼着回到"女人长着漂亮的长腿，皮肤白皙"的美国。所以，即使欧美士兵真的和日本女友相爱了，许多士兵也会试图掩饰这令人尴尬的事实。

在被占日本推行反种族主义不是件易事。最高盟军统帅部强制实施了一套像黑人种族歧视一样的种族隔离制度，限定日本人出入只能使用特定的门，只能乘坐二等电车，不许进入特定区域，而这套制度却没在被占德国实施。在德国非亲善条款只在被占早期实行，在日本却持续了四年之久。冷战期间，美国执政者意识到日本作为其盟国以及在东亚地区资本主义制度典范作用的重要性后，最终于1949年9月20日废除了这些制度条款，该月苏联具有核能力的消息公诸于世等等事件都促使美国执政者于废除非亲善法令的当月颁布了"亲善促进"法令。

按非亲善法令的规定，美国大兵可以和日本女性公开约会来往，但是想与日本女友结婚却非常困难。最高统帅部用尽千方百计阻止通婚：要求通婚的士兵需经受官僚政治的层层考验；曾一度禁止美军牧师主持婚礼；强调移民法规定美国士兵携日本妻子归国属非法行为。据了解，有指挥官为了拆散美国士兵和他们的未婚妻而将士兵调走或是以此威胁他们。在一位日本女子的真实事例中，指挥官威胁要将她的未婚夫调往朝鲜，但未能成功，最终准许了两人的结合。在小说《芙纱子和军队》中，结局却很悲惨：种族主义长官为阻止鲍勃与芙纱子结婚，突然将他调离该地区，鲍勃·史密斯被迫丢下怀有身孕的芙纱子。像鲍勃这样的士兵可以选择承认并抚养与日本未婚妻的孩子，但美军法律却鼓励他们逃避责任。日本公民禁止控告军人，所以日本妇女无法对美国士兵提出生父确认诉讼。结果导致仅有39%的美国士兵对他们在驻日期间所生的大约5，000个孩子负责。许多宝贝桑和他们的孩子在被美国大兵遗弃后，过着悲惨的、遭人排斥的生活。

"美国女性的教训"：评价体系的微妙变化

宝贝桑除了为美国士兵娱乐解闷，也为他们提供了同美国女性进行比对的重要参照物。像小说中的鲍勃一样，许多驻日的美国士兵相信典型的日本女性就像休姆和安纳里诺描写的一样"有一个比美国姐妹们宽容得多的心胸，你的每一个愿望她都奉若使命"。《星条旗》杂志对士兵做的调查证实了这种看法并且"赞扬了日本女性善良的品质、温顺的性格以及服侍照顾男性的热诚"。一个士兵甚至宣称"在这方面，美国女性应该向这里的女性好好学习"。

由于美国女性的角色在战争期间以及战后的改变，日本女性被推举出来作为女性温柔的典范。随着雇主们解雇或是怂恿美国女性辞掉在工业和军工产业中收入较高的工作，为归国的美国士兵让位，美国女性发现她们战时曾有的收益缩减了。美国女性同时还发现她们的社会角色不仅受到男性的威胁，还受到了其他女性的威胁。一位女作家在热门月刊《美国信使》上称"女人不适于参政"，精神病学家马里尼尔·法纳姆和费迪南德·伦德伯格在权威著作《现代女性：迷失的性别》（1947）中试图说服女性做家庭妇女有利于她们的精神健康。虽然包括多数有色人种女性在内的数以万计的美国女性无可选择地仍需在外做工补贴家用，战后许多年却一直盛行推崇妇女照顾家庭生活，家庭事务至上主义，女性在外工作的职业发展机会也大大缩减。随之而来的有美国公众话语中增强的厌女主义，还有认为女性有潜在心理危机的观点，这些在菲利普·怀利的《毒蛇的后代》（1942，1955）、爱德华·斯特雷克的《母亲的儿子们：一个精神病学家对美国问题的分析》（1946），以及一部根据好莱坞热门音乐剧改编的派拉蒙电影《黑暗中的女士》中都有体现。

在被占日本流传的故事中，美国妇女常常被描绘成挑剔、难以相处甚至令人压抑的样子——与迷人可爱的宝贝桑刚好相反。据美联社记者欧内斯特·霍布莱特报道，一位在占领区任职的上将饶有兴趣地给同僚讲有一次妻子问他是否"认为男人更喜欢女人顺从，没有自己的想法，不言不语，而不喜欢她们坚持婚姻中男女平等，坚持交谈中自己的话语权"，当他确定说男人更喜欢前者，他妻子气呼呼地摔门而去，听了这个故事，在场的男士都开怀大笑。他们"赞同任何一个诚实的男人都会承认更喜欢随心所欲，有人服侍，喜欢关心照顾他并满足他的任何要求的女性"。卡尔·迈登斯发表在《占领军》上的文章《白种人的负担》表达了同样的看法，故事中的"负担"竟然指的是一位得克萨斯上校那聒噪、令人讨厌的妻子！这个美国女人在由一位双语日本导游带队的旅行中，喋喋不休地抱怨日本的一切，使得在场的人都很尴尬。回国后，她叫嚷"终于有……像样的食物了，再不用天天都是鱼、鱼、鱼。可以用真正的银餐具进餐了，再也不用坐在地板上吃饭了"。当导游走近时，她还在不停地抱怨，迈登斯同情地注意到她丈夫尴尬得抬不起头。

甚至是露西·克罗克特，还有一位住在京都的上校妻子马杰里·布朗都同意这种针对美国女性的厌女主义。布朗在说明日本男性为何厌恶美国女性时写道："在我们身上很少有日本女性的克制、优雅、温顺或是可爱迷人的魅力。我们总是说个不停，高高耸立在日本男性面前，凌驾其上，高傲地抬着头。"

克罗克特对这一"裁决"表示同意，认为尽管宝贝桑和她谦卑的姐妹们有"体格缺点"，地位卑微，"却为人喜爱称颂，认为她们具有美国女性应好好学习的品质——这些品质使得那些骄傲的美国丽人相比之下显得苛刻、任性易怒、话多好动、娇惯又傲慢。"克罗克特做了举例说明：一个中尉的妻子让日本女仆形影不离地跟在身后，就为替她拿烟、端烟灰缸；一位公共卫生署官员的妻子抱怨日本的滑动拉门折断了她的指甲。许多未婚美国女性来日本寻找浪漫的爱情，结果却发现这里的单身美国男性不是年纪太轻就是已经有了"在当地新交的蝴蝶夫人"。一个娇小迷人的日本女侍者告诉克罗克特，"美国男人非常喜欢日本姑娘，说我们不会喋喋不休地唠叨！"

美国人可能喜欢日本女性的沉默安静和对男性的顺从，视其为理想的品质，但同时他们又批判那个培养了日本女性"惟命是从"的社会制度。凯利和瑞安表示"再没有比身为一个日本女人更悲惨的了"，重复着"日本式真理"，"遭受着老式的男尊女卑封建制度的束缚"。直至不久前，日本女性仍仅仅被看作是日本帝国的"生育机器"。新闻记者约翰·拉瑟尔达对日本男女薪酬的差异感到惊奇，日本男性的平均收入是女性的2到5倍。露西·克罗克特通过与日本男性和女性深入交谈，详尽调查了女性在日本的社会地位，她发现日本女性渴望提高自身的社会地位，而男性则表示出困惑、恐惧，甚至强烈地反对和指责。一个日本男性在家中一边同露西高谈阔论日本女性应有的平等权利，一边却把女仆的背当作扶手靠着。另外一位日本男性在听完克罗克特就妇女解放的演讲后对她说："我同意你所说的一切……但我还是想让我妻子拿包！"露西问一群正在谈论《飘》的京都商人，如果日本女性都像郝思佳，他们觉得如何，露西注意到"男性们明显表现出对这一想法的惊骇及厌恶"，其中一个男士通过翻译告诉露西："我们已经接受了原子弹爆炸和战败，但你的假设比两者都更可怕，是不可容忍的。"

　　美国人以通俗的情节或幽默的方式，用形形色色的故事讲述了日本女性令人同情的社会状况，而将对日占领描绘成日本女性迫切需要的并且给她们带来有益影响的行为。许多回忆录中记载着直到1946年日本女性才获得选举权——却没提到美国女性也不过是26年前仅凭国会投票时1票的优势才获得选举权。美国人对自己国内男女不平等的状况视而不见，却将他们对日本女性彬彬有礼的绅士风度解释为帮助日本妇女解放。凯利和瑞安的书中写道：在乡村城镇，美国大兵"无意"中帮助妇女打破了"禁锢日本女性长达几百年之久的封建束缚"。拉瑟尔达较客观地评价美国大兵提高了日本女性享有的文明标准，称她们很快倾心于美国男性的魅力，而拉瑟尔达忽视了日本女性以美国男性为伴的强大的经济物质原因。美国男性试图将他们同日本女性的关系进行合理化解释，称对日本女性而言，他们比日本男性更合适。

　　另一方面，通过批判女性在日本卑微的社会地位，使得美国人，尤其是美国女性对战后美国两性的社会关系更自信乐观，并且认为她们在占领区起到了帮助日本妇女提高社会地位的作用。但是在日本红十字会举行的一次妇女问题论坛上，大阪妇女代表们向美国妇女请教该如何争取两性平等时，美国女性强调了女性"在家庭中充当积极力量的责任"。克罗克特在京都同志社大学就美国女性特征所作的演讲中，同样宣扬了女性应做好家庭妇女的角色，让丈夫们当家做主，以及其他类似的她所谓"朴素的真理"，她的言论令在场的几百名知识女性深感失望。对她们来说，这些观点毫无新意，自从19世纪８０年代起，"封建"日本政府就一直通过鼓吹"贤妻良母"的口号来强调女性在家庭中的"积极力量"。

克罗克特知道观众对演讲内容很失望，但美国红十字会却坚持宣扬美国中产阶级持有的这种性别角色划分。红十字会在培训日本新娘适应美国生活的项目中，并没教她们如何参与当地社区及政治事务，或是如何积极参与美国的共享民主制。相反，美国妇女教会了她们收拾床铺、使用吸尘器、烘焙蛋糕、给婴儿洗澡，以及如何为晚会准备食物。日本妇女只是"升格"做美式家务——"现代化的电器设施"使得美式家务相对容易，但由于不像在日本有女仆或亲戚家人的帮助，家务却变得更辛苦了。一位红十字会的志愿者带着美国社会的优越感对一圈日本受训新娘说："我想你们会像我一样乐于享受丈夫挣钱供养的生活。"当然家庭主妇可以自己做主，自由安排时间，但称此为自立有些言过其实。作为对国内社会状况的反应及回应，美国女性所给的建议及经验强调的也是女性在家庭中的作用。

战争新娘与种族宽容性

虽然面临重重的困难阻碍，还是不断有美国男性同日本女性结婚，以至于到对日占领末期，美国公众舆论已改弦更张，将美国军人同黄种人女性的婚姻视为美国人种族宽容性的表现。这是美国人从战果中学习到的另一点。这一点充分地反映在描绘占领期日本的好莱坞电影以及像霍布莱特的《东京爱情》（1947）等小说中。1952年《星期六晚报》上的一篇名为《抱得美人归》的文章称这些日本新娘下定决心要努力适应，争取在有潜在敌意的环境中维护她们的婚姻，文章结尾以恳请的语气写道：美国人“应尽我们的一份努力帮助她们渡过难关”，但同时该文章又将这些日本新娘描述成天真单纯的“年轻人”，还预言仅有10%的美日联姻在面临美国生活的种种挑战时能够幸存下来。许多刊出的读者来信无情地对这些美日联姻的明智与否、长久与否深表质疑。但三年后《星期六晚报》上刊登了另一篇有关战争新娘的文章，名为《美人今何在？》，对美日联姻表达了较多的支持。当时，麦卡伦—沃尔特法案解除了1924年种族主义者制定的移民限制条例，美国大兵的美日联姻数目至少激增了3倍。该文章的作者发现，尽管日本战争新娘面临重重艰辛——甚至悲剧不断——她们却已融入了美国社会。凭着坚毅忍耐，她们已经变成了美国妻子。

一直到1955年，美国大众文化的主流都在歌颂美国大兵的美日联姻，称其为对抗狭隘种族主义的高尚成果。《生活》杂志也向詹姆斯·米切纳邀约有关战争新娘的稿子，当时这位作家已有四部关于美国军人和亚太岛民的著作：普利策奖获奖作品《南太平洋的故事》（1948）、《重返伊甸园》（1950）、《孤独里桥之役》（1953）和《再见》（1954），其中《再见》曾于1953年末以连载的方式刊登在《麦考尔》杂志上。在小说《再见》中，米切纳让男主公海军上校劳埃德·格鲁夫与日本恋人花扇分了手，在现实中，当驻日军人们向米切纳寻求建议时，他也同样建议他们放弃通婚的想法。但米切纳在1955年2月给《生活》杂志的稿件中却描述了幸子和来自伊利诺伊州梅尔罗斯平原的弗兰克·法伊弗两人成功克服"语言和狭隘种族主义障碍"的爱情故事。米切纳详细描述了两人在日本的恋爱过程、面对弗兰克母亲和种族主义邻居的考验，以及最终成功地在芝加哥郊区享受的舒适生活。法伊弗一家的新邻居——两位曾在日本作战的二战老兵和他们的妻子——立刻接纳了他们，并成为了亲密的朋友。《生活》杂志后续刊登了七封读者来信——其中只有一篇表达了对此婚姻的肯定。这位来自新泽西的读者写道"我是一名45岁的男性，但我可以毫不掩饰地说看了这篇文章我哭了，因为我一直相信这样的种族通婚是会成功的"。米切纳本人最终也一定是同意了这种观点，因为《纽约时报》在11月刊登了他结婚的消息，他也娶了位日本新娘玛丽·寒风泽赖子——一位日本后裔。

　　休·奥赖利也在1955年12月的《美国信使》上发表了名为《东西联姻诚可为》的文章，描述了他同妻子斋藤裕子的婚姻。尽管《美国信使》的编辑为本文的配图是美国人会看作"艺伎"的和服女士，奥赖利还是准备要"清除美国人对日本女性的错误认识"，并且要说明2,000名美国军人迎娶日本恋人的真正原因不是因为她们是"温顺、驯服的傀儡"，事实上她们也的确不是。奥赖利称"顺从有礼只是她们的外在，我们迎娶的日本姑娘和美国姑娘一样是有思想的"。他还告诉《美国信使》的读者：美国军人的妻子绝大部分是现代城市居民，而就美日联姻这一点，她们在占领区服务最具有说明性。在解释这类婚姻的延续性时，他预言说美国大兵与日本新娘的婚姻"比一般婚姻有更大的成功机率"，因为夫妻双方在结婚时都不会"抱着不切实际的乐观幻想，认为在婚姻道路上不会有任何挫折毁坏自己的幸福"，相反对美国大兵的美日联姻而言，他相信同指挥官无尽的谈话以及所有的繁文缛节所设置的困难恰恰是很好的婚前考验。令人为之高兴的是奥赖利的预言是正确的。他与日本妻子一同生活了五十多年，养育了六个孩子。米切纳同第三个妻子寒风泽的婚姻也很持久，他们共同生活了39年，直至1994年，寒风泽去世。

　　战后十年，来自前敌国的黄皮肤战争新娘成为了当时一位学者所说的"文化多元及种族融合话语中富有意义的角色"。与日本女性通婚的美国人有1／4是日本后裔或是非洲人后裔，但是这类婚姻关系却极少在美国主流新闻报道中出现。大部分美国人对种族的理解是二元结构：即白种人和黑种人，或者是白种人和黄种人，因此美国新闻媒体或许认为有着共同祖先的同族婚姻不值一提，而对如何评价亚非裔联姻又感到困惑。

欧美男性与日本女性婚姻关系中的种族联姻之所以受到特别强调，其目的在于：首先，这种关系暗喻了以美国为主导的美日两国关系。而且该做法使得美国在民权运动早期得以用改进的方法应对种族主义。对许多美国人而言，与一个肤色适中的"其他"种族通婚远比与美国黑人结婚引起的社会禁忌要小得多。而大部分种族通婚发生在遥远的日本，这就意味着大部分的美国人可以避免看到或接触到他们。主流媒体和大众文化对美日恋情的美好描绘使美国人逐渐接受并以同情的眼光看待日本，宣扬种族包容。

露西·克罗克特曾写道"如果没有其他因素能帮助两个陌生的民族建立友谊，那么妇女和儿童应该是我们公认能够担此重任的因素"，克罗克特所指的是现实中的日本妇女和儿童，在占领区的美国人似乎真的和她们更亲近。美国人为之吸引的不只是这些妇女儿童的天真可爱，还有她们所象征的脆弱性、依赖性和天真无邪，这些特性使得她们容易亲近又具有可塑性。人们对妇女和儿童的观念看法常常会混为一团，但他们又各具特色。女性代表了美好而无微不至的照顾和迁就，而孩子们代表着未来——日本作为一个充满热情的新生民主主义国家准备接受教育和重新定位。结合两者考虑，美国人在占领区日本通过和妇女儿童的接触，使得他们在一场恶战后，转变了原来认为日本民族劣等的看法，由敌视态度转为对日本的同情和责任感。重新以宽容温情的方式看待美日关系有助于美国将昔日蔑视的敌人视为重要的盟友。当然，对日本的孩童化及女性化理解早在19世纪欧美人与日本人接触时就已产生了。尽管在20世纪中期，美国迫于地缘政治的考虑必须试着接受对日本的潜力作进一步认识，但19世纪原有的概念在建立新的认识时仍具有强大的活力。

1955年《美国杂志》上刊登了米里亚姆·特鲁普题为《我患了日本热》的文章。文章讲述了作者一时冲动的日本之旅，除了充分的认同和热情，文中对日本景观和购物乐趣的描写与战前游记大同小异。特鲁普写道，东京的街道"闪耀着无数的灯笼，那种我们用来装点游园晚会的灯笼，在这儿它们被涂成了鲜黄色和红色，配着黑色的条纹，形成了一个万花筒……映衬着快步疾走着的身穿和服，人偶般的男男女女"。日本所具有的一切再一次成为西方游客眼中的迷人景象。若不是文中提到有三位美国大兵获准外出陪同作者进行一天观光游览，人们可能都要忘记在这里曾发生过战争和驻军占领。体现日本特色的消费品再次热销，而日本也再次成为美国人旅游观光的理想去处。因为日本被占领，日本的酒店客房都做了更新整修，配备了西方的便利设施和服务，例如接受过美式训练的主厨、增设了更多的高尔夫球场和更多会讲英语的服务人员及导购。归国的军人和占领区工作人员们所拍的照片和讲述的有关日本的故事在国内免费为日本的旅游业作了广告。战前前往日本的游客数量在1936年达到了顶点，有4.2万名游客（其中仅有1万名是美国人），而仅在占领日本的两年间，就大约有50万美国人来日旅游。

战后十年，美国主要的出版社都不再出版像蔡兹的《不锈钢和服》这类种族主义者的作品。同样，十年后露西·克罗克特为了出版她的回忆录也不得不措辞低调，使用"日本人"而非"黄种人"或"日本佬"。但是，精读克罗克特，甚至蔡兹的文章，都会发现两人并非对日本抱着全盘否定的看法。蔡兹自诩见多识广，他那种自以为是的态度决定了他描写日本的方式和内容。或许是担心有人批判她对日态度柔和"软弱"，克罗克特似乎一直试图对被占领的日本进行清醒中立的描述。然而她讲述的许多故事都显露出对日本人的同情，故事中的占领者却常常被描绘成铁石心肠的俗人。她名为《银座的爆米花》的书中描述的就是这类"傲慢专横"的美国女人，她们和美国大兵们从银座美国陆军合作社走出来，吃着新鲜出炉的爆米花或甜甜圈，对饥肠辘辘的日本人饥渴的目光显得"异常冷漠"。与其他回忆录作者不同，克罗克特在书中记述了日本人对她直言不讳的评价——一个日本男性尖锐地批评她给京都知识女性所做的演讲枯燥乏味。其他作家，例如马杰里·布朗和昂纳·特雷西，在书中都做了些自省，但只有克罗克特大胆地让"其他人种"批评她本人。

重建日本形象的背后没有设计安排。记者和回忆录作者没有就如何描绘日本征询建议；他们凭着对日本"特征"的半清醒的认识来揭示日本人的想法，实际这种认识更多地揭示了美国人的想法和世界观。奥赖利不是一开始就是孤儿院的捐助者，也不是一开始就爱上了日本女性。但是历史条件和对日本先前就有的观念造就了他的行为，虽然他的转变不可预知，但至少不会让人大吃一惊。战后经历这种转变的美国人很多，奥赖利是其中之一——只是他的故事被做了很好的宣传。前翻译官员赫伯特·帕辛回忆说一位海军中校也像奥赖利一样"做了180度的大转变"。占领初期，这位军官拒绝使用日裔美国人监管语言交流工作，因为他"不相信日本人"，但他最后却和一个日本人结了婚并且在复员后定居日本。真实的个人故事和公众媒体谱写的故事彼此吻合，它们共同造就了对昔日敌国认识的转变。

第二章 战后日本的新形象："像个12岁的男孩"

◎

1951年5月3日，道格拉斯·麦克阿瑟将军就军队及外交关系在参议院委员会上出席作证。一个月前，麦克阿瑟被杜鲁门总统免去了盟军最高统帅的职务。麦克阿瑟坚持主张将朝鲜战争扩大延伸至中国领土，并且使用核武器打击中国，但杜鲁门总统担心这样会招来苏联的核报复行动，未予批准。由于麦克阿瑟坚持己见，杜鲁门以违抗命令罢免了其职务。为了调查麦克阿瑟免职的原因，参议员要求他评述东亚的状况。麦克阿瑟对其在东亚的作为引以为荣，尤其是他直接领导的被占日本。就像他一贯所为，麦克阿瑟指出日本人民在实施民主上取得的伟大进步，声称民主制度在日本可能会一直保持下去。他还强调说历史已经表明没有任何国家和民族在获得了自由后会再放弃自由。一位参议员打断了麦克阿瑟说道："但是德国就是一个例外，"德国在一战后享有一个短期的民主政府，"但随后就是狂热的希特勒……"对此种比较，麦克阿瑟不以为然，他断言"德国的状况和日本的状况完全不同。德国人民是一个成熟的民族"。

麦克阿瑟随后发表了一篇充满种族优越感的声明，广大日本人民对此非常反感，声明中详细阐述了他的意见：

> 如果说盎格鲁—撒克逊人在科学、艺术、神学、文化上的发展相当于成年人45岁所拥有的成就，那么德国也算相当成熟了。日本这个历时久远的古老国家却仍处于急需引导教育的状态。以现代文明的标准衡量，与我们成熟的45岁相比，日本人就像个12岁的男孩。

麦克阿瑟补充说："处于孩童期的日本人仍接近最初的习得期，有可塑性，能够接受新的思想观念，"美国人仍能"将基本的思想观念植入"他们的头脑。德国人已经是一个年长或者说"成熟"的民族，"想改变他们的特性"为时已晚，因此要区别对待。麦克阿瑟断定德国人"在人民舆论和世界价值体系的压力下，有希望重返他们所认为的正确道路"。他相信德国"会沿着他们坚信的道路发展日耳曼民族，而且这条道路与我们的基本相同"。由于德国人在人种及文化上和欧美人趋同，他们可以自主命运，无需美国的引导，而年幼的日本人需要更多的监护和控制。麦克阿瑟很可能是想通过对日本人不利的德日对比，凸显他在日本的任务比在德国奉命的马克·克拉克将军要更具挑战性——不要忘了，麦克阿瑟是在听证会上以被告的身份讲述的这番话。他贬低日本人不过是为了抬高自己。

麦克阿瑟的声明对日本人不啻为"一记耳光"——就在将军毫无保留地直言他对日本人的贬低和蔑视之前，这些日本人还计划着为他们的将军"麦克阿瑟先生"建座雕像，称他为日本荣誉国民。日本人最终停止了这些计划。麦克阿瑟将日本人比作12岁男童的描述触到了他们的痛处。就在不久前，日本人还在以同样直白的方式称其他亚洲人幼稚不成熟，以此来解释东亚共荣圈的合理性。现在身为受辱者听到这种侮辱性言论，日本人反应激烈。

与之相反，麦克阿瑟将军的言论在美国几乎没引起任何反应。这在意料之中，欧美人一向认为"小"日本和他们"玩具似的"国家是幼稚不成熟的。麦克阿瑟利用了战前美国人对男性气质、文明和种族所持有的普遍观念——也利用了他们认为有色的"次等"人种是发育不全或不成熟的看法。在将军的言论发表之后，大多数美国人仍有意或无意地坚持相信种族有优劣等级之分，尽管当时科学种族主义已被广为质疑。二战后，自由主义者和国际主义者们在描述民族的成长发展和文化差异时，语言表述越来越中肯，但还是在维系旧有的做法和信念。在这个新的体系中，日本这样的有色人种从生物学角度不再被视为劣等民族，而被认为只是在以民主管理方式和资本主义政治经济作为"成熟社会"基本指标的现代性的线性连续体上有所延误滞后。

日本人或许也为麦克阿瑟至少将他们比作"12岁男孩"而感到欣慰。女性将永远保有女性特质，永远缺乏沉着冷静的领导技巧、精气活力、远见卓识以及统治一个现代化社会的才智，但是麦克阿瑟将军的观点是"男孩们"会成长为男人。他满怀希望日本"男孩"有朝一日能成长为成熟的男性，承担起先进成熟社会所赋予的责任和特权，而这一天很可能就是对日占领结束的时候。与早期奴隶主和奴隶以及帝国主义与其殖民地之间的种族统治管理形成鲜明对比的是，麦克阿瑟在20世纪中期鼓吹的种族家长式统治的思想不能合理化解释美国对日本的永久占领。对殖民地属国的幼稚或欧洲帝国主义主子们的"成熟"所做的描述中是没有性别区分的，但是一个已经到达或正朝国力顶点及国运昌盛发展的社会通常会被描述比拟为男性。在描绘像日本这样一个有色人种国家在朝着资本主义民主努力前进时，美国人倾向于将其比拟成男性。相反，当看到有碍"正确"发展的停滞、反抗、障碍时，他们就会把有色人种国家比拟描述成可笑、无可救药的孩童或是幼稚愚蠢的女性。

美国将日本定性为不成熟的民族，有助于将战后潜在的混乱关系梳理成容易理解的关系，这样日美之间的不平等关系就潜移默化地形成了，并且为今后适当的行为提供了模板。美国人告诉自己和驻日士兵们，对于这些敏感脆弱的日本"孩童"而言，他们就是老师，就是监护人。成熟度这一意识想法为冷战自由主义者提供了更宽广的概念体系和足够运用的词汇，这些足以帮他们应对面临的挑战。美国人以比喻的手法强调有色人种能够发育进入成人期，这一作法是随着20世纪中期美国外交政策新的优先考虑应运而生的。这一时期美国的外交政策致力于在无需建立正式的海外帝国的情况下遏制共产主义，同时扩展美国影响力和主导地位。美国试图支持鼓励有色人种国家"成长"为现代、成熟、民主的社会，而不希望他们通过暴力革命实现集体化经济或是解决社会经济的不平等。这一政策的理论装备后来被称为现代化理论，其基本思想在战后得以提炼，并且受到成熟度这一带有性别歧视观念的严重影响。战后自由主义者担心美国在对待种族差异问题时是否足够成熟，有足够的远见及胸怀来承担起多民族世界领导者的角色。正如麦克阿瑟所言，自我评估是运用成熟度这一概念所固有的一环。

美国国内状况以及知识界的走向趋势使得成熟度的观念在战后尤为突出，这一观念有助于说明美国人为何将对日占领视为一次对"美国文明的测试"，为何会把自己同日本的关系描绘成保护人教导男童"如何走路、说话、思考、如何重新来过"。

正如这幅漫画的原始标题所暗示的，包括麦克阿瑟
将军在内的许多美国人都相信，日本人——在这里
被画成了一个上发条的玩具男孩——"还没有能力
独立行走"，需要美国人从背后操纵，逐步通向民
主。出自《杰克逊维尔时报》，1949年2月。

被贴上的浪漫标签："封建的"日本文化

麦克阿瑟的言论也为解释战后美国为何常称日本为"封
建"社会提供了线索。美国过于频繁地使用"封建"一词，英
国记者昂纳·特雷西嘲讽驻日美国人将日本人的一举一动都打上
"封建"标签的做法。她记述道："某种习俗或制度只要被冠以

封建之名就会遭到美国人盛怒的全力抵制。"特雷西从一个英国观察者的局外人视角来看，认为美国人对封建一词的读法和使用都略显滑稽，但美国人却一本正经地使用着它。美国人言称日本"封建"，合理地解释了为何美国这样一个年轻的文化能够成为日本文化的导师。再次引用麦克阿瑟的话：尽管日本"是个历时久远的古老国家，却仍处于急需引导教育的状态"。尽管美国建国不久，美国人却坚信他们有着最先进的文化，甚至已经超越了英国。于是美国人坚信日本文化为落后文化，但它选择的是美国曾走过的发展进化道路。这种观点再次肯定了"文化"线性发展前进的信念，表明美国文化是最先进的，证明美国是领导日本的唯一适当的角色。

科学种族主义的一些幸存保留的观点也可解释战后美国为何频繁将日本描述成是"封建"且幼稚的。美国人并非在混用隐喻：因为两种说法都暗示着落后，而且封建主义与幼稚比喻的组合已被这些仍以重演论解释人类历史的老一代美国人接受，似乎没有遭到他们的抵触。几十年前被人质疑的重演论认为，人在发展过程中会重新经历其祖先先前发展的各个阶段，从最开始像子宫孕育阶段的进化期，到像孩童阶段的原始祖先体验期，直至最终到达像他们父辈所处的启智文明期。该理论称，由于有色人种的祖先们没有取得足够的成就和才智传于后世，他们的后代会在成长发展的某一点停滞不前。因此如果幼年期的白种人是"原始野蛮"的黑人的"进化对等体",成年黄种人的智力水平则只相当于白人儿童。麦克阿瑟接受的是19世纪的教育,他很可能认为日本人确实"像12岁男童",只是以比喻的形式表达了这种想法。

麦克阿瑟和其他那些认为日本"封建"的美国人很可能是受了弗洛伊德有关心理发展与文明观点的影响。文化人类学家鲁思·本尼迪克特在其著名的日本研究著作《菊与刀》(1946)中使用了弗洛伊德有关精神发展的观点。这本书是她为二战期间美国作战新闻处所作的民族性研究的一部分。本尼迪克特在战前从未进行过日本研究;她不懂日语,也从未去过日本,然而她的研究著作对盟军最高统帅部、华盛顿的决策者们、战后美国新一代的日本学学者有着巨大的影响,在日本和美国,人们对该书仍进行着研究争论。本尼迪克特在《种族:科学与政治》(1945)等著作中为反对种族主义进行雄辩的同时,"具有讽刺意味的是她的科学反种族主义活动和文化范例的说法却使得日本被重新定性为女性化的种族他者",一位美国研究学者如是说。行为主义就"文化特性"的研究为欧美以及欧洲学者提供了一个比先前使用的"种族特性"更为中性的术语,这一术语无意间强化了性别化的种族观念。本尼迪克特并不接受认为日本人在生物学上是劣等民族的观点,而且试图促进对文化差异的接受包容,但她在著作中却写道,日本文化是有缺陷的,是需要改革方可成熟、雄起的。例如，她认为日本人的"民族性格"中诸如极度"性情多变"等因素导致了日本人无视其在亚洲发动侵略战争的经济和政治原因。这种运用人类发展和文化缺陷的概念解释政治冲突"起因"的做法在之后的数十年仍盛行不衰。

美国学者所做的研究中，认为美日之间相似性胜过差异性的研究占绝对少数而且不为大众接受。海伦·米尔斯的《美国的镜子：日本》（1948）就是一例。如书名所示，米尔斯未将日本东方化；她坚持认为日本不是美国的反面，而实际上是美国的镜子。米尔斯称"日本在其简短的现代发展阶段，从平静的孤立隔绝状态突然崛起进行军事扩张的事实正是西方世界四百年历史发展的缩影"。因此美国人从日本的实例中可以受益良多——尤其是作为军事强国大肆扩张这一点。米尔斯还指出，如果想教导后代认识到"和平有利"这点，那么"持有军事基地和大量武器装备，在国外驻军，在中国（或其他地方）扶植军阀等做法——简言之，仍像老派傲慢的强权政客的做法将于事无补"。在此引用参议员阿瑟·范登堡的话，米尔斯作为美国军事及冷战政策早期批评家，曾预先警告过他们这种会把盟友、敌人和美国人民"吓死"的愚蠢行为。

美国自由主义者通常以肯定的态度看待美国而倾向于将日本东方化。这些人不管自己的日语能力是像本尼迪克特一样全然无知或知之甚少，还是像著名的日本学家埃德温·欧·赖肖尔一样表达流利，都认为美日之间文化和社会制度的差异使得日本人与美国人迥然不同。像米尔斯这种左翼美国人对美国持批判的立场，他们倾向于发现美日在发展动机和发展历史上更多的共同点。本尼迪克特相信美国的民主体制最终是可行的，美国社会是个名副其实的大熔炉。而米尔斯认为美国人能否在国内建立一个公正平等的社会都不容乐观，更毋庸说在国外了。

米尔斯还具有洞察日本历史特点的能力。如同其他西方游客一样，米尔斯在战前两次访日旅居期间发现日本既陌生又奇特。1946年她作为统帅部劳动分部的官方顾问委员会成员访日，她深知那次访日之旅的见闻建议较为重要。如果前两次的旅行是无足轻重的"学生兼游客"身份，那么1946年米尔斯的日本之旅则带有关乎百万日本人的重要性。但令她忧心的是委员会其他十位成员虽然对日本以及其战后的状况几乎一无所知，却对此次访日之行毫无担心顾虑。米尔斯认为这些美国人盲目信仰普遍经济原则，并且毫无根据地认为美国人有能力使其他民族接受"美国方式"。据她回忆，一个委员会成员"随身带了亚里士多德和马基雅维利的著作薄卷，在前往日本的飞机上，他时不时地会看看以熟记书中的原则"。米尔斯不相信西方的原理准则适用于美国或世界现在所面临的难题。她更愿意接受历史学家布鲁斯·卡明斯的观点，"一个自认为其发展目标是正确且普遍适用的民族不会意识到其发展受到了自身历史和特征的局限束缚。"正如她书中所述，她开始质疑美国同胞们所实施的占领行动的真实依据。

因此，最高统帅部将本尼迪克特和赖肖尔的著作作为新进人员的推荐读物，而在日本对米尔斯的著作进行审查，也就不足为奇了。同样令人不足为奇的是米尔斯的著作在美国从过去到现在一直处在"封杀管制"状态——"米尔斯既不受读者大众欢迎，也没有学术地位可言，极少会被在参考书目或脚注中引用，她几乎完全被抹掉了"。米尔斯的出版商霍顿·米夫林公司最近在2005年又出版了《菊与刀》的六十周年纪念版，而米尔斯的著作却已绝版。

许多研究占领期日本的自由主义者无视日本当时的政治经济因素而趋向将日本的历史归结为其独特文化的产物，常常将日本描绘成柔弱、被动的角色。由于对日本鲜活的历史没有了解，露西·克罗克特曾写道，"直到最近几年，日本鲜有实质性的变化发展来体现时间的流逝。"这一阐释引用率极高，对大部分美国人而言，日本在佩里的大黑船"强行进入她"之前，一直处在无时间标志的连续体内，在此日本就好像是个不情不愿的处女。日本在闭关锁国之前同荷兰、葡萄牙以及其他欧洲国家都曾有过接触，美国人无视这点，认为自己才是日本的第一任追求者。在1946年12月发行的《生活》杂志上，诺埃尔·布希指出，美国"昭然若揭"的使命引领着美国人前往亚洲开启了与日本的接触：

日本人是从亚洲向东迁移，受到太平洋阻隔而形成的一个民族。这个民族陷于历史与地理的孤立隔绝区，以祖先崇拜的方式缅怀自己的历史，他们崇古非今，从中发展出一个脆弱、敏感却又光辉的文明，但该文明的发展被禁锢于19世纪，就像囚于琥珀中的蝴蝶。日本人在自闭、混乱的自我完善道路上倒退时，欧洲世界正在朝着相反方向快速前进。当美国人推进到加利福尼亚海岸时，这意味着两个有着人类发展对立走势的民族仅有一水之遥；考虑到西方的发展趋势，这一阻隔终将被跨越。

布希将日本描述成"囚于琥珀中的蝴蝶"，这种说法影射了蝴蝶夫人的女性气质、被动性、无能为力，只能等待美国军人越过太平洋。日本人是倒退向后看，不像美国人和西方人是前进向前看；日本采取的是"后退"而非前进，"混乱"而非正常的演进方式。更为重要的是，日本不只是消极被动，而且其发展"被禁锢于19世纪"。其他的美国学者也认为日本人"陷于"历史不能自拔，承受着"封建"传统的重压，或"落后无知"的阻碍。这种说法暗指日本虽然是个古老文明，却缺少西方文明的精力和活力，正是西方文明这种积极进取、自信满满的本质特征使得它就发展而言比日本文明先进一百年——或者说至少一百年。

将日本比作"因于琥珀中的蝴蝶"等待美国援助这一看法企图抹煞近代历史。日本并非如同因于琥珀中的蝴蝶等待着美国人横渡太平洋；相反，是日本人开着三菱的零式战斗机飞越太平洋，惊醒了睡梦中的美国人，肇始了两国的正式敌对。因此这一隐喻模糊了日本对亚洲和太平洋诸岛侵略性的帝国主义"渗透"行为，将美国描绘成日本的追求者或良师益友的做法不仅拟人化日本，而且有助于重写历史，转移人们对脆弱的美国人遭袭时的意外和无助的注意力。此外，蝴蝶的隐喻掩盖了美国的移民法规——直至1952仍对日本人及韩国人有效——欧美人建立这一法规力图阻止亚洲人跨越太平洋在美国及其领土上定居。该隐喻可从多个层面发挥作用，但无一不是为帮助美国确定一个正面、讨喜的自我形象而服务，无一不是为将美国军方的对日占领描绘成命运使然且充满仁爱善意的行为而服务。

布希的《落日》（1948）是他在《生活》上发表的有关日本文章的后续扩展。在该文中，他认为日本人的大部分行为可以通过研究他们童年时期的"条件作用"找到解释。他指出日本人——尽管他们彼此之间举止文明、彬彬有礼——对"成人生活所表现的幼稚态度"却在所有民族和种族中非同一般。弗洛伊德的假设认为人"天生会固守或情绪化地倒退到成长发展中他们感觉最舒适的阶段"，布希从该假设出发，断定日本人表现出的不成熟行为是和他们童年这个可能最幸福的阶段相联系的。因此"仅需对日本人生活的全貌或日本历史粗略一观就可能会毫无意外地发现……他们对那遥远过去的怀念"。布希认为，美国人谨记日本人的"这种强烈的潜意识冲动"将有助于他们理解日本人的一系列看似古怪的行为：他们的孝道、从胎儿期算起的年龄计算法、对富士山的狂热、波动不稳的情绪、灵活敏捷的肢体、"面对权威时的顺从以及没有权威在场时的缺少自制"，还有对现状的平静接受。布希指出，日本人表现出的"灵活、服从、任性以及仍处于儿童期情感状态的成年人所表现出的禁欲、淡泊都令西方人无法想象"。

　　布希明显受到了本尼迪克特和她的同事杰弗里·戈尔的影响，但在美国话语中，他所提出的日本人过于留恋坚守历史的观点甚至比《菊与刀》的出版还要早。1945年9月，《底特律新闻》首刊了一幅漫画，漫画中一个身材矮小的日本男人，身着像和服一样的外衣——一套在美国人看来是女性的衣着装扮——正手持鲜花献给身高近乎自己两倍的美国大兵，而美国大兵正从一本名为《民主生活方式》的书中援引例证，对日本男子进行说教，但是日本男子的头脑似乎完全被历史所笼罩，他身后雾状的烟气中显示的是富士山、镰仓大佛、天皇、鸟居还有其他传统象征。漫画的标题是《任重道远》；实际上大兵不耐烦的姿态和日

《任重道远》如漫画所示，在日本被占时期，美国
人普遍怀疑日本人是否有能力理解何谓民主。摘自
《底特律新闻》，1945年9月17日刊。

本男子毫无生气的目光表明，大兵有关民主的说教完全没进入日
本男子的大脑。而且日本男子看似献"礼"，做出和平的表示，
但他仍带着装在鞘中的剑，仍有背叛变节的倾向。

　　将日本描述成"封建"、"落后"甚至"原始"，暗示着
日本人可以做到毫无理性的残忍，因为他们不具有构成先进的

西方"特性"的理性教化以及犹太教与基督教的道德标准。按这种观点分析，尽管日本具有现代化的装备，他们的基本特性却与西方人完全不同。露西·克罗克特也曾说，尽管日本"以其飞速成功地采用西方制度和工业化震惊了全世界，但日本民族的思想仍旧是文明薄纱掩盖下的落后思想"。她评论说西方人不应被日本的"现代科技"所蒙蔽，日本人仍具有"石器时代的心理思想状态"。克罗克特记录说，一个"日本通"告诉她："日本人只知道走极端，缺少中间状态。他们要么是绝对自制，要么完全放任。女性要么是过度有礼，要么就粗鲁无礼。她们要么亲切微笑，要么就尖声喊叫。日本人没有应对机智，没有理解，没有发自内心的同情，有的只是约束思想和行为的条条框框。"一个驻小津基地的占领官员宣称："日本佬这些异教徒的内心深处满是卑鄙的勾当。他们就像野兽一样。自1900年起，我们就一直在谈论和记录日本美好的事物。我们只看到他们那美丽的景物和纪念品，忽视了他们原始残暴的一面。"漫画中的日本男子或许做的是和平友好的表示，但他也可能随手将花一扔，拔剑刺向美国大兵。日本人大概缺乏做出个人道德判断的能力。在本尼迪克特的影响下，美国人逐渐开始认为，日本社会赖以维系的是群体耻辱感而非个体良知，并以此来解释对日本人"特性"的评价。

这种认为日本人的"思想和行为"受"条框"制约的观点使得美国人有时会质疑现在这一代日本人是否能理解何谓民主。

因为日本人所接受的社会化和教育使得他们缺乏个体性，所以日本人被认为是个分析能力差，缺少常识的民族。有一个日本占领期的故事——这是有关日本人无能的众多故事中的一个——是有关一个日本"客房服务生"的，他本该在指定时间叫醒客人，但由于考虑过多或是胆小怯懦，到了指定时间也不敢打扰客人。据说，他踮着脚尖进入客人的房间，无声无息地在桌上留了一张写着"先生，8点了，请起床"的字条。这种行为举止怪异的民族能够理解吸收民主生活及思想方式的核心常识么？许多美国人认为这是不可能的。记者弗兰克·凯利和科尼利厄斯·瑞安曾抱怨说，日本人想将民主简化为一些可以遵循的条例法规——他们"近乎可怜地想知道如何变成民主主义者，然后可以继续他们的生活"。这两位记者没有认识到日本人的反应是合情合理的，因为美国军方和个体美国人所传递的有关民主的信息本就混杂不同。美国人本应是秉承民主信念的，然而许多最高统帅部颁布的法令中以及驻日美国人都要求日本人为其提供服务，这显然是不民主的。

美国人也注意到日本人将民主和消费文化混杂在一起。凯利和瑞安指出，刊登在像《生活》这种配图杂志上的广告向日本人展示的"漂亮的汽车、服装、香烟都意味着一件事——民主"。巧合的是克罗克特也注意到：受杂志和好莱坞电影的影响，日本人认为民主就是"令人炫目的西方生活的同义词——锃亮的汽车、酒会娱乐场所、漂亮的女鞋、电动配件还有房顶上的直升机"。克罗克特老调重弹，断言日本人对民主的理解是"狂热地复制许多美国人并不引以为豪的美式生活特征，除此以外，日本人还天真地将自由错误地理解为放纵的个人权利"。一个"无礼的家庭主妇"问克罗克特："如果民主就是电冰箱，我们什么时候能用上？"克罗克特认为这个小故事很可笑，日本女性太天真了，但她没有意识到这个日本家庭主妇实际上正确地解读了美国人传递的信息。占领期间以及整个冷战期间，在世界大部分地区，美国都是将民主和富裕的"美国生活方式"一起宣传的。很有可能日本的家庭主妇只是直率地指出了隐藏在美国人想法中的有关民主的联系。但是克罗克特忽视了这一点，因为在已有的意识框架中没有像日本人对美国人或许能有所指教这种观念的位置。

相反，美国国内类似以《教日本人学"民主"》为题的文章很普遍，这种标题对美国人才有意义，因为它们暗示日本人无法自己达到文明教化，需要美国人的帮助和引领指路。美国人尤其在日本孩童身上看到了再生更新的可能，他们的目的是通过改革教育体制以改变日本人"封建的""军国主义"思想。由于美国人不相信种族差异是生物学所决定的、永恒不变的观点，他们认为只要通过正确的引导，日本人可以在一代人或一生的时间内重新改造，而无需花几百年的时间。斯托达德代表团在结束日本教育体制考察之旅时宣布："我们最大的希望寄托在孩子们身上。"像《星期六晚报》的日本专家哈罗德·诺布尔这样的学者也同意这种观点，他对《晚报》读者宣传说："如果日本有什么是我们共同认为亟需改变的，那就是现在这一代少年应该朝着充满希望的、适宜的方向成长——即他们将和邻国在和平与谅解的环境中共存。"盟军最高统帅部以此为目标，实施了范围广泛、影响深远的教育改革，大部分改革措施是成功的，受到了绝大多数日本人的欢迎。改革使得中学阶段和大学阶段教育对女性和穷苦的农村学生不再遥不可及；为做到受教育机会人人平等，校方也用六年制小学、三年制初中和三年制高中的美式单轨教育体制取代了原有的多轨体制。

戈登·鲍尔斯后来承认，大部分的教育改革实际是日本自由主义教育家和改革派官员首先发起的。鲍尔斯，这位参与教育改革的日本研究专家估计，60%的改革措施是日本人发起的。值得赞扬的是，最高统帅部建立了一个日本教育家委员会，委员们可以以平等的身份与美国教育家进行磋商。正是东京帝国大学的校长，日本教育委员会的会长南原繁秘密说服乔治·斯托达德建议实施单轨制6-3-3教育体制和九年普及教育——这一建议为保守的首相吉田茂所反对，他认为这会搞垮日本政府。在美国占领者的支持下，像南原繁这样的自由主义教育家最终得以实施他们宣扬了几十年的教育改革。然而日本人的投入似乎基本上没有引起美国新闻媒体的关注，或许是因为这不符合那种迷茫的日本学生需要美国老师正确引导的想法。大部分有关占领区的新闻报道对日本人自主采取主动合理的行动都极少赞扬，它们更喜欢将日本人描述成满怀青春、天真热情、急切渴望学习的学生，却只会模仿和错误理解一些基本的观点。因此美国人——尽管在这点上他们并非特例——是以自己希望的方式看待理解另一个民族的。

将日本人描绘成欠发达、只会模仿的民族，而非先进、有智慧和创新性的民族，使得美国人对自身和美国社会感觉良好。在被占日本发生的这些令人发笑的逸闻故事体现了美国人日复一日所经历的失望和挫败感，通过"表现美国人面对战利品时内心的矛盾心情"，这些逸闻故事有助于冲淡美国征服、占领日本的残酷现实。美国人认为日本人缺乏理解何谓民主的能力，他们对此无休止的抱怨暗示着自己对民主原则是完全了解的。凯利、瑞安和拉塞尔·布赖恩斯甚至以他们所谓的日本人对民主概念有与生俱来的抗拒为由，暗示培训日裔美国人是合理的。这些记者认为，第二代日裔美国人与他们的日本移民祖先仅一代之隔，他们在理解民主原则时应该会碰到困难，因为民主"还没有在他们的内心生根发芽"，但奇怪的是，这些美国记者对美国人剥夺日裔美籍同胞的民主权利却视而不见。

战后美国大众话语有关日本是"封建主义"的观点被利用来合法化美国的对日占领行动，其中最为明显的一点就是将日本人描述成像女性和孩童一样地无助、幼稚。在此有关女性特质和成熟度的话语再次重合，但谨记它们又是如何彼此独立的也具有重要意义。美国人援引老套的男性积极主动、女性被动顺从的观念，认为静态是女性特征而动态、前进是男性化特征。于是他们用女性化的措辞——"囚于琥珀中的蝴蝶"——来描述他们所谓的日本人固有的落后或不可思议。当他们谈及日本踏步前进，准备腾飞时，又将日本人比作年轻的男性——"像个12岁的男童"。

对西方文明的反思

要解释美国人为何将自己扮演成日本男童的良师，需要分析美国人在这个具有历史意义的关键时刻如何看待自我。一方面，美国人自我塑造的良师形象是先前一直试图"文明教化"有色人种或少数南欧和北欧其他白人观念的延续。较早时期不论是将这种观念通俗地表示为20世纪中期的现代化和进步，还是将其神圣化为美国人"昭然若揭的使命"或"上帝赋予的"职责，这一观念都有助于合法化美国人将自己的价值观、文化和制度强加于其他民族的企图。在进步主义时期，美国人最终成功地完全控制了构成美国的所有殖民地，而后与西班牙的一战将美帝国主义势力扩展到了海外。所有美洲土著、夏威夷土著、菲律宾人、波多黎各和古巴人被诬蔑成不道德的非正义的抢夺领土者，而大多数美国人却被正义化为上天指定的、合适的领土主人。美国人确信自己需要"提升"当地土著，于是虔诚的传教士以及教区的神职人员开始用美国中产阶级文化在印第安纳州白人劳动学校教育扬克顿苏人的孩子、在汉普顿学院改造昔日的黑奴、在赫尔学校教育西西里岛移民、在卡密哈密哈学校教导夏威夷土著、在美式"公立学校"教育菲律宾土著。19世纪的进步主义论者怀着千禧年论信徒的坚定信念相信这是美国的民族使命、美国就是道德典范，以及有关普救说、科学、人类进化完善说等文明教化信条，据此，他们相信自己所有的尝试和努力都是为这些"未开化的野蛮人"的最佳利益考虑。

但是改革期之后，有关种族主义的认识论原理——以及性别主义——从基于基因差异的生物学优劣说转向以心理分析的"文明"观和社会人类学的"文化"观为基础的社会优劣说。受过教育的美国人在接触了弗洛伊德、弗朗兹·博厄斯和其他学者的新理论后，开始重新思索社会等级的运行机制。尽管弗洛伊德和博厄斯的研究分属不同的学科知识领域，两人却都支持有关种族的老派观点。弗洛伊德在其著作中，尤其像《图腾与禁忌》（1913）和《文明与缺憾》（1930）这种具有广泛影响力的著作中，继续对文明进行探讨，期间他不仅提出先进文明是和白皮肤相联系的，而且他坚持认为是男性的力量创造了文明。他写道：

"文明的创造日渐成为男性的职责，而且比以往都更具有挑战性，鞭策着男性自我心灵升华，以恰当的方式释放本能冲动，而这一点是女性很少能做到的。"女性，就像"原始人"和儿童一样，被认为缺少将原始欲望进行心灵升华的自我节制力。

文化人类学家弗朗兹·博厄斯的学术研究揭穿了科学种族主义的面具，虽然他将人种肤色或面部特征的差别与文化社会差异相分离，进行分别研究，但同样不够彻底，未获得全面的成功。他认为每一个非洲裔后代在能力与智力上和任何一个欧洲人后代都是相同平等的，所以美国黑人也应享有充分的公民权，但同时他又认为非洲人和美国黑人都无法孕育出那种只有在欧洲人和欧美人中才可能有的"具有高智商的天才"。博厄斯在其研究中过分强调文化的作用，他和学生将一个民族的社会传统和社会行为与该民族的政治经济混为一谈。同样，弗洛伊德虽然不是资本主义的热情支持者，但他对共产主义持有更尖锐的批评，认为那是"建立在站不住脚的幻象之上的体系"，在这个幻象中，人与人之间能够维持长久和谐的关系。因此，这种在文化人类学和心理分析中淡化忽视政治经济因素或阶级分析的做法，几十年后得到了既得利益阶级和大部分战后自由主义者中隐藏的种族主义者的呼应共鸣。

战后的自由主义者，如同他们19世纪的前辈一样，认为最新的社会科学及行为科学研究为他们的观点信念提供了佐证。这些自由主义者淡化阶级冲突，坚信自由贸易能够推动经济增长，并能最终给全世界各民族带来富裕繁荣。就像之前不同时期一样，大部分的自由主义者为改善"其他"民族生活所做的努力，其用意是诚恳的——甚至出于博爱，心怀慈善。在后殖民主义时期，部分美国自由主义者内心真诚地希望有色人种国家，尤其是日本能"成长"，"有了我们的帮助会变得和我们一样"，这点同之前西方殖民者的空头许诺是截然不同的。公平地说，最高统帅部长期的宣传工作在帮助改善日本民众生活方面取得了很大程度的成功。但是战后的政治环境大大转变了美国自由主义者对世界上贫穷、尚未进入工业化国家的态度。首先，他们寻求通过国家权力和财富解决国内外一系列广泛的问题，这些问题以往都是试图靠个人力量解决的。其次，苏联作为世界强国的出现也是一个重要因素，它使得战后的自由主义者更关注于"同化其他民族"——让"其他"民族欣赏美国民族，接受并拥护自由资本主义和"美国式的生活"。最后，二战后的美国是世界上最有能力规划发展军事及经济的国家，战后自由资本主义者认为美国的时机终于到来了，美国终于可以实现它早在建国时就有的梦想，成为"文明世界"的领航者。遭受战争蹂躏的英国似乎已将推进文明的职责传递给美国，有待美国日后在全世界继往开来地发展传播民主。

　　然而，在战后这样一个有着超级竞争对手和核力量的美丽新世界里，志在全球的美国自由主义者对自己担起西方文明守卫者的能力尚有担忧。在《生活》杂志的一篇名为《怎样认识"文明"》的社论中，亨利·卢斯指出二战之后，那些"蔓延的集中营，复苏的酷刑，官方实施的种族屠杀，研制的核武器以及类似的倒退和进步现象"表明灾难将至。卢斯强调说至今在"每一次的文明毁灭"中人类都得以幸存，但"我们现在的作为可能就像囚在庙宇中的力士参孙，其毁灭性最终会使所有的生灵与之同归于尽"。该社论继续论述了卢斯在1941年2月的著名演讲《美国的世纪》中的观点：美国人民"作为世界上最强大、最重要的国家应当全心投入地接受我们的职责和机会，将我们的重要影响力输出到全世界，我们的目的是合理的，手段是适宜的"。冷战初期，卢斯力主美国要担负起与之军事经济实力相称的世界领导者角色——但同时还负有守护西方文明，而不是世界文明的紧迫职责。在卢斯看来，若西方文明毁灭了，世界文明也就毫无价值可言。因此，"美国必须取代英国，自主积极地担负起它已胜任的角色，面对这令人难以接受的现实：自二战初期开始，捍卫残存的西方文明的烈士们就一直在同威胁该文明的敌对力量作斗争。"正如另一位作家所言：美国人"不能再仅仅作为美国公民了，他必须成为世界公民"。

这一新职责提出了一个问题：美国人是否受到了足够的训练可以成为世界领导者呢？1946年的《星期六晚报》做过一个问

卷调查"作为一个公民你足够聪明吗？"。从结果来看，答案是否定的，美国人应该开始"好好学习"而且学习"实在的东西"了，因为近期的历史事件使得"人们比以往都更容易变成傻子"。旗下包含《时代》、《生活》、《财富》、系列新闻短片《时间的流逝》的卢斯媒体王国试图让4千万观众了解国际上发生的事件，同时唤起他们的个人责任感去帮助那些生活在苏联统治下或遭受苏联统治威胁的人们。为了鼓励美国人更珍惜自己民族的遗产，《生活》杂志刊登了数量丰富的系列文章叙述西方文明的历史，这一文明最终指向美国作为它历史发展的"继承人和希望所在"。

时代有限公司对英国历史学家阿诺德·汤因比大受欢迎的《历史研究》一书的支持明显隐含了西方文明代表了"人类最伟大的成就"的观点。汤因比的这部多卷本著作于1947年在美国以简写本的形式出版，同时配以大规模的宣传推广和热情洋溢的书评。汤因比声称在他罗列的21个"文明社会"中，不再有所谓的"优等种族"，但他还是将西方人——当然不包括女性——置于至高点。《生活》杂志在介绍该书时，附有一整版大的配图，形象地表现了汤因比的隐喻：在高度不同的山峰间或攀爬或休憩的男性标志着进步程度不同的人类文明。画面中，黑皮肤的民族位于残存的文明的最底层，中等肤色的民族位于半山腰，而西方男性位于山顶。紧临"消亡"文明之上的是由一对黑皮肤男女所代表的"原始社会"——男性坐立，女性半裸侧卧。图中唯一的女性就是这个躺着的"原始人"，而这一卧姿暗示着攀爬和努力"前进"是男性的职责。这个唯一的女性和她身边的男性"原始人"的目光不是朝上或朝前看，而是朝下看着那些"消亡的文明"，回顾着历史。他们是那些"从未接受文明教化"的"原始人"，但"并未消亡，还可能有进一步的发展"（图片暗示：只要他们愿意站起来）。

这幅图片当然也获得了汤因比的充分肯定。汤因比的著作为已失去民心的社会达尔文主义者的种族和男性特质概念重启了学术影响，但同时他对该理论也做了修改，以说明其他民族仍在为争取做"适者"而斗争。有色人种和边缘化白种人未必会永远落后；他们仍在发展，仍在朝峰顶攀爬。汤因比的历史著作非常畅销，截止1956年，美国人购买了7，000部10卷本以及30万册简写本，使得该书入选月畅销书俱乐部。

冷战初期，汤因比的研究为当代国际政治提供了最为适宜的历史时代背景。该书极其畅销的部分原因是它为在新的世界秩序中寻求指引的美国人提供了有用的帮助。"西方男性"现在位于峰顶，但问题在于："西方人在休息或倒退之前，还能持续爬多高？"这些疑问表明了焦虑——不只是美国自由主义者，还有保守主义者——对国外混乱的世界和国内难以控制的不安定因素的焦虑。

该图片是一位画家为历史学家阿诺德·汤因比在1948年2月《生活》杂志上发表的人类文明隐喻所做的配图。图片说明如下："汤因比用一个引人注目的隐喻说明了人类文明的命运……在该隐喻中，这位历史学家认为所有的人类都像在爬山。躺在一层岩台上的人类代表了消亡的文明，他们是从原始人或类人阶段发展而来，攀爬至此。停留在另一岩台上的是原始社会的人们，他们代表从未发展起文明，但并未消亡，还可能有进一步的发展的人类。困在五座小山峰上的人们无法再向上攀爬，他们代表着五个'停滞'的文明。其中，爱斯基摩民族、游牧民族和波利尼西亚民族仍旧存在。另有五个文明仍在继续攀爬前进。其中我们的西方文明状态最佳，也是唯一真正在前进的文明"。图片征得查尔斯·马丁公司同意。

有些美国人为国内有太多"妈妈的宝贝"和他们未能成熟的心智而担忧。菲利普·怀利恶名远扬的著作《毒蛇的后代》（1942）在整个50年代还在持续销售。在该书中，菲利普控诉一代轻浮、狭隘、专制的"妈妈们"将她们的儿子溺爱成了胆小懦弱的男性，这样的男性缺乏管理国家所需的强健体魄和坚毅的心智。怀利称其理论为"母亲崇拜"，他批评维多利亚式的情感过盛的母性及其所代表的观点：母亲作为家庭中的养育者应当受到子女们以及公众不尽的感激。怀利认为这些"妈妈们"完全不具备施加积极的公众影响的能力："'妈妈们的'选举权伴随着一个新的前所未有的时代低潮而来：肮脏的政治斗争、流氓横行、帮派猖狂、劳工斗争、垄断谋杀、道德败坏、公德沦丧、走私猖獗、行贿受贿、盗窃、凶杀、同性恋、嗜酒、金融危机、社会混乱和战争。"

毫无疑问，怀利的言论激怒了许多女性，可能还有些男性。然而精神病学家爱德华·A.斯特雷克认为"母亲崇拜"是合理的，这位美国政府的战时顾问后来成了宾夕法尼亚大学医学院精神病学系的主任、美国精神病学会会长、国家心理健康咨询委员会会长。在《母亲的儿子们：一个精神病学家对美国问题的分析》（1946）一书中，爱德华·斯特雷克——和怀利如出一辙——认为"妈妈们"给国家安全带来了大问题，声称太多的母亲都未能养育出可以保卫国家的成熟、可靠、爱国的儿子。战争期间，斯特雷克目睹了许许多多他认为在精神心理上不适合从军服役的男性。他总结认为这些男性，还有那些逃避兵役的人和男同性恋们，都出自这些"妈妈"之手，她们一直让孩子们"在心理羊水中戏水而不是教他们果断大胆地游出情感的子宫"。由于不愿解开"情感的脐带"，不让儿子们成长，于是这些"妈妈"造就了一群懦夫和"性变态者"，他们依赖性强、任性自我、离不开"妈妈"，对长大成人，尽一个男性公民的义务职责，参与社会团体以及生子为父却厌恶反感。正如学者珍妮弗·特里所言，"这种妈妈的儿子，不论是同性恋还是异性恋，都会对国家安全带来危害。"

正如怀利的控诉单以及斯特雷克对"母亲崇拜"的拓展所揭示的：在20世纪50年代，美国人担心的是美国民族原先那直率豪爽、坚定不屈的性格正在消逝，变得柔弱、女子气。有人认为女性在家庭内部及社会上都拥有过多的权利，她们正在削弱男性的力量，给国家安全及民族的健康成长带来危害。同时，也有人认为女性应对"流行扩散的"未成年人犯罪负责，而以往许多美国人错误地认为这是由美国家庭在将其价值观施加于年轻一代时表现的失败或"无能"所造成的。除了这个人们已经意识到的危机之外，迫在眉睫的不仅有全球政治风云的变幻，还有不久的将来，随着"战后婴儿"们——即后来所谓的婴儿潮的一代——逐渐长大成人，这些游手好闲、毫无目标、具有破坏性的年轻人的数量只会有增无减。

　　自由主义教育家及知识分子们呼吁美国教育应更严格，以确保美国的下一代能够顺利成熟起来，担当维护美国社会领导世界的重任。尽管他们为应当设置或加强何种新课程而争论不休，但他们中的大部分都认为现行美国教育制度有缺陷。专栏作家沃尔特·李普曼指责说现代教育"注定会摧毁西方文明"，因为它未能将"西方世界的信仰和人文科学"传承给下一代。李普曼宣称约翰·杜威宣扬的早期教育改革只注重科学和实用主义，忽视了人文科学"道德行为的培养"，可能会使美国人变成对丑恶的犯罪行为缺乏道德是非判断的人，或是变成道德败坏的人去"实施凶杀、抢劫及诈骗失信等令人不齿的行为"。李普曼和一部分学者认为解救现状的办法就是实行以经典著作为坚实基础的"文科教育"，这也是莫蒂默·J.阿德勒最为推崇的著名教学法。20世纪３０年代，阿德勒认识到他在哥伦比亚大学所学的西方经典的重要性，此后在芝加哥大学创建设置了"经典著作"学习课程。

　　冷战末期，名著阅读教学法被认为是在宣扬欧洲中心主义及男性至上主义而遭到猛烈抨击，其实该教学法一开始就存在争议，引起了教育家们的热烈讨论。和阿德勒共同教授这门课程的哥伦比亚大学教师马克·范·多琳支持这一正统教学法，称"培养知识分子的方法就是教授学生同样的东西，当然是最好的东西"。采用西方传统教育美国年轻一代，理应培养出德智健全的公民，不论有什么样的个体差异，他们都紧密结合在享有同一个观念理想的群体中。布鲁克林学院的院长哈里·D.吉迪恩斯不同意这一观点，他指出"显然，对经典著作的真实价值的判断，没有什么比一味夸大或理想化它们所具有的确定价值意义更具有破坏颠覆性的了"，他还批评范·多琳在重复"那种美国儿童不会正确地使用自己的母语阅读、写作和说话的悲剧"——在其他国家也有这样的惋叹之词。

然而，阿德勒从未宣扬西方文明至上主义，而是劝勉美国人培养自己判断思维的方式技巧。后来，他在面对种族主义和男性至上主义的批评时，解释说之所以选择"经典著作"，是因为它们能为我们解决困扰人类的一些"永恒"的难题提供建议帮助。在20世纪中期，对正统教学法的批判通常集中在它的方法论上，而非其有限的教学内容，因此"经典著作"课程被广为接受。为了将这一教学法推广到大学以外的更为广阔的教育场所，阿德勒为英国百科大辞典编订了《西方世界经典著作集》，该书获得了极大的成功，他同时还撰写文章，广泛发表在期刊和大众杂志上，其中包括《哈珀斯》、《治家有方》、《星期六评论》甚至《花花公子》。

他还出版了面向大众的图书，例如著名的《如何读书：获取文科教育的艺术》（1940）和《我们的亚里士多德：深入浅出》（1978）。

当美国最终无可争议地占据全球主导地位后，他开始注意到广阔、混乱且复杂的外部世界和美国社会内部存在的问题，他想知道美国的国民和年轻一代是否有能力承担起建立世界和平与秩序的严峻挑战。正统教学法的支持者们希望该教法所提供的以西方传统、判断性思维方法和道德引导为基础的教学能指引美国完成这一重大任务，即西方文明的"精良著作"能够帮助美国人理解并应对这个混乱无序的世界。这一教法一贯秉持的信念是"具有高智商的天才"个体只能是男性白种人，这一信念在该教法的支持者看来无关紧要。这些思想家认为当下紧要的是能令人保持头脑清楚、有理智且坚强的规范原则，和海伦·米尔斯不同，他们相信西方的规范最能起到拨云见日的作用。

成熟的心智和种族包容性

如同二战后的自由主义者一样，阿德勒、范·多琳和其他人也都抵制令人厌恶的种族主义，而且他们还有着不变的信念，那就是通过善意的、理智的人们所做的努力，种族主义会从美国社会中消失。对自由主义者而言，种族主义和种族狭隘主义是因为陈旧的错误观念和不成熟造成的。最能代表这种观点的人或许是布鲁克林学院的哲学教授哈里·艾伦·奥弗斯特里特。像阿德勒一样，他也致力于成人教育，宣扬他所谓的"成熟度的观念"能给美国人在战后世界指引方向。他在《成熟的心智》（1949）一书中详述了他的观点，该书在三年内售出50万册，蝉联畅销书排行榜长达一年半，其间包括九个月的全国非小说类读物销售冠军，不俗的表现使得该书也成为月畅销书俱乐部入选图书。奥弗斯特里特运用新弗洛伊德学说的方法分析他认为的美国人的不成熟性，指出由于一般美国人在14岁离开学校——一个尚且年少，不足以理解学习重要性的年龄——所以大部分美国人"除了极少的例外，就是一群偏激、不成熟、做事仓促草率、偏听偏信、不负责任的'传谣信谣'者"。太多这种"面孔成熟而心理幼稚"的个体最终造成了美国现代社会的悲哀：不论是劳工纠纷、宗教狭隘主义、民族沙文主义还是"白人至上主义"等难题都是如此。奥弗斯特里特建议说，所有这些难题都可以从这些心智幼稚的成年人那些自我中心、自私自利、无礼，有时甚至残暴的行为举止中找到答案。他认为心智成熟是一个需不断获取的过程，而不是一成不变的终极状态，因此他认为"顺利成熟中的"成年人应该思想开明、没有偏见，能够理解体会他人感受，耐心、坚定、心胸宽广、富于创造性而非毁灭性，最为重要的是能意识到自己行为带来的影响和后果。奥弗斯特里特怀着启智教化对理性和完美主义的信仰，主张成熟的个体能够，或者至少应该差不多解决利益和"忍耐、勇气、坚毅"之间的矛盾。

奥弗斯特里特和其他战后自由主义者对美国持续存在的种族歧视尤为不满，称此种种族主义是欧美人不成熟的表现。1945年，他热心支持由作家巴克林·穆恩编订出版的文集，并为之题写了具有挑衅性的书名：《白种人初级读本》。该文集坦率直白地告诉欧美白种人，在处理种族关系上，不是"黑人"，而是"白人"像幼儿一样无知，这种说法扭转了欧美人以往幼儿化非洲裔美国人的家长式话语。奥弗斯特里特在对该书的书评中写道："《白种人初级读本》指导我们如何拼写，那些认为自己早就会识文断字的白人不会喜欢这本书，可能也不会屈尊俯就去阅读它，因为该书对他们的社会及政治理解能力提出了质疑。"对奥弗斯特里特而言，身为一个成年人意味着对非洲裔美国人的过去和现在保持敏感性，更重要的是，意识到自己抱有的种族主义。正如他书评的标题所示，这样的历史和自知之明是"成年人需要了解的事情"，

这一认识也得到了他人的认同。显然约翰·冈瑟认为美国南方白种人不具有这样的自知之明，他将其畅销书《深入美国》（1951）的一章题名为"南部：美国的问题儿童"，并将书中关南部黑种人的章节直接命名为"南方黑鬼"。

在呼应以美国人的不成熟性解释种族主义的主题时，耶鲁大学法学教授尤金·罗斯托谴责将11万多日裔美国人疏散拘禁是放任种族主义者和幼稚愚蠢的"群体狂躁"的恶果，是美国政府

不负责任的行为。罗斯托在1945年9月刊的《哈珀斯》发表了一篇文章，谴责这种拘禁行为"令人难以置信"。他唾弃这一行为，宣称"十万多人被关进集中营，对他们实施拘禁的罪名借口甚至不足以给偷狗的小贼定罪"。这完全是基于非理性的"种族偏见"和荒谬的观念——即要判定一个人的"忠诚"，更多地取决于他的"人种"或生物特性而不是"文化"。罗斯托在《耶鲁法律评论》上发表的早期有关同一主题的文章中就已有较全面的论述，他认为"生物科学、文化人类学、社会学以及其他系统的社会研究分支学科所提供的科学证据可以轻而易举地驳倒这种观点"。虽然罗斯托指出带有种族歧视的9066号总统令和这个平常较负责任的美国政府行为前后极其不符，但与此同时他忽视了在更大的格局下美国政府所支持的对日裔美国人的种族歧视，例如《小泽诉美国政府案》（1922）就重申了对日本移民获取美国国籍权利的否决，在1924年颁布的移民法案中也有排日条款。在这样的大背景下，重新审视美国政府的拘禁行为，虽然不公正也没有正当的理由，但从美国立法传统而言，可谓是理性且前后一致的决定——而不是一时的幼稚狂躁所犯下的失误。

在此指出这一点并不是批评罗斯托。他是一位较早对拘禁行为进行谴责的重要的评论家。他在《耶鲁法律评论》上的文章影响了美国议会，1948年议会决定给日裔美国人少量的补偿，也为40年之后成功地要求更大数量的补偿奠定了基础。但是罗斯托在号召美国同胞们改正这个严重的、不负责任的、缺乏远见的错误时，其言辞说法和奥弗斯特里特所呼吁的种族宽容有异曲同工之处。对那些试图用恐吓来阻止被拘禁的日裔美国人返回美国西岸的人，罗斯托以及其他日裔美国人的支持者们称他们为幼稚的"无赖阿飞"。那些支持日裔美国人的人们在反对无赖一样或心胸狭窄的种族主义者的同时，支持日裔美国人第442作战部队进行着英勇高尚的斗争。在这样做的同时，他们为美国民众——大部分的美国民众可能会对日裔美国人的遭遇抱着麻木不仁的态度——提供了一种选择，那就是表现成熟，做些体面合宜的事，还是做些像少年犯一样的行为或表现出毫无教养的态度。

这种反种族主义的话语指出，不能将日本国民等同于日本政府，这点有助于重新塑造日本人形象。罗斯托断定对日裔美国人实施的拘禁可归咎于"一种怪异的观念，即所有的日本人后裔都是敌人，战争不是针对日本国而是日本这个'民族'"。正如约翰·道尔精确指出的，美国人和日本人的确曾致力于一场他们所谓的种族战争。罗斯托认为在这场战争的末期，成熟而有责任感的民族认识到这种观念是可笑愚蠢的。罗斯托很清楚，许多美国人都认为自己同日本"民族"交战过，因此他试图说服美国人对不同民族要抱有更公正、更开明的观念，这样才能真正符合平等这一美国的最高理想。

罗斯托、奥弗斯特里特以及其他自由主义者所宣扬的反种族主义思想与更广泛的世界观相契合，这一世界观支持维系着"自由"、民主社会赖以生存的资本主义经济体系。罗斯托后来著有《自由计划书：美国资本主义的公法》（1959），他的弟弟，W.W.罗斯托随后出版的《经济增长的进程：一个非共产主义者的宣言》（1960）是一本阐述现代化理论的经典著作，该书预见了自由资本主义可培养一个由富足的消费群体构成的中产阶级。奥弗斯特里特也笃守自由主义信念，相信资本主义最终会创造出一个中产阶级亦或是一个具有牢固坚实、富有活力的民主政治体系的无阶级社会。对肆意发展的资本主义将利润率置于劳工福利之上的做法，奥弗斯特里特持批判态度，他主张更人性化、更坚定的改革，让其他人，例如被剥夺公民权的黑人能在这个社会中享有更多的利益。对奥弗斯特里特和其他冷战时期的自由主义者而言，反对共产主义和反对种族主义对于民主社会和世界的健康发展是同等重要的。

他曾在《成熟的心智》一书的结尾写道："我认识到生活中的罪恶并非源于我们心底的邪恶，而是我们对生活的不成熟的反应处理。因此，我们的当务之急是变成熟。这是时代对我们提出的要求，这是必将最终拯救我们的灵药。"

奥弗斯特里特的理论在20世纪中期引起了反向的共鸣，因为这一理论不仅鼓励美国人放眼世界，担当重任，而且鼓励他们着眼国内，正视美国社会。如同汤因比和新弗洛伊德主义者，奥弗斯特里特也认为一个民族具有变"成熟"和良好发展的潜力，而无需进行激烈的马克思主义改革。因此，不只是反种族主义者的论战有助于重塑日本敌人的形象，在成熟度这一观念框架内，反种族主义与支持资本主义的力量的结合也对此有所助力。美国的决策者们期望着，日本如果能顺利地"成长"为民主的资本主义社会，这将有助于粉碎马克思主义者对种族主义和帝国主义的资本主义制度的批判。在决策者的眼中，日本是一个明智的选择，因为日本已有的工业基础和受过教育的劳动力大大增加了成功的机率。

决策者们视冷战为实验基地。在《外交》中列出的遏制政策首次与美国大众见面，乔治·凯南强调美国必须"在全世界各民族人民心中普遍塑造一个美国形象，即美国这个国家，有明确的目标，能成功解决国内问题，同时又能承担世界大国职责，具有立于时代的意识形态湍流之中而能独善其身的精神活力"。因此这场较量"实质上是对美国在众多国家中的全面价值的考验"——对美国担当世界领导者的成熟性和能力的检验也是对美国传统的"精神"健康的衡量。现在还没到美国放弃世界先进文明之首的头衔，让贤于苏联或其他国家的时候。

约翰·福斯特·杜勒斯于1950年在《生活》杂志刊登文章呼应凯南，文中写道："一个民族的发展或许有智穷才尽之时，但我们尚未遭遇这一时刻。"他继续写道：

我们依然举足轻重，仍能努力奋进。我们的青年精神饱满，斗志昂扬，既不软弱也不怯懦。我们的宗教传统和民族传统为人民所铭记。若我们的努力尝试仍有欠缺，那是因为我们尚未清楚地认识面临的挑战和实质。随着一切变得更清晰明朗，我们定会积极应对。正义的信念指引着我们的行动，这一信念将成长壮大，直至有一天引领我们同全世界致力于建立和平、人类自由公正世界的志同道合者会师。

这位未来的国务卿的话意味着美国在这场适者生存的竞争中会战胜苏联。因为美国的全体人民为"正义的信念"——宗教或非宗教的——所护佑，且怀有最真挚的善意，力图将全世界建成一个全人类"和谐友爱"，共享"人类自由公正"的美好世界。如同所有的信仰所声明的一样，杜勒斯意在用他的话语说服民众相信他眼中的事实真相。他称：正确的道路一定会"更清楚地显现出来"，美国人民对此"定会有所回应"。杜勒斯援引男性力量、魄力、勇气等长久以来固有的观念，将这场较量视作一场考验，一个决断的时刻——一个证明自我的时刻。至少从工业革命起，男性气质的验证已存在于整个西方世界的想象中，而在美国社会生活中这已成为一个重要的主题。美国男孩在彼此的眼中成为成年"男人",是通过在一系列不断的考验中展示自己的技能和本领,评估彼此的价值而实现的。正如杜勒斯所言,甚至精英政客们也笃守这一世界观:男人要证明自己值得赏识和应该得到权力。

因此,冷战自由主义者认为日本的复兴和美国对日外交政策的胜利验证了美国民族的果敢、智慧和信念。在自由主义者的天主教杂志《大众福利》中,高级外交官威廉·富兰克林·桑兹称:"政策的正确制定源于巧妙表达的成熟信念,源于以丰厚史实为基础的成熟信念,源于兼顾各方利益的成熟信念。"事关重大,我们负载的不只是"日本民族的命运……还有人类文明的演化进步"。亦或如新闻记者约翰·拉瑟尔达所说:日本对"盎格鲁—撒克逊民主"最终是采用还是摒弃将表明"欧洲文明的演进方向和活力"。

日本的特殊重要性在于其在二战期间挑战过西方文明的最高权威性,正如菲律宾元首卡洛斯·罗姆罗提醒美国人,日本人此举几乎成功,罗姆罗对一位美国新闻记者说:直到战争爆发前,西欧和美国的"白种人""一直被东方人视为高高在上的神明,但通常是不公且令人望而生畏的神明形象。日本破除了这一盲目崇拜,揭示了白种人也是能被羞辱击败的凡人。这是亚洲人的胜利,那些痛恨帝国主义、遭受其压迫的民族会永远铭记"。罗姆罗对日本人并无好感,但对日本人在对抗西方甚至美帝国主义时为亚洲人所做出的"果敢"表率，使得他和其他亚洲人尽管不甚情愿，但还是对日本心怀敬佩。因此，即便日本人对"盎格鲁—撒克逊民主"的接纳不会将美国人重新提升到"东方神明"的地位，至少可以确定美国的正义性。日本在重新确立西方文明准则的普遍性及其政治和社会组织的合理性上发挥了很大的潜力，为美国提供了再生的可能性。因此在扮演被占日本的良师益友的过程中，美国人再次确信本民族的正义性和日后的职责——他们可以自视为一个充满活力的民族而非明日黄花。

德日差别：成熟与幼稚

由于德国人在文化成就和体格身材上与美国人相当，在麦克阿瑟将军的口中，德国人是"一个成熟的民族"。相比较而言，日本人矮小的身材以及大部分美国人对日本社会的蔑视不敬加强了美国人眼中日本民族不成熟的印象。尽管战后，美国人也用性别化的语言谈论德国人，也对德国儿童表现出了极大的关注，但他们却很少认为成年的德国人像孩童似的天真幼稚。相反，美国人用德国人的病态来解释德国人为何会"偏离"西方世界共同的文化传统，当美国人在思索揣测德国人是否是"不可救药"地沉迷于军事训练和军国主义时，同样也以此来解释。

美国人将成熟度的隐喻信手拈来，用以分析日本"文明"。这并不是说美国人总是认为德国人是成熟的，也不表明美国人从未质疑过日本人的精神状况。日本的历史远比美国悠久，但美国人仍旧认为日本人是"封建的"、固守历史的民族。美国人认为他们传承的文明可以上溯到古希腊和古罗马的伟大西方文明。大部分美国人认为德国人和他们共享这一文明，因此美国人无法轻易对德国人使用发育是不成熟的、幼稚的或发展是停滞的、封建的这一隐喻。事实也是如此，在被占德国实施"重整计划"的意图就是引入美国的方式方法和文化来影响大批的德国人，而此前德国人"一度确信美国文化是不存在的"。美国人不可能也在德国人面前炫耀自己的文化和传统，毕竟这个民族孕育了歌德、席勒、贝多芬以及其他一些公认的西方文明世界的"伟人"。

而且，在太平洋战争给西方文明带来外部威胁的同时，用亨利·卢斯的话说，欧洲的战事也暴露了"西方基督教世界"的分歧。卢斯指出，纳粹在美国及其他地方都有国际支持者，但是这种"神圣的帝王崇拜"吸引的非日裔西方人，即使有也很少。美国人认为日本人同欧洲祖先的后裔们截然不同，因为日本人接受的不是西方文化和犹太基督教的道德准则。他们认为正是这种差异说明了日本人的背信弃义。美国人并不是无视日本人对其他亚洲国家的暴行，只是日本人对盟军士兵的虐待使他们更为愤怒。尽管巴丹半岛一役和随后的"死亡行军"造成的菲律宾士兵的死亡人数比美国士兵多几千人，但"巴丹"作为一个地名，只会唤起对那些美国士兵们憔悴面容和欧美盟军茫然目光的追思。巴丹战役和珍珠港事件共同表现了日本刚愎自用、丧心病狂的独特表现形式：通过残暴兽行和大屠杀来羞辱西方世界的疯狂想法。但美国人却很难理解德国人的暴行。德国人利用最先进的西方科技，极有组织、有计划、有步骤地屠杀了数百万人，这让许多美国人深感不安，使得他们开始质疑西方基督教社会道德的基本准则。

这或许可以解释为什么战后在当时最主要的自由主义杂志《生活》和《星期六文学评论》中表现出的对德国人的愤怒要远远超过对日本人的怨恨。在这两本杂志中，德国人的集体罪行和不知悔改这一主题反复地出现——不只在文章中出现，在读者来信中亦是如此。《生活》杂志分别刊登了撤退的德军和日军遣返人员的图片，杂志刊登的日军照片是他们从中国撤退时的惨状，但所选德军的照片却传达了混杂的信息，意指德国人自作自受："这些人在世界人民面前是如此放纵堕落，当他们咎由自取、遭受惩罚时，都难以得到世人的同情。"《生活》杂志使用"悲剧"而非罪恶一词来描述德国人，这表明了杂志编辑们所怀有的对德国人的亲和关系。正是出于这个原因，编辑们提醒读者不要感情用事。《生活》杂志刊登的读者来信和杂志表达的情感一致。就这些图片，一位读者毫不客气地表白"我就是幸灾乐祸，希望德国人继续受苦受难，以此洗刷他们对欧洲人民犯下的滔天罪行"。相比之下，有关这些文章的读者来信中对日本的暴行没有过激的反应，至少《生活》杂志在其随后的刊物中没有。或许是因为德国人是"在［西方］世界面前自我放纵堕落到如此卑劣的地步"，而日本人却似乎一贯如此。或许是美国人对屠杀白种人的行径更为愤怒。德国人屠杀的是欧洲白人，而日本人屠杀的主要是其他亚洲人。那么，在舆论话语中对日本人的进一步开脱是无目的、无意图的？事实恰恰相反：由于日本人不像德国人，同绝大多数美国人在种族和文化上有姻亲联系，所以日本的民众必须被视作一个幼稚、有依赖性但却友好的民族。

因此，欧美人同德国人较近的姻亲关系使得德国人战时的行径更加不可饶恕。许多美国人认为德国人是"一个成熟的民族"，其行为本应更负责任。麦克阿瑟认为"德国人抛弃现代道德标准、国际准则的所作所为是故意为之，而不是因为缺乏对世界的认识"。在麦克阿瑟将军看来，德国人错误地将武力作为"获取他们渴望的权利和经济霸主地位的捷径"，但是他认为德国应该能轻而易举地"回归正道"。相对德国而言，麦克阿瑟认为日本从"某种程度上"说是"错误地陷入"战争。日本人就像孩童一样，他们没有真正意识到自己所涉足的一切，不像德国人本该很清楚，开始就不该挑起这场战争或进行种族屠杀。这就是为何日本人需要美国人引领他们走上"正道"，指导他们重新来过，如何正确地言行、思考以及处理事务的原因。

第三章 周日的裕仁皇宫

天皇裕仁在宣布日本投降的六周后，前往将军府与道格拉斯·A.麦克阿瑟将军会面。麦克阿瑟在来之前就对日方清楚地表明他不会去拜见任何人，就是日本的天皇也必须对日本新的统治者表示敬意。这位盟军最高统帅非常在意象征性的姿态，无论事情大小都是如此。当他大获全胜返回菲律宾时，他先让随行的摄影师上岸待命，然后又让军舰驶离海岸，这样安排布景是为了摄影师能拍摄到他大步踏浪上岸时的正面像。当他登陆日本时，他的座驾是名为巴丹的一架未配备武装的飞机。而在密苏里号美军军舰上，日本正式投降时，他又上演了顶峰之作——投降书刚签署完，一支由三架B-29轰炸机组成的机群便排列整齐地"隆隆驶过上空"，飞向珍珠港。同样，此次裕仁经过数天的犹豫，最终摘帽晋见麦克阿瑟，又一次成全了麦克阿瑟巧意安排的作品。一位美国记者注意到了此次会面意义重大，是"天子……和给天子发号施令者的会面"。或者像《生活》杂志的讽刺性评论所说：裕仁此次在一个"身材高大、不拘礼节的美国士兵"面前屈尊俯就，"很有失日本神道的神圣性。"

在麦克阿瑟将军和天皇准备进入私下会谈前，将军准许摄影师记录下了这具有历史意义的一刻。很快，一张照片就成为记录这场征服者与被征服者之间会晤的标志性图片。麦克阿瑟身着日常的卡其布军装，领口敞着，他旁边站着的裕仁却穿着正式的晨礼服，站在宽敞的门口前。将军的双手叉在腰后部，双腿微分站立，显得很随意，而实际上他的站姿使得他的上身显得宽阔高大。相比之下，身材较矮小的天皇则双手僵直地垂在两边，下巴微抬，无意间显得他的肩膀比实际上要更窄小浑圆。刊登这幅照片的《生活》杂志的编辑们一致认为麦克阿瑟"甚至懒得为这次会晤打上领带"。日本的宫内厅试图在日本封禁该照片，因为他们认为这是对天皇的不敬，但是盟军最高统帅部坚持要大量发行该照片，目的是让日本人清楚认识到谁将是新的领导者。麦克阿瑟将军的随意穿着传达了一种自信、美国"能干"的态度，而天皇的正装——条纹裤、圆角下摆的西装和大礼帽——表明一个人所共知的事实，他需要为自己和日本民族讨好美国人。照片还凸显了麦克阿瑟高大的身材——5英尺11英寸相比于裕仁5英尺

3英寸的高度——高度的悬殊似乎象征了美国的强大凌驾于日本的弱小。因此，该照片简洁明了地总结了新的美日关系：一个强大、有力的美国将要帮助一个僵化、古板的日本来改变这个被征服的民族。

这张麦克阿瑟和裕仁的照片同战时美国人所熟悉的天皇照片相去甚远。在早期的照片中，意气风发的裕仁身着军装，手持利剑，骑着白马检阅着部队。这张照片招致海军上将威廉·F.哈尔西在战争即将结束时的新闻发布会上炫耀说，他期待着跨上这匹天皇的坐骑——"白雪"。美国的目的就是要将裕仁从高高在上的神位降格，像字面意义一样"把皇帝拉下马"。尽管战后哈尔西并未在天皇的坐骑上拍照，他的军中同仁威廉·C.蔡斯少将却有幸骑着前首相东条英机的"白马"拍照留念。东条英机的坐骑是一个适时的替代品，因为美国人逐渐将对日战争的胜利解读成对军国主义者的胜利而非对天皇的胜利。

战争期间，美国政府内外的人士就在激烈争论盟军胜利后该如何处置天皇。最终，杜鲁门政府和国务院的决策者们决定保留天皇，他们认为这样的决策有利于控制日本人，也有助于避免长期驻日给美国纳税人带来的沉重负担。但另一方面，杜鲁门和国务卿詹姆斯·伯恩斯仍在为正式批准这项决议而犹豫不决，他们担心公众的反应——这不无理由。1943年，前驻日大使约瑟夫·格鲁就因在芝加哥发表的演讲中主张战后保留天皇而遭到媒

道格拉斯·麦克阿瑟将军同裕仁天皇首次会面时拍摄的标志性照片。盖蒂图片社。

体的猛烈抨击。著名的广播主持人沃尔特·温切尔认为美国政府同天皇合作简直不可思议，他向数百万的听众宣称美国不摧毁日本皇宫的做法实际上就是公然"对我们那些被砍头牺牲的杜立特轰炸队飞行员的残暴侮辱"。

民众的这些反应与1943年到1945年所作的多项调查结果一

致，调查结果一致表明有1／3的美国民众支持处决裕仁。尽管美国作战新闻处早在1942年11月就有所注意，避免在其宣传中用天皇来象征敌国日本，一项于1945年5月29日所作的民意调查却显示有７０％的美国人认为天皇应当被处以死刑、监禁、流放或接受审判。仅有３％的美国人认同杜鲁门政府的最终决定：保留天皇"作为统治日本的傀儡"。一些非官方的日本研究"专家"同意利用裕仁天皇帮助统治战败的日本，但他们中的大部分人，与那些宣扬立即处决天皇的美国人一样坚持认为，裕仁应对这场战争负责，引咎下台。美国议会也这么认为。在参议员理查德·B.拉瑟尔（佐治亚州的民主党人）的率先提议下，国会于1945年9月28日通过了一项两院共同决议，要求裕仁作为战犯接受审判。除极个别外，绝大多数人反对天皇，这一压倒性的舆论情感解释了杜鲁门在1945年9月6日签发的"对日战败后草拟政策"中，也表示了有可能将裕仁作为战犯审判。这是一个妥协的缓兵之计，目的在于在实施其政策时能尽可能减少阻力。

对广大美国人民要求废除天皇的公众情感起到缓和作用的，是美国的新闻记者和作家们的话语，他们开始为天皇重建一个美国重要盟友的形象。逐渐，这些有关"新"裕仁的描述在美国的公众话语中占据了主导地位。大众舆论的转变绝非一日之功，而是历经了对日占领初期的几年蹒跚发展而来。主流新闻媒体的记者们和居住在被占日本的作家们都自觉主动地致力于重塑日本天皇形象。他们之所以比普通的美国民众自觉自愿，是因为他们有优势，通过新闻发布会和与决策者或军事领导的私下会面，他们可以接近决策者或是盟军最高统帅，更了解政策制定的原因根据。然而新的话语的形成并非来自撰稿人和决策者们的简单合作。与这些决策者和军事领导人一样，新闻记者及作家们持有同样的种族、性别、成熟度等文化观念；内心都同样坚信美国强盛伟大；都对美国的政治经济理念充满信心。这种共性意味着这些新闻记者和作家们很容易认同美国政府的对日政策。这并不是说这些撰稿人总是对政府亦步亦趋，实际上美国主流作家们所写的有关天皇的文字是基于个人信念、独特的认识论、官方的暗示和个人对时事的见解的综合。

美国的新闻记者和作家们重新赋予了天皇裕仁一个"亲善的日本人"形象，他是在"军国主义者"这种"邪恶的日本人"的逼迫下卷入战争的。于是一位谨慎、神明似的天皇化身为一个戴着圆眼镜的古板、心不在焉的教授。在美国人眼中，天皇不再是身着缀满勋章绶带的军装，骑着白马高高在上的样子，而是身着朴素的便服，头戴呢帽，与人民打成一片的形象。美国人在战后被告知这位天皇性情温和，爱好研究海洋生物学，他是被"军国主义分子"，特别是东条英机将军所迫才对美开战。这些军国主义者才应受到谴责，是他们导致日本陷入了灾难性的残酷战争，他们才是应当遭受惩罚的罪魁祸首，以此让日本民族谨记

"侵略没有好下场"的教训。于是，一小撮"军国主义分子"负载了日本国民的"罪行"，之后在国际军事法庭上受到了审讯、宣判和惩处。

但是，"军国主义分子"的称谓过分强调了日本文职帝国主义者和军人帝国主义者的差异，与其说是澄清了事实还不如说是混淆了视听。例如那些被称为"反军国主义者"的日本领导人，如战后首相吉田茂，他们与制造"事变"借以侵占中国东北的青年军官们相比，在建立日本帝国的目标上并无不同，只是在如何将中国东北纳于日本统治之下的问题上有不同的看法。况且，在死亡、破坏和饥饿向日本本岛袭来之前，日本民众对太平洋战争非常支持。大部分日本人认同的一个基本常识就是像他们这样先进的国家需要——也确实值得——拥有更多的领土发展自己的文化，开发那些未被落后民族物尽其用的资源。用以指称日本人的"军国主义分子"这个称谓也是个有争议的东方主义者术语——它掩盖了美国军国主义或黩武主义。然而，日本的军国主义和美国的黩武主义有着共同的目标，即确保本国安全、保障对国外资源和市场的控制。在日本被迫放弃通过控制中国以达到自给自足的美梦，以及美日政府解决了天皇去留的问题之后，两国的目标变得相当一致：在东亚保持并扩展自由资本主义。

区分"亲善的"天皇和"邪恶的"军国主义分子的话语以性别和成熟度等观念为基础，后者是同战争行为和战争责任相联系的。同情天皇的美国人试图通过将天皇描述为有原则的军国主义反对者同时也是正直诚实的居家男性来洗刷他的罪名。而另一方面，那些对天皇没有好感的美国评论家则将他描述成了一个受人操纵的傀儡，缺乏男性的自我定位和自控能力，但对美国控制被占日本来说仍不失为一个好帮手。但对东条英机，美国人利用那些充满种族歧视的、变异了的男性特征观念来继续将他定罪为"东方的"罪人。对美国人来说，东条和裕仁是他们最为熟悉的两个日本人形象；一个被定罪为战犯并遭到惩处，而另一个的形象则被加以改观，成为美国有用且可靠的盟友，值得美国人伸手援助。美国人采取了既有的性别和成熟度等观念来解释日本的战争行为和责任，这些既有的观念使得"皇帝的新装"变得一目了然。

最高盟军统帅和裕仁

麦克阿瑟因为保留天皇并保护裕仁，使其免受战犯的惩处，而常常为人称颂或是批判。在战争结束后，杜鲁门政府将天皇的去留以及他能否配合美国行事的决定权留给了盟军最高统帅部。麦克阿瑟和陆军准将邦纳·费勒斯，他的军事秘书及心理战参谋长，被先期派去保护裕仁。早在20世纪３０年代中期，费勒斯就日本士兵的"心理状态"曾写过报告，那时他就有了自己的观点看法。费勒斯俨然已是研究日本士兵心理的专家权威，他也坚定了麦克阿瑟的信念：裕仁对于日本人民的安宁生活和美国军队的安全都很重要。在1944年7月的一份报告中，费勒斯断言称如果盟军惩治天皇，日本民众会群情激奋，并会"如蝼蚁般誓死反抗"。他称"对日本民众来说，绞死天皇不异于对我们来说将耶稣钉死在十字架上"。因此，最高统帅抵挡住了来自其他盟国绞死天皇的要求，甚至拒绝了一些来自皇室内部要求天皇裕仁下台的建议。麦克阿瑟对自己的信念坚定不移，对待公众舆论也不需要像国内经验不足的决策者那样谨小慎微。就这一事件的处理上，他的观点和美国政府的愿望契合一致。于是麦克阿瑟得以实施杜鲁门政府和决策者们想要却不能批准的政策。

麦克阿瑟在展示了首张宣传照，调整好同天皇的关系状况之后，在最高统帅部的支持下，又展开了宣传活动，大量的宣传照向美国以及日本的民众展现了一位不尚武力、"民主的"，更真实、生动的天皇裕仁。尽管之前就日本民众对天皇的狂热崇拜有所了解，总司令部负责宣传的官员还是意识到在饱经战争蹂躏的日本民众中重塑天皇形象的必要性。毕竟，日本政府在1945年初提出和平投降建议书的原因之一也是担心国内爆发社会革命。宫内厅在最高统帅部的帮助下向民众推出了"人民的天皇"裕仁，这样的一位天皇了解民众，与人民打成一片而非深居皇宫，不问民生。为了达到这个目的，宫内厅向外发布了皇室的大量照片，以使皇室显得好像无异于普通的日本民众家庭。第一批照片在裕仁声明放弃神性后的第二天被刊登在日本报纸上，其中的一张是皇后身着土褐色和服，跪坐着和两个孩子一同喂小鸡的场景；照片的隐义是说皇室成员也像日本民众一样曾受苦受难。

自1946年2月开始，在美国军方的陪同下，天皇开始了长达五年的从大城市到偏僻渔村的全国巡视活动，其间他走访了学校、医院，看望了负伤老兵、阵亡战士的家属，参观了工厂、矿井等等。早在皇室三代之前，裕仁的爷爷明治天皇就曾为了合法化巩固其权威进行过同样的全国巡视，这两次全国巡视都获得了成功。尽管有一小部分人仍心怀不满地质疑裕仁既然有能力为何不早日结束这场战争灾难，但大部分的日本人已经将其作为拯救日本人民于战祸的救世主。他们相信是这位慈父一样的天皇制止了美国的狂轰乱炸，而且还勇敢地向麦克阿瑟提出只要这位最高统帅能确保日本人民的安全，他愿意做出自我牺牲。

麦克阿瑟更加强渲染了这一天皇形象。某种程度上说，麦克阿瑟树立了这样一个充满男性气概，勇于承担责任，受人尊敬的天皇形象。他曾多次讲述一件事，之后还将它收录在回忆录里。他回忆首次与天皇会面时，天皇曾说："将军阁下，我在此接受以您为代表的盟军各国的审判。我愿为日方所有的政治军事决定和日方人民在战争中的行为全权负责。"由于协议规定麦克阿瑟和天皇的11次会面内容需保密不得外泄，几十年来，麦克阿瑟所说的这些都一直未被质疑。然而在20世纪70年代披露的由天皇的翻译在那次世人瞩目的会面后随即所做的详细会议记录中，谈话内容却大相径庭，期间天皇从未提及要对战争负责。当然也可能麦克阿瑟真的相信他确实听到了天皇这么说。麦克阿瑟将军被先期派去与天皇交涉：或许他记得曾听到过他想听到的内容。也许他故意编造了这一谈话内容来合理化自己的决断。也可能是这位翻译的记录不可信，天皇的确曾声称对战争负责。姑且不论哪个版本或版本的组合是真实的，最终达到的效果是一样的。直至这位翻译的会议纪录公诸于世时，由于在这几十年中麦克阿瑟的版本被反复重复，他的描述在美国和日本早已成为了公认的事实。麦克阿瑟将军的叙述连贯而简洁，还带有英雄色彩。而天皇未被作为战犯加以审判和惩处的事实也好像是对他能在面对身形高大、实力强大的对手时仍能保持个人尊严和荣誉的应有回报。

邦纳·费勒斯还编了个凸显天皇勇气和尊严的故事。那些像费勒斯一样很同情天皇的美国人以皇室内阁一样的方式将天皇描绘成：一个勇者，单枪匹马地降服了"军国主义分子"，制止了他们的疯狂行径。在1947年7月的《读者文摘》中，费勒斯发表了题为《裕仁勇敢直面投降》的文章，文中称直至1945年春天，天皇裕仁一直致力于停战投降事宜。费勒斯细述裕仁曾对皇室成员说"不论他个人会遭受什么，他都要建议停战"，费勒斯的这一叙述再次重申了皇室内阁所力推的主旨，而最近的研究表明这些都非事实。费勒斯在他的讲述中比他的上司更具有想像力——至少麦克阿瑟亲历了自己所讲的故事——而费勒斯让他口中的裕仁在8月14号关键的内阁会议上对那些反对投降的人显得更加具有"威压感"。文章开头配了一小幅钢笔画，画中裕仁在内阁会议上笔直地站立着，而他的内阁成员则坐着，一个个面容憔悴，不知所措。有趣的是这位画家笔下的天皇穿着一件晨礼服（在工作会议上，天皇不可能穿成这样），站姿也同与麦克阿瑟所拍的著名合照中一样——但肩膀却明显宽了许多。费勒斯后来成了约翰·伯奇会的创办人之一，他以完全确定的语气援引了这个所谓确凿的皇室权威的话语。

但是在从某种角度审视费勒斯和麦克阿瑟的态度的同时，我们应当看到若是日本在8月中旬没有投降，他们两人应该已经在率兵侵入日本了。如同那些早已投入到或是准备前往太平洋战争的美国士兵一样，对于这场战争的结束，他们也满怀理解地松了口气。许多士兵认为是对广岛和长崎的毁灭性轰炸救了他们一命，就像曾是退役老兵的文学教授保罗·福赛尔所说的那样："感谢上帝赐予了原子弹。"同样，那些前往被占日本服兵役的美国士兵对到达日本后所受到的接待深感安慰，他们将所看到的和平有序的社会状况归功于天皇。在他们看来，天皇"阻止了一切灾难，恢复了天日"，正如新闻记者弗兰克·凯利和科尼利厄斯·瑞恩在他们的占领期回忆录《美国的天皇》中所写：

> 日本民众中的风纪自律——尽管在侵略时期曾被误导误用——的确是不同凡响。天皇一声令下"立定！"，他们就立定，除了极个别狂热分子——但在8月中旬看到他们的阴谋计划破产后，也停止了战斗，当我们登陆日本时，7千万日本民众，甚至在本岛的300万武装士兵都表现得驯良温顺。

能够对几百万人施加这种所谓的控制力，在像麦克阿瑟和费勒斯这样的军人眼中是令人惊奇又羡慕的，而且出于现实和人道主义原因，这种控制力也令人钦佩，因为它帮助避免了大规模的流血牺牲。当然，美国人夸大了天皇的权威和控制力；那时几乎所有的日本人在"停止"了军事行动后都感到宽慰，而且因为不必备战与强敌拼死一决而深怀感激。但在日本民众对天皇权威的尊重这方面，两位将军所做的猜测是正确的，矛盾的是美国人希望对这种权威加以控制，为己所用来"民主化"日本国。

傀儡天皇

　　费勒斯和麦克阿瑟将军这两个保守的帝国体制的支持者认为裕仁的性格是直率、坚定的，但与他们相比，《美国的天皇》一书的作者对天皇持有较矛盾的看法。那些对日本帝制和天皇同情较少的美国人倾向于认为裕仁软弱被动、没有骨气。就在战败日本的国民们开始将天皇作为结束战争的勇者加以尊敬崇拜的同时，一些驻日美国人却喜欢嘲讽天皇和这个建立在神话上的帝国制度。还有些驻日官兵戏称天皇的全国巡视为"是么"巡回游，之所以这么叫是因为天皇在接见民众时通常的回答都是"是么？"——"啊，是么？"凯利和瑞安曾写道，在遇到民众时，"天皇仍很紧张、拘谨"，"他的声音有些颤抖；讲话仍旧僵硬、不自然，但他似乎还是勇敢地坚持着。"红十字会的志愿者露西·克罗克特对天皇裕仁不甚同情，曾嘲笑他"吓得土黄的脸上……带着角质眼镜，有着倾斜后缩的下巴和滑稽可笑的胡子"，露西嘲讽天皇的公众形象就像个"民主党人士"。她还称驻日美国人认为他是"（不）在场的小矮人"，暗示天皇一直都是个不重要的角色。

　　一些美国人——尤其是那些从日本历史了解到帝制存在的大部分时期均被有权势的皇家贵族和军人统治利用的美国人——视天皇为战时"军国主义者的傀儡"。那些对日本不太了解的美国人则认为裕仁是无自主能力的傀儡，这也符合早先普遍认同的观念——日本人是有待他人操纵的玩偶。大部分美国人如果说在战前对日本的皇室有点了解的话，应该说是威廉·吉尔伯特和阿瑟·萨利文的音乐剧《天皇》给他们或多或少留下了些印象，该剧于1885年首映，之后的几十年直至20世纪都一直大受欢迎。巧合的是，该剧也是美国在被占日本上演的首批剧目之一。它的开场是这样的：

想知道我们是谁？

我们是日本的权贵；

在花瓶上，在陶罐上，

在屏风上，在团扇上，

到处都画着我们的形象；

我们的姿态怪模怪样，

你若不这样想，那就错得太荒唐！

你若以为我们被线绳操纵，

就像日本的木偶一样，

那你就没有弄懂，

这才是皇家气象！

《天皇》延续了维多利亚时期西方人视日本为幼稚的"玩偶世界"的观念——即使真枪实弹地和日本人恶战之后，美国人仍无法去除这一观念。尽管在第二场中写道：日本人不是"像提线木偶一样由线绳控制"，但歌曲和整个剧目给人的总体印象是日本人无法决定自己的命运。有吉尔伯特和萨利文的剧作在先，凯利和瑞安将他们的著作定名为《美国的天皇》，其原由也就比较清楚了：滑稽的、玩偶似的日本人，现在"操纵他们的线绳"掌控在美国人手中。

考虑到战前普遍存在视日本人为玩偶且易掌控的观念，在许多其他的美国作家和新闻记者看来将天皇刻画成傀儡很合理——要么受"军国主义者"的操纵，要么受美国人的掌控。例如1945年9月的《高级学术》在谈到战争的正式结束时称"今天的日本，丧失了昔日的不义之财，日本天皇成为了麦克阿瑟将军的'查理·麦卡锡'"。保留天皇的SWNCC150号文件在大约一周前就已向公众发布，当然之前完全没有参考傀儡们，或是"查理·麦卡锡"——会说腹语的表演者埃德加·伯根那著名的木偶——的意见。考虑到美国人对皇帝和日本的既有观念，而且这一比喻又恰如其分地反映了当时的情况，于是这本面向中学教师和学生的杂志便毫不犹豫地也采用了这一比喻。据说，很快一些驻日的"无礼"分子（他们不可能看到《高级学术》的描述）也开始把天皇蔑称为"查理"。新闻记者约翰·拉塞尔达曾写道：

裕仁"对我们俯首帖耳，是合适的傀儡人选"，对最高统帅部的指示言听计从。他解释说天皇"可起到凝聚力的作用，让他继续发挥该作用，以防日本内部的全面动乱，这是最好的权宜之计"。

但是这些撰稿人对最高统帅部所做的努力并不完全信服，他们既不完全相信裕仁是"深居京都皇宫中不善言辞的傀儡或是无赖军国主义分子的囚徒"，也不相信"这位查理"是"热爱和平的隐士，对花鸟鱼虫的兴趣比对独裁专政和战争要大得多"。麦克阿瑟认为天皇是"一个伟大的自由主义者，完全受到军国主义分子的控制监禁，连去洗手间的自由都没有"，他们对此不以为然，并且怀疑裕仁预先早就知道并且准许了袭击珍珠港和在亚洲的侵略扩张。

但是这些撰稿人还是赞成利用天皇的政策，并在他们的文章中强调利用天皇的辅助统治日本的现实意义，为该政策辩护。一位驻守日本偏远地区的军政官员曾对克罗克特说：美国人应该感到欣慰，"走在东京大道的日本都市人"仍会驻足朝拜皇宫。"在这个距最近的作战部队５０英里的地方，我个人对运用心理战术而非武力的驻日政策深表赞同。"新闻记者诺埃尔·布希也表示了赞同，他强调说如果当时美国当局像"众望所归的那样在战败者面前"革除天皇，那么他们也就"把日本人同美国征服者合作的基础和动机扫除殆尽了"。这样一来，美国将不得不面临一个不可能完成的任务：对"除了没用的日裔美国人外"，一个语言几乎完全不通的充满敌意的民族进行施政和管理。保留天皇裕仁使得美国人得以利用"日本现成的国家机器，包括从高级外交大使到乡村邮递员的2百万左右日本政府工作人员"。

这个观点抹煞了没有天皇也还是存在利用日本政府官僚机构的可能性，同时它或许也低估了饱经战乱的日本人民的心理状况，比起和美国人继续打仗，他们更关心的是如何保命生存。的确，在说服一些顽固分子自愿放下武器时，天皇起到了关键的作用，但是那些美国政府政策的辩护者们或许夸大了天皇对驻日占领的长期作用。当然这类观点所依据的设想是日本人支持帝制，没有帝制日本国将无法运作。克罗克特认为日本人在接连不断的民主思想的冲击下步履蹒跚，于是她断言日本人需要帝制"作为他们的精神支柱，直到有一天他们成长发展，最终断除对它的依赖"。她的这番论断与费勒斯的言论相呼应。费勒斯曾说就如同耶稣是美国人信仰的核心，天皇就是日本人信仰的所在，但是克罗克特的论断中抱有文化人类学家杰弗里·戈尔和鲁思·本尼迪克特对日本民族发展的希望，日本能够"成长"，最终摆脱这种无效且幼稚的信仰体系。

在美国政府未作任何指示和要求的情况下，许多驻日的回忆录作家和美国观察评论家主动将"向国内同胞"解释美国驻日政策的正确性视为己任。他们似乎在去了日本之后也感到自己对美国驻日政策的成败有一份责任。在对日本人和"我们在日本的职责"的问题上，这些作家和大部分盟军最高统帅部的军官们持有同样先入为主的观念、偏见和障碍。就像所有的功力不凡的作家一样，他们将自己的叙述深植在了读者脑中。克罗克特的回忆录表达了对日本人民的同情，她一定预料到了美国潜在的目标读者会持粗俗、顽固的态度——这一印象不难发现，早在战时，她的美国同胞们就对日本敌人心怀愤恨。她自己对保留天皇的意见总结如下："麦克阿瑟将军技艺高超地打了一局气势恢弘的扑克游戏，其间，盟军充分利用了日本人手中的王牌。"克罗克特以贬低天皇的方式来强调天皇对麦克阿瑟的作用，这样做是为了试图唤起美国同胞对天皇的仇恨，并说服他们相信麦克阿瑟将军政策的正确性。

一个热爱和平的"模范家居男性"

将裕仁塑造成一位坦率正直的家居男性是用以打动更崇尚民主自由的美国人的又一策略。美国最为畅销的杂志真切反映了美国官方对天皇命运的安排。直到1945年春天，《生活》杂志所持的态度就像杜鲁门政府一样，对裕仁的命运仍犹豫不决，但是到了1945年8月，该杂志开始像麦克阿瑟和费勒斯一样，替天皇推卸战争责任。及至1946年2月初，大概在天皇开始全国巡访的同时，《生活》杂志在一篇题为《裕仁一家的星期天》的配图报道中将他描述成一个完全普通的家居中产阶级父亲。报道中的照片是由宫内厅提供，他们禁止美国摄影师在皇宫内拍照。这些皇室照片是连续经过四个星期天精心拍摄的（正好符合《生活》杂志报道的舒适居家的题目）。一张照片"史无前例"地表现了天皇微笑的形象，而另一些照片则展现了他浏览美国连环漫画、同家人共同进餐、欣赏女儿弹钢琴，还有与儿孙们散步的生活场景。为了突出表现皇室家庭普通的一面，这些照片不仅表现了看上去悠闲的星期天下午平淡无奇的生活场景，还在其中隐去了那些时刻陪伴皇室成员左右的仆人、皇室主管、侍女和皇室教师。《生活》杂志意识到这些照片的目的实为作秀，称它们揭示了：

> 日本皇室显而易见的目的……是向世人呈现一位身为民主主义者、父亲、祖父、日本公民以及植物学家的裕仁。皇室审查撤消了一些裕仁身着军装的照片，却乐于展现他稍微尴尬窘迫的一面，例如他儿时童车的照片，还有他翻看纽约《时代》杂志的照片，并且照片中还有林肯的半身像。天皇实际上是一位称职的生物学家，他发现了两种海洋动物种系，并亲自

命名为Symposisphoea Imperialis Terao（虾）和Lyrocteis Imperatoris Komai（水母）。

但是就在《生活》杂志批评这种为重塑天皇形象而作的努力时，它似乎也在附和着这种转变，正如一位愤怒的读者，曾驻守密西西比州梅里第安的前空军上校约瑟夫·D.布拉斯菲尔德在后来发行的杂志上指责的："在我看来，贵刊所刊登的'裕仁一家的星期天'的照片正中政治宣传家们的下怀，他们正想让我们相信日本佬是真正和善的民族，裕仁也是个热爱和平的家居男性，绝不愿伤害任何生灵，哪怕是他的那些保存完好的虾和水母。"这位太平洋战争的老兵所发出的指责听起来不无道理。尽管《生活》杂志在另一段表示说日本人"明显"在"构建一个能为美国人理解接受的天皇形象"，该杂志继而又宣称这些"事实"表明天皇确是一个"模范家居男性"，他欣赏亚伯拉罕·林肯，精通美国文学和历史，是个坚决的反战者。文章暗示如若不是囿于不幸的客观形势——即以其名义发动的这场野蛮、毁灭性的战争——裕仁就会是一个"和蔼"且稍显"拘谨"的父亲，他会爱护妻儿，并和孩子们一同看漫画。

在日方的合作帮助下，《生活》杂志连续几年都在不断关注皇室，以此作为对该制度的宣传，对其加以人性化。1947年《生活》杂志的"人物"随笔版块中刊登了一幅照片，图中安详庄重的皇后良子身着印花套装，头戴礼帽，天皇则身着西服，手持礼帽，文章描述道"这是日本的天皇和皇后这对老夫妇在2月2号拍的度假照片，现在他们在融入美国文化上已得心应手，裕仁看上去像一个随和（面带微笑）的商人，皇后像个家庭主妇，尽职地关切着丈夫的发型一丝不乱"。

因为美国人认为民主意味着有选择的自由，他们特别关注天皇和皇后彼此选择了对方作为自己的终身伴侣。但美国人一厢情愿的爱情婚姻故事并不准确，因为在良子还小的时候，她的父亲久迩宫邦彦王就已安排好了这场婚事。然而天皇对皇后似乎是一心一意；据说就在皇后连生三个女儿未生一子的情况下，他仍拒绝纳妃——宫内厅对此大加宣传。1950年，当天皇的一个女儿同"平民"结婚时，《生活》杂志赞扬该结合为"民主婚姻"，打破了"一个长达2，600年的传统"。但这场婚姻的"民主性"也只在于新娘本可以拒绝这位皇室"挑选"的新郎：一个远亲表兄，之前也是一位王子，战后失去皇室头衔，所以只是表面意义上的平民。虽然如此，对皇室两代人的浪漫婚姻和舒适家庭生活的着重强调，其意图是为了使日本皇室家庭在美国民众的眼中显得比较平常普通而不是那么神秘和落后。

《生活》杂志持续刊登有关裕仁反对战争的新说法，在紧接着刊有《裕仁一家的星期天》之后的一期上又刊登了由理查德·劳特巴赫报道的有关此事的另一版本。劳特巴赫叙述道：

"12月8号，偷袭爆发后几小时，东条英机前往皇宫要求开战。裕仁目光透过眼镜投向一边，在上午11点30分整签署了宣战书，对此不甚开心。"劳特巴赫几乎不可能知道裕仁当时是否将目光瞥向一边，或是他当时的心情，但是劳特巴赫在另一段他想象的裕仁与麦克阿瑟的对话中继续暗示当时裕仁是别无选择。在被问到他为何准许日本发动战争时，

> 天皇看着麦克阿瑟，脸上一副不可置信的表情，好像这位征服日本的胜利者是个日本记者。他缓缓地说："如果我不同意，人民会选举一个新的天皇。这是日本民众的意愿。当时没有哪个天皇能与人民的意愿背道而驰。"

据此，责问天皇为何会准许战争发生是"幼稚"的，同时也阻止了另一个问题：为何天皇有权威结束战争却没能阻止战争的发生。同样未能追问的一个问题是：如果天皇确实很反对战争，他为什么不选择退位，如果裕仁暗示那样会有可能产生"一个新的天皇"的意思是他害怕被暗杀，那么就又有一个悬而未决的道德问题：如果一个人为了自救而牺牲了数以万计他人的生命，他可以被饶恕么？劳特巴赫本可以简单地将裕仁描述成一个懦夫，但他没有这么做。劳特巴赫虚构的对话具有欺骗性，尽管它们准确

证实了日本民众对这场战争的欢迎拥护，但他的记述却错误地将战前和战时日本的帝制描述成一个天皇对人民负责而不是人民对天皇负责的民主制度。

就像麦克阿瑟和费勒斯一样，劳特巴赫——乃至《生活》杂志——似乎都相信为了提升天皇的形象，这种大胆的想象创造是合情合理的。这些修饰润色和想象的谈话，加之对其"家庭生活"的描写，使得天皇的形象更真实；这样他可以被视为一个有血有肉、有感情的人。显而易见，不仅呈现裕仁家居男性的一面很重要，表现其智慧、力量和刚毅的成熟男性一面也很重要。要达到这一目的就意味着避免那些可能会使裕仁看去像懦夫或可耻卑劣的某些问题。对天皇的角色有所质疑的文章没有立刻全部从《生活》杂志上消失，尤其是那些经历过亚洲战争的新闻记者所撰写的文章，但这些文章也反复强调天皇是反战者。尽管他们常会对天皇的清白无辜产生怀疑，却对传播天皇无辜无罪的观点起到了推波助澜的作用。

《生活》杂志并不是唯一试图重塑天皇形象的主流刊物。《纽约时报》也对天皇进行了人性化的重塑，使其在美国人眼中更值得同情。这点在《时报》东京部主编林赛·帕罗特的两篇《周刊》文章里表现得尤为明显。第一篇名为《艰辛过后的裕仁开始享受生活之乐》，文中帕罗特展现了战败后摆脱了"军国主义者"控制和令人窒息的帝制的裕仁。帕罗特描写了裕仁每天的日常事务，以此突出其人性化的一面，文章所附的照片对比了"1944——天皇"那种"被迫"脱离人民的刻板严肃的形象和"1945——民皇"的形象：面带微笑，和妻子共进早餐的裕仁，身心放松地与政论家交谈的裕仁，走在人群中满脸欢欣、脱帽致敬的裕仁，民众和他并肩站立而不再是俯首膜拜了。三年后他发表的第二篇文章重复了许多同样的信息，再一次强调了天皇在这一新时期的幸福生活。帕罗特曾记述"有时他的目光透过厚厚的镜片在兴奋地闪烁着"。或许作为美国最具影响力的报刊主编，帕罗特曾近距离接触过天皇，有机会看到他眼中兴奋的闪光，或许没有——这可能是又一次的添加润色。不管这种描述是真是假，其目的就是把天皇塑造成一个更亲切的人物。

为皇太子开启的窗户

对日本皇室成员进行人性化形象的重塑也针对皇子明仁进行了形象改造。对皇室来说，值得庆幸的一点是这位皇位继承人年纪尚幼，战争期间未曾担任任何政府职位。他在战败前所受的教育是半军事化的——在这点上，他和其他年纪相仿的日本男孩一样——但是日本和美国的媒体很大程度上都有意对此教育背景视而不见。取而代之，他们突出强调的是皇子可塑的幼年期、天真无邪以及从老师伊丽莎白·格雷·瓦伊宁那里接受的美国式的民主教育。

　　据瓦伊宁所说，天皇亲自要求为皇子安排一位信奉基督教的英语女老师。据说宫内厅从一批候选人名单中挑选了这位贵格会的教徒瓦伊宁，她是个年轻的寡妇，创作过大量的儿童读物。从1946年到1950年在日本的四年间，她教授所有未婚的皇家子孙英语，也教授明仁在学习院（贵族学校）的同学、皇后以及天皇的弟弟。这一时期所发布的皇子的照片中通常都会表现他和面带微笑慈爱的瓦伊宁在一起的场景。有这位母亲般的教师——尽管皇子的每门科目都由其他老师教授，但瓦伊宁的确被表现成了皇子唯一的老师——明仁在美国人看来似乎是受到了那种正确的影响。《读者文摘》曾不无赞赏地称"裕仁的皇子现在正接受一位美国女士的教育指导"。瓦伊宁和日本皇子的关系让人想起另一位西方女性和皇太子的关系：即19世纪安娜·里诺欧文斯和暹罗王子朱拉隆功，通过玛格丽特·兰登出版的《安娜与暹罗王》（1944），他们之间的故事而广为人知。《纽约时报》称里诺欧文斯在她的皇家学生的思想上成功地打下了"强烈的民主信念和人类尊严"的烙印，这使得他后来解放了奴隶，成为暹罗史上"最开明的君主"之一。同样，《时报》发表社论称："如果瓦伊宁夫人的谆谆教导能让明仁欣赏接受我们的生活方式和思维方式，这将有利于太平洋地区的和平。"

　　瓦伊宁在回国后，执笔写下了回忆录《为皇太子开启的窗户》，记录了她给明仁当老师的经历，该书曾获得"值得关注作品奖"。该书也为皇室做了有力而积极的宣传。它不仅在美国成为畅销书，而且给人留下了皇室愿意自我改进的印象。为了做到这一点，瓦伊宁煞费苦心地描述了许多"打破先例"的事情，这些事通常关乎的是皇家礼仪中相对细小的方面和她自己在其间起到的作用。宫内厅无疑也强调这些事件的重要性——考虑到她反复使用"打破先例"这样的措辞——而她又将这些突破性事件的重要性传递给了美国读者。例如，她记述说自己是皇子和他的父母所接受的第一个外国人。就皇子的进步而言，当时皇子造的句子"民主制度是最好的政府组织形式"给她留下了深刻的印象，因为当时她要求皇子造句的词是"组织"，而不是"民主制度"，所以她认为这个句子反应了皇子独立思考的发展。不论皇子是否信奉这个句子——哪怕他完全理解句子的意思，但考虑到他仍全身心地维护帝制王朝——他所造的句子只是模仿了当时最高盟军统帅部重复到令人厌倦的一句口号而已。任何一个聪慧的日本儿童都该知道说些什么能取悦老师，尤其是美国老师。

伊丽莎白·瓦伊宁是宫内厅和盟军最高统帅部所能找到的最好的宣传员。给皇室配备一名美国老师最初实际上是盟军最高统帅部的想法，而不是天皇的主意，这个看似偶然的想法可能是美国当局事先精心安排的。瓦伊宁强调说选择她是天皇的想法，这样就让人觉得天皇不仅是个亲自关注儿子教育的称职的父亲，还是个开明的父亲，希望某个人——外国女性也可以——为皇子开启新的视野。瓦伊宁发现她的学生是一个性格温和、有独立头脑的孩子，而"世界上最神秘的皇室宫廷"的成员们也都表现得优雅得体、通情达理、亲切和蔼。实际上，在瓦伊宁出发前往日本之前，她对天皇就抱有肯定的看法，她从曾在日本住过的人那里听说"天皇是一个清心寡欲、爱好科学研究的人"。瓦伊宁相信天皇不仅"不同意主战派打着他的旗号肆意妄为"，也曾在许多关键时刻试图"避免战争"。当她最终见到裕仁时，她确信裕仁是个和平的拥护者。她认为裕仁"腼腆、敏感、和善友好"。由于瓦伊宁对裕仁评价颇高，她很轻易地就相信了人们对木户幸一的"普遍看法"：他是天皇最亲近的战时顾问，一个罪行已定的战犯，据说他"隐瞒重要信息不报，欺骗天皇"。很明显，瓦伊宁从未想到木户幸一作为一个忠实的皇家奴仆可能是为了保护天皇而承担责难，而事实正是如此。

日本战败后，保护天皇免受指控是他的首要职责。东条英机在战争军事法庭上的证词中声明没有任何一个高级官员敢违背天皇的意志，这之后木户幸一指示东条英机将军收回声明，很快他在有机会的时候便遵命行事了。

然而瓦伊宁没能遵守她临别时对皇子和贵族学生们的教导："不论是谁说的，都不要轻信你所听到的一切。不要轻信报纸上你所看到的一切，不要不加考虑地相信他人的观点。自己要试着找出真相。"她在书接近尾声的部分承认她所了解到的和欣赏的日本人都是日本的精英阶层。这一点是不为人民拥戴的首相吉田茂给她指出的，但她举出许多她接触过的老师和农妇来试图为自己辩解。然而，瓦伊宁似乎也染上了日本上层阶级对下层人民的不信任，她曾将日本的农民阶级描述成战前和战时"年轻的极端民族主义军官"的来源，以及战后"共产主义的温床"。她忘了提及由于大萧条在日本农村造成的社会动荡给农民带来的贫穷和苦难生活。相反，瓦伊宁秉持着城市日本精英阶层的观点，并且赞美他们——尤其是皇室成员——就好像这些精英对待其他人也像对她一样谦恭有礼、充满爱心。尽管她的观察细致入微，她似乎还是从表面现象来评判他人的。充满热望的询问、无数充满善意的举动、皇室和其他日本人馈赠给她的礼物，无疑都是在努力（或许出自真诚）表现他们最好的一面。而瓦伊宁本身机智谨慎、考虑周全、礼貌恭敬，这也有助于他们顺利地完成自我表现的任务。瓦伊宁的回忆录彻底提升了皇室的形象，如果她被选作皇子的教师真是纯属偶然的话，那她的作为对皇室家族、盟军最高统帅部和美国的政策而言实属幸运。

东条和其不正常的男性气质

同时，在这个时期，东条英机将军这样一个人物的存在对战后皇室的对外宣传是幸运而又有利的。战争的大部分时期，东条的角色都是敌人的代言人。直到1944年后期，他一直担任首相，所以在美国新闻界报道的都是东条而非天皇宣布的声明。美国的民众读到和听说的报道都是有关东条批评美国伙同其他列强试图"扼杀"日本；东条美化此次战争；东条号召建立东亚共荣圈；东条力劝日本人民继续战斗。据新闻记者克拉克·李报道，美国人把东条看做"一个邪恶的、可怕的、野蛮的、增添了东方神秘主义危险的希特勒"。国务卿科德尔·赫尔宣称希特勒和东条将"尼禄、卡里古拉和阿提拉的所有非人的凶残和暴虐合而为一"。但是，尽管日本是一个像德国和意大利一样国民自由受限的威权国家，但东条绝不是一个军事独裁者，也从没有希特勒和墨索里尼那些所谓的相应对等人物掌握的权威。即使没有东条，日本的帝制统治、它的侵略扩展政策甚至是那些煽动对中国发动战争的极端民族主义青年军官都依然会存在。但是由于东条一直是帝制日本的首要代言人，美国人认为将他作为所有敌意的始作俑者很方便，这样做也有效推进了决策者们试图开脱天皇战争责任的目标。凯利和瑞安解释道，天皇裕仁只是"东条的一个传声筒"。

批评指责东条为战争的主要发动者、希特勒和墨索里尼的日本同行的做法为二战轴心国的盛衰故事做了个结构上的阐释。东条的秃头、小胡子、圆眼镜、凶残的表情构成一个引人注目的角色，在许多用单个人物形象代表敌国的政治漫画和宣传报上，东条的形象就代表了日本。珍珠港事件爆发几个星期后，在题为《如何区分日本佬和中国人》的文章中，《生活》杂志使用东条而非天皇的面部来图解说明中国人和日本人在面容特征上的差异，同一周，《时报》刊登了该文章的姊妹篇《如何区分朋友与日本佬》。至少有一个政府机构，美国作战新闻处，努力使裕仁置身于宣传之外，而东条则成了很好的替代品。

东条是一个很合适的衬托天皇的角色，因为他恰好吻合这么一个高深莫测的、"东方"罪恶的策划者，现代傅满洲的角色。美国人本可以根据种族划分的标准将东条视为"增添了东方神秘主义危险的希特勒"，但他的面容和行为让美国人想起了典型的、邪恶的亚洲流氓。东条像傅满洲一样，似乎怀有一些宏伟的幻想，企图发泄自己的民族主义和种族主义仇恨，妄图征服全世界。与其他日本战时领导不同，他总是被区别对待。例如《生活》杂志的一篇记叙东京战犯法庭的文章中指出东条在法庭上仍固执地继续穿着军装，而其他也如此穿着的人却未被提及；文章还称东条是最无悔意的；有可笑的小插曲时，别人都是"大笑"，东条却"冷笑"；在案件审理过程中，木户幸一表现出的是"祈祷者的态度"，而东条则是"高傲轻蔑的态度"。傅满洲的创造者萨克斯·罗默将其描述为"人形化身的黄祸"；在有关战后日本的文章报道中，东条被刻画成了这样一个人形。

罗默的系列畅销小说使得傅满洲成为20世纪初的几十年里美国人家喻户晓的人物。甚至是那些从不读书、听广播新闻、看电影或热衷连环漫画的美国人都知道傅满洲代表了什么。原书所围绕的故事情节是傅满洲教授试图打败西方殖民地的亚洲专家奈兰·史密斯。双方都企图用超群出众的知识和对对方文化的熟练掌握来击败对方。罗默的小说探讨了人类社会上升时期存在的对现代性、种族、国家和男性气质的担忧焦虑，然后他试着通过表现白人的胜利以及白人文明的启智性、优越性和道德正义性来解决这些焦虑。与史密斯不同，傅满洲好色淫荡，企图对白人加以施虐受虐狂式的统治——两性都不放过，因为他是两性畸形的阴阳人。但是傅满洲总是被打败，因为他的盎格鲁—撒克逊对手是一个具有成熟男性气质、杰出的白人代表，他可以控制自己潜在的躁动不安的感官欲望。相比而言，傅满洲是亚洲人，无法压制自己想统治世界的情绪化的歇斯底里的欲望，他男性自控力的缺失导致了他一次次的失败。

美国人把傅满洲视为典型的、穷凶极恶的东方流氓，于是在其他虚构的或真实的亚洲流氓身上，他们首先看到的是同样的残暴和企图占有和控制白人男性和女性的性欲/同性恋欲望。这点在战时流行的日本人形象中表现得很明显。尽管在这些代表形象中，日本敌人穿着军装，并没有炫耀长长的指甲或是穿着好莱坞制造的傅满洲或《袁将军的苦茶》（1933）中袁将军这种亚洲流氓穿着的长长的飘拂的绸袍，但他们还是被刻画成了白人男性和女性的威胁。在战时的宣传画中，"军国主义日本佬"被描绘成色迷迷的、淫荡的强奸犯，就像电影《紫心勋章》中那个日本的流氓将军（理查德·卢）对待美国囚徒一样，该片以在第一次空袭日本的杜立特轰炸中被俘的飞行员的故事为蓝本。这些日本人在影片中的形象总是一成不变地留着胡子——"傅满洲"式的铅笔粗细的一小绺胡子——他们的形象是偏离那种直率坦白、正直诚实、高尚荣耀以及坚韧不屈的男性理想形象的。在和对手势均力敌时，他们就表现得奸诈狡猾，背后作祟；当对手处于弱势时，他们就表现得残暴不仁，耀武扬威；而在他们失败的时候，他们就表现得歇斯底里，情绪激动。

维多利亚时期，日本人被视为"纵情欢娱"的民族，生活在幼稚的不变的"仙境"中，这种已有的观念和现在有关种族化的、偏离的男性气质的观点以及黄祸的看法相互交织贯穿。不像20世纪美国人的看法，维多利亚时期的人们并没有把"行为古怪"、"寻欢作乐"、"娘娘腔"等词汇和同性恋联系在一起，但这一时期的人们的确是将这些说法和"真正"的成熟男性所具有的责任感、"异性恋者"、直率坦诚的反面特质——矫揉做作、装腔作势、毫无顾忌的快乐享受、不成熟、没有责任感——联系在了一起。因此，在美国大众文化中盛行的观念是日本人偏离了男性标准——他们要么是《天皇》中可爱或可笑的样子，要么像以傅满洲博士为代表的亚洲流氓那邪恶的样子。日本人和日本文化那令人着迷的"奇妙之处"和亚洲恶行那邪恶、令人质疑的男性特质似乎是硬币的正反两面。正如凯利和瑞安所言："我们认识到这些如此具有艺术感的东方人能将品茶和茶花转变成某种神秘的仪式，那么也就能对俘获的美国空军飞行员实施惨无人道的罪行。这些特有教养的日本佬在用竹签子戳盟军战俘的双眼时也技艺不凡。"

这些日本人或许表现得很现代，甚至受了西方的文化同化，但是在许多人眼中，他们就像露西·克罗克特所指出的那样，还是留有"文明掩盖下老旧思想"的野蛮人或虐待狂。威廉·约翰斯通在战争结束时为"太平洋学会"所写的文章指出了同样的主题："从根本上看，我们以及所有日本企图扩张征服的民族都没能认清在日本鼓吹的现代主义的掩盖下，他们实际上是一个仍在实行专制的、军事化的、封建主义思想和组织结构的国家"。在这些描述中，日本不仅欠发达、守旧，还是独裁专制统治，军国主义的化身。将日本描述为"封建"的做法使得美国人将自己的占领行为视为对宿敌的帮助改善。将日本的军国主义描述为"封建"的做法则合理化地说明了美国同日本社会的不同，也起到了区分美国和帝制日本军事力量差异的作用。

在关于日本领导者进入美国精英学校学习的话语中也存在着"黄祸"的威胁。就像小说中的傅满洲博士一样，日本人似乎在努力寻求西方的知识技术，以期掌握后"师夷长技以制夷"。例如在影片《紫心勋章》中，那个油滑的律师用稍带欧洲腔的英语流利地向美国战俘介绍自己毕业于常青藤联盟的名牌大学。其中一位战俘不为所动，反驳他，并挑衅地宣称他取得的只是州立大学的文凭。在现实生活中，当《纽约时报》提及年轻日本外交官加濑俊一的名牌大学文凭时，它笔下的"哈佛学生"加濑是诡计多端又阴险奸诈的。在此，《时报》表达了哈佛大学是一个提供潜在危害性学习的地方。战后新闻媒体上反复出现日本领导人有常春藤名牌大学学历的报道，对此的另一种看法是：有些新闻记者暗示在西方接受过民主教育的"有理性的"日本人有可能成为美国可靠的伙伴。这主要是美国国务院和盟军最高统帅部的态度，其他人仍对此持有怀疑。克拉克·李对美国官员同讲英语的日本精英之间的亲密友好关系持批评态度；他称这将导致国务院长期"对君主统治和保守政权表示支持的倾向"。

新闻媒体强调东条的异常奸诈和残暴特性以及其他"军国主义分子"是"东方"流氓的典型代表的做法，有助于美国撰稿人和形象塑造者将他们和裕仁这个"家居男性"区别开来。尽管东条实际上也是个家居男性——比起天皇，他和自己妻儿的关系更为亲密——但他却在许多方面成为了高傲、固执的战士和爱国主义者的化身，他为所有人唾弃，还被一些美国人讥讽为爱修饰且稍嫌阴柔的前战争罪恶策划者。就像美国内战后，杰斐逊·戴维斯为了躲避胜利的联邦军队而穿着女裙乔装打扮一样，或是像战败的赫尔曼·戈林一样"脸红得像莱茵河畔的少女"，舆论对东条男性特质质疑的说法不胫而走。对此，一个生动有力的例证就是美国新闻舆论对东条自杀未遂的描述。

1945年9月11日，在美国当局前去拘捕东条时，他试图自杀。但他自杀未遂，美国人随后戏称他的自杀为"搞砸了"。新闻记者们的占领期回忆录中通常都会记录这一事件，或许是因为他们中的许多人都亲历了这一幕。显然，东条即将被捕的消息走漏了风声，一群记者和摄影师都赶往东条的住所。这位前首相拒绝露面，当外面的记者们听到一声枪响急忙冲进去时，看到的是躺在沙发椅上血流如注的东条。他瞄准的是心脏，但子弹却打穿了他的肺。在这些美国人等待东条咽气的过程中，摄影师们摆弄着他的肢体，就好像他是个人体模型（另一种人偶），为了拍到东条最好的姿势，他们一会交叉其两腿，一会又分开。伴随着闪光灯的连续快速闪烁，摄影师们指引着彼此：

"把东条的头稍往右移点……就这样……很好……请您移开一点好么……我想拍一张东条拿着手枪的样

子……能帮忙把枪压紧在他手里么？……这只苍蝇又来了……我一定要拍张这样的（苍蝇趴在东条的前额上）。"

另一边，新闻撰稿人们则试图扑捉到他们认为可能会成为将军最后遗言的只言片语。东条面部痛苦地扭曲着说道："大东亚战争是合理正义的……我等待着历史的评判。"东条至死不悔的事实将使他在大部分美国人眼中永远声名狼藉。

美国人充分利用了将军企图自杀的大场面。一些小的器物被偷偷的塞进口袋当成纪念品：如毛笔、橱柜上的小摆设、自动手枪等等。一些人甚至用手帕在地上沾了些东条的血，更有甚者"从东条浸满鲜血的马裤上整齐地剪下了一角"。克拉克·李回忆说："我看到从窗外伸进来一只手，沿着窗台摸索到一个皮枪套，然后又拿了一把武士刀。"这个小偷是一名摄影师，他把刀塞进了右腿的裤子里，然后一瘸一拐地朝吉普车走去，但是一个宪兵叫住了他："走得不错……但是请奉还！"当新闻和摄影记者们采编了报道、拍完了照片、获得了新发现、得到满足之后，每个人都开始等着东条咽气。据他们自己的个别叙述及凯利和瑞安的记述，当时克拉克·李和哈里·布伦迪奇试图加速前首相的死。李在打电话时，有人误报说东条已经死了，于是李让电话那一边的同事"快速发布"该消息。等到李得知东条仍一息尚存

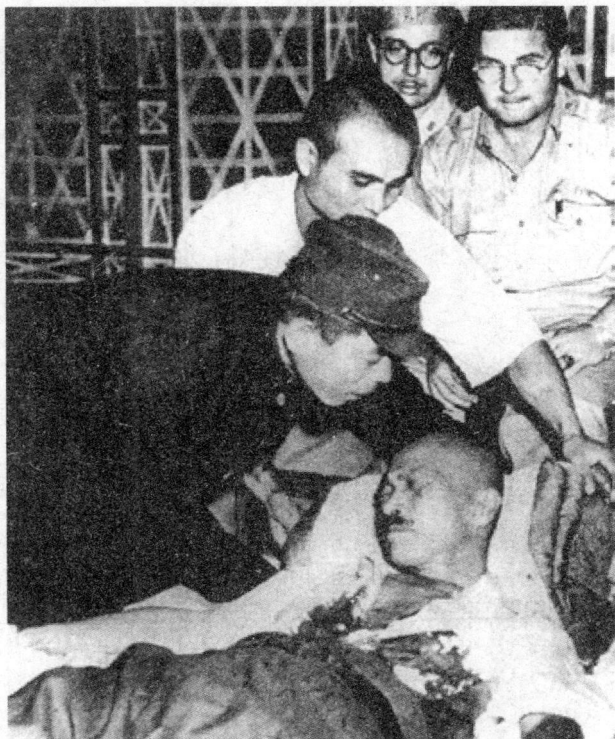

1945年9月11日，前首相东条英机自杀未遂。摆弄他的肢体——据两位美国记者称，是为了加速他的死亡——适得其反，却救了他的命，以待日后的审判和处决。盖蒂图片社。

时，电话旁早就排起了长龙，他已无法更正之前的误报。绝望中，他叫布伦迪奇帮他来回翻动东条的肢体以加速他的死亡。他们以为这样做能使东条失血更快，但事与愿违，他们翻动东条肢体的动作造成的两处大出血起到了相反的作用。如果他们没有翻动东条的话，他可能已经因为肺部充血而死，但是这两个急着想促其早死的美国人却救了他的命，待日后送上绞刑架。

看到东条没有死，李、布伦迪奇还有其他美国人很是失望，转而开始批评东条是懦夫、胆小鬼。一位记者说"这个黄皮肤的杂种连用刀自杀的胆都没有"。另一位记者坚持说东条将军自杀未遂确定了他之前的怀疑，"证明了东条女人气的一面"。他接着说道：

> 有谁听说过男人会选择瞄准心脏来自杀的？见鬼，从来没有。他们会拿枪指向嘴巴、耳朵或是太阳穴。相反，史上没有一例女性自杀是瞄准脸部的。她们总是穿戴打扮得漂漂亮亮，然后用枪射向自己的胸部。她们不想死的时候毁坏自己的面容。东条和她们一样，也不想如此。

东条曾解释说他射击自己的胸部是为了死后人们好确认他的身份，不至于对于他的死心存怀疑——就像德国人怀疑希特勒的死一样——让美国人以怀疑他的死来做文章。但是这位记者没听到这些，或是对此解释不信服。他称"在这些虐待狂身上"存在着"同性恋的倾向"，并争辩说"有数据表明日本的陆海军中同性恋人数的比例远远多于世界上其他的军队"。该记者进一步认为正是因为日本女性"从她们本国男子身上得到的爱少之又少"，所以她们才会爱上宝塚歌剧团里女扮男装的女性演员。于是，在美国人的观念中，日本整个国家都有点变态。因此在美国人眼中，东条偏离男性标准的表现之一就是他的性变态。

在战后阶段，美国人也常常将纳粹归为性变态的行列。一位战后精神分析专家曾把纳粹对犹太人的仇恨比作男同性恋者对女性的仇恨，并观察指出了"纳粹统治上层对同性恋的偏好"。战后，美国人给德国人和日本人打上性变态或女性化的标签，这是美国人同他们的宿敌保持距离，以显示自己优于他们的又一手法。对美国人而言，德国人和日本人都是"阴险"罪恶的化身，是隐蔽的、邪恶的、女性化的威胁的化身，同美国人认可的"正常"美国成年男性健康向上、性取向正常、直率坦诚、沉着冷静、坚毅勇敢、遵纪守法的形象恰恰相反。换言之，敌人的邪恶正是因为他们偏离了标准的成熟男性所应有的特质。

因为美国人用双重解释看待他们同日本的种族、文化、社会和政治差异，大部分美国决策者、批评家和政客们不认同或不承认他们自己的民族也曾使用过类似于日本人的作法。

正如国务卿科德尔·赫尔在一次于1943年进行的战后对日政策的评议过程中所言：日本人必须成为"一个安分守己，爱好和平的民族"，对日的这一要求是伴随几个世纪前日本建立的政治经济保障体系的优势应运而生的。

可以确定的一点是，阻止日本发动另一场残忍的侵略战争的总目标是值得称赞的，但美国人在谈到日本时却无根据地判定美国人民一直并且将继续是一个"安分守己、爱好和平的民族"，不像那些"强盗似的军国主义分子"。美国人看得到日本人企图侵占他人领土时的罪恶变态行为，却未能注意到他们自己是如何用同样的方式，背弃约定，强取豪夺他人领土。国际远东军事法庭拒绝在更宏大的历史背景下审视帝国主义的罪恶，以及战争胜利者所犯下的"反人类罪行"，这显然使试图惩罚先发制人的偷袭战那令人赞颂的目标减色不少。显然，军事法庭不想揭露帝国主义的非法性，因为英国、法国、荷兰和美国都有过或近期曾经有过殖民地。印度代表拉德哈比诺德·帕尔是法官中唯一一位国际法专家，他据理力争称法律面前人人平等，这样的法律方可有效。

美国的新闻撰稿人和媒体发现日本民众对东条的自杀未遂也持鄙夷蔑视的态度。日本人将其视为失败者或伪君子，他没有身体力行自己在战争期间对日本人民的鼓励：宁死不屈。他们不解的是东条为什么没更早地选择自杀。美国人得知日本人因东条从开始就让整个日本卷入战争而鄙视厌弃他，称其为"那个笨蛋"（"そのばか"）。《新闻周刊》报道称"日本人深受伤害：东条难辞其咎"；《纽约时报》在1945年9月中旬刊登文章"日本人民指责东条的愚蠢错误"。词组"没用的东条"和"巧克力"、"香烟"、"吉普车"一样进入了日本人有限的英语词汇。《生活》杂志报道说东条被他人嫌恶，甚至连在大森监狱服刑的其他日本战时领导都排斥他，拒绝和他一起散步、下围棋、进餐或是和他说话——除了简单的"是"或"不"以外。后来在战犯审理过程中，另一位被告——大川周明，后因精神状况不稳定而被释放——庭审时在东条的秃头上打了一巴掌。所以克罗克特在称东条是"日本国的替罪羊"时，她确有此意。

区分军国主义者和日本人

盟军最高统帅部和它在美国媒体的拥护者们一起制造了天皇和他忠实的高层官员之间存在分歧不和的舆论，这样做的同时他们也把日本民众，甚至日本人同"军国主义分子"区分开来。换句话说，如果承认天皇是"和善的日本人"，那么也就有可能还有其他的"和善的日本人"。"和善的日本人"这一观念的制造过程是和亲善的天皇这一观念并行的，两者相辅相成。在战后的话语中，日本人民和天皇是被邪恶的军主义者所蒙蔽欺骗而投入战争——考虑到战争初期日本人民对战争的广泛支持，这一看似有理的观点却也显得漏洞百出。

接近战争结束时，美国媒体在羞辱东条和其他军国主义分子的同时，开始用更同情的笔调表现日本的普通士兵。负面的描写仍会出现，但在表现这些普通士兵时，媒体倾向于强调他们人性的一面。

美国人发现日本士兵似乎想在战争中保住性命，并且得知日本士兵之所以不愿投降并不是出于狂热的效忠，而是因为他们被告知美国人对投降的人格杀勿论。及至1945年7月，甚至有一篇对这个"自杀性军队"表示赞许的文章出现在了美国新闻媒体上。一年前因《广岛》一书受到好评的作家约翰·赫西创作了一篇有关日本空军敢死队神风队飞行员的文章，他笔下的日本飞行员基本上都是疯狂的亡命之徒，但他在文章中也描写了一位较有头脑和判断力的神风队队员。赫西写道："有不少飞行员表现出的盲目效忠的精神远没我们所想的那么狂热"，他引用了一位被俘的飞行员的叙述：

> 我来到克拉克基地的几天以前，因为无事可做就去检查检查我驾驶的飞机，却发现一个傻乎乎的技师在我的飞机上绑定了个炸弹。我气坏了，臭骂了他一通。他只是说，"非常抱歉，上面的指示。"他们到底想对我做些什么？于是我来到总部，告诉上级这个混蛋技师的所作所为。总部的人说"噢，现在我们都是这么操作的"，我反驳道："你们愿意这么做，我可不愿意！我讨厌这种绑定炸弹的做法。"听了这些他们怎么办？他们逮捕了我。整整一晚上，都有人

看守监视我……于是早晨的时候，我告诉他们："好吧，我愿意为天皇做此次飞行"，然后我就被放了。很快我看机会来了，就把降落伞放在飞机上。随后我们奉命出使任务，但他们让我觉得卑鄙恶心，我怎么办呢？我从飞机上跳伞了。

这段话的翻译是否和这个日本飞行员实际所说的相符尚未可知；但就日本军队中通常严格遵守的级别制度来看，这段描述听上去有点可疑。但是一个日本人——尤其是这么一个前神风队飞行员——在媒体上被表现成为一个有着正常求生欲望的普通人，一个实实在在的"普通人"，这与战时标准的日本人形象大为不同，标志着一个意义重大的转折。这篇文章也说明效忠天皇更多地表现为一种强制执行的政党路线而非人们真心实意的信念。以隐晦的方式传达的对所谓"上级"命令的态度，这种方式是美国的普通士兵很容易理解的。战后，许多美国人了解到，尽管神风队飞行员像英勇的美国士兵一样"愿意为国捐躯"，但他们还是更愿意活着。一个日本翻译告诉李："这些飞行员庆幸他们不用驾驶着飞机撞击你们进攻的舰船。"

仔细观察这些战败的敌军有助于减少对他们苛刻的看法，驻日的美国新闻记者将他们看到的一切报道给了美国国内民众。遣散的日本士兵在火车站等待着——有些已经等了很多天——

被遣散运回家乡，一位美国记者看到这些，称他们是"年幼、疲惫、孤独无助且温和无恶意的"。《生活》杂志在1945年圣诞的一期中详细描述了一位遣散的日本兵返回故乡的故事，以此引发人们对战败敌人的同情。文中没有涉及日本人的野蛮和残忍，而是刻画了一个因为战争而背井离乡的普通老兵返回故里重拾旧业的故事，文中写道：他又"默默地回到村庄中他原来住的老地方，和大部分日本百姓居住的一样的地方"。一张整版以富士山为背景的农田的照片表明这是真实的日本：这块土地上孕育着纯朴、"节俭"、"勤劳"的百姓——有"能干又尽职尽责的"市长，也有那些丈夫离家参战后独自耕种田地、养育孩子的农妇。文章想要表明日本士兵就是来自这样的人民和村庄社区，在那里一家人整天就在小而贫瘠的田地里劳作，靠着寡淡无味的食物维生，冬天就围着煤炉挤在一起取暖。文章暗示这个民族需要的是帮助和现代化设施，而不是世界各国的谴责。

解除军事武装的日本急需发展民用工业。驻日美国人向国内民众描述了日本工业由生产军用物资转向民用消费品的过程。1946年，拉瑟尔达曾报道称在大阪的前飞机配件预制工厂正在"用飞机的油箱制造餐盘"。深水炸弹的金属外壳变成了炉子；"除去雷管"的海洋水雷变成了喂猪的食槽；鱼雷发射管变成了下水管道，火箭炮变成了液压泵，登陆舰的船体成了渔船；罗盘变成了化妆盒。但是拉瑟尔达没有说这些产品将销往何处，当时的情况是日本不能做出口交易，而大部分的日本人都在用每1分钱和值钱的物品换食物。但是变炸弹为炉子，还有变罗盘为化妆盒的做法——一个现代版的解甲归田、偃武修文——向美国人展示了日本人引人注目的女性化形象的开始。战后的日本将放弃海外征战这一男性事业，转而专注于国内事务和民用事业。

二战期间，日本人曾将美国人描述为阴柔、软弱而堕落的样子。克拉克·李解释说："日本佬接受的有关美国人的知识让他们认为美国人是不道德的、物质至上的民族，没有勇气、沉迷于酒精、神经过敏且喜欢专注于女性化的活动和慵懒的消遣。"他们将自己刻画成充满男性气概的民族，并且宣称颓废堕落的、娇柔懦弱的美国人不是精干强健、训练有素、朴素节俭、斗志昂扬的日本人的对手。在这种宣传中，日本人的矛头主要是指向美国男性，他们认为美国男性过多地受到了美国女性的压制。在他们眼中，不能管住自己的女人就已经够糟糕了，会受到嘲讽和怜悯，但是如果缺乏男性气概，那就彻底让人鄙视。这一观点使得一些日本人在残忍虐待"女性化的敌人"时表现得理直气壮。

当日本的领导者们最终不可避免地接受失败之后，天皇的命运问题成为了争论的焦点。杜鲁门政府和盟军最高统帅部表明会确保——就麦克阿瑟而言，他会尽最大努力——尊重和保护天皇的统治，因此理顺了与日本上层精英的关系。具有讽刺意味的是，二战后美国三番五次地违背它对许多国家许下的支持"民族自决"的承诺，但是对日本这个宿敌却始终信守承诺。正如爱克拉·艾丽叶所指出的："这有着共同经历的两国政府以及他们的领导曾一度为了相同的目标而合作，还曾依照新颖的办法共同解决全球和国内的问题。"两国都对共产主义怀有深刻的厌恶，日本的领导人很乐意自己的国家在远东地区成为反共产主义的"堡垒"。

战后美日的双边关系很融洽，日本在其中扮演着从属国的角色，在美日两国都接受的世界观里，主导伙伴被视为男性而从属者则被视为女性，由此不难理解麦克阿瑟和裕仁的著名合照为何会被描述成新婚照。1993年，H.D.哈罗图宁安对日本文艺评论家加藤典洋的评论加以阐释，称这张照片为"新婚纪念，见证了美日两国在日本被占初始双方的男女角色关系和新婚夫妇的幸福"。埃德温·欧·赖肖尔也曾将美日关系描述成理想的资产阶级婚姻。如果将这一类比进一步引申，我们可以说天皇和他原来的伴侣东条将军离了婚（据说是满怀遗憾和痛苦地），然后和另一个能提供更好的生活和保护且强壮有力的将军结了婚。然而麦克阿瑟和裕仁的合照当然不像新婚照——两人之间的距离就表明这不是一个幸福的结合——这张照片只有在回顾往事时才能称得上是对"新婚幸福"的记录。现在的问题是这种区分性别的框架关系的出现多么合乎常理。很容易理解，这一关系简单明了地概述了两国人民之间的复杂关系。

尽管美日之间最终结成了牢固的联盟，但在美国大众话语中，日本人是否值得信赖的问题一直存在；战后对"东方人"神秘莫测的陈旧看法也持续存在。最高盟军统帅部和杜鲁门政府同裕仁的合作并没有要求得到广大民众的支持。他们只是要避免引发公众的愤怒。

出于现实原因的考虑，要让美国民众接受日本作为盟国，和这些现实的原因交织在一起的是美国新闻撰稿人和记者们稍作调整以适应新情况的一些旧的故事和主题。这些记叙文章不论是描写正直诚实的居家男人、穷凶极恶的东方流氓，还是受人操纵的日本玩偶，都是从非常熟悉的老故事中汲取力量。人们对看似熟悉的事物在内心深处会认为是真实正确的——语言学家称，和辩驳推理的文章相比，它们更是如此。信息总是在已有的世界观中可以被最好地理解领会。在美国战后话语中，对天皇的描述使用了多重策略，从对其恭敬有礼——如瓦伊宁的描述，更多的是《生活》杂志的描述——到对他贬斥鄙视的描述，如一些占领期回忆录里所示。尽管这不是大家合作努力的结果，但把天皇重塑为热爱和平的家居男性，以及将东条刻画成自负虚荣，甚至"变态的"东方流氓，都基本上取得了成功：日本人以天皇的名义而战，但是美国人的记忆却认为太平洋战争是东条之战。美国人，甚至历史学家如后来的史蒂芬·安布罗斯，都倾向于将二战描述成"我们击败希特勒和东条"的战争。自1945年，美国人开始认为东条是战争中日本主要的恶人。裕仁不是像希特勒一样的独裁者，但是人们不应该忘记日语中有和"希特勒万岁！"一样的口号——"天皇陛下万岁！"

第四章 大洋彼岸的叛国审判

1946年11月，威廉·L.布鲁斯和妻子前往洛杉矶市中心的西尔斯·罗巴克百货公司购物。这位年轻的退伍军人是1942年巴丹死亡行军的幸存者，之后他熬过了三年的战俘生活，战争的最后一年他在日本本州岛的大江山战俘营做工。现在布鲁斯已经恢复了正常生活，正想在西尔斯·罗巴克买台除草机。他一转身，不小心碰了别人一下，正说着"对不起"，但当他看到眼前的这个人却惊呆了——这是一个面容熟悉的戴眼镜的亚洲男人。这个男人似乎并不认识他，而布鲁斯也是过了好一会才想起这个亚洲男人的名字，后来他曾解释说他之前从未看过这个人"穿便装"的样子。随后布鲁斯认出了这个男人：他叫"川北"，是大江山那个令人憎恶的日本战俘营里的"铁腕暴力"人物之一。这一发现让他愤怒不已。这个日本佬在这里干什么，竟然在美国自在地闲逛？

布鲁斯开始尾随着这个亚洲男人，妻子注意到丈夫突然的变化，跟在他身后关切的问："天哪，你怎么了？"，他回答道："我发现了一个坏家伙，我要杀了他，"听到这，妻子着实吓了一跳，大叫道："你疯了——别冲动！"或许是妻子的话提醒了布鲁斯，他小心翼翼地不被发现，跟着这个男人走出商场来到了一辆浅绿色的福特水星轿车前，记下了车号，随后报告了美国联邦调查局。1947年6月5日，事发八个月后，美国联邦调查局逮捕了26岁的日裔美国人川北友弥。洛杉矶的大陪审团指控川北友弥犯有13项叛国罪，每一项都指向一宗虐待战俘的罪名。

川北友弥是二战后因叛国罪受审的两名日裔美国人之一。另一个名为户栗郁子，她的罪名是——现在大部分人认为不公正——在东京电台进行广播宣传。人们都称她为"东京玫瑰"，尽管她在战争期间从未使用过这个名字。她是一个神秘人物，没人确切知道是否确有其人。巧合的是川北友弥和户栗郁子属于同一个日裔美国人的教会加利西哥联合教会，都在教会开办的日语学校学习。在户栗郁子还读小学的时候，全家就迁到了加利福尼亚的其他地方，而川北友弥一直在加利福尼亚的加利西哥长大，并读完了中学。1939年，中学毕业后，川北友弥随父亲前往日本看望祖父。他的父亲是个成功的杂货商和批发商，返回美国时，父亲让18岁的川北友弥留在了日本，先是在为日裔美国人开办的预科学校里学习，然后在1941年3月进入明治大学读书。和户栗郁子不同，川北友弥把名字载入了他家的户籍以确保他享有日本公民的权利及保障日后的就业问题。

1943年8月，川北友弥开始在大江山镍工厂当翻译，这是一个集采矿和金属加工为一体的工厂，靠近日本海，离京都有一百多公里。二战期间，该工厂使用了盟军的战俘作为劳工在浅表矿井中劳动。川北友弥为管理战俘营的日本军队工头和战俘之间担任翻译，这些战俘有英国人、加拿大人、中国人，在1944年后期和1945年初期，大约有400名美国战俘——大部分都是1942年在巴丹被俘的。还有两个日裔美国人在那里做翻译：一个是川北友弥童年时的伙伴藤泽明示，在战俘营做翻译，另一个是井上信行，在工厂的行政管理部门做翻译。

战争结束后，川北友弥在回东京之前曾留在大江山给美国人当翻译。他在12月向美国领事馆申请恢复他的美国护照，当时他对自己的日本公民身份的辩白是1943年他迫于强大的压力才登记户籍。审查官已经反复听过许多急于离开日本这个满是战争疮痍之地的日裔美国人讲同样的故事，所以对他并没有怀疑。当一份第八军最高司令官的检查记录显示他很清白后，领事馆于1946年6月给川北友弥颁发了新的美国护照，8月初，他返回美国。同年11月，当布鲁斯在西尔斯·罗巴克发现他时，他已经是南加利福尼亚大学的一名学生了。

接下来1947年对川北友弥的审判必须放在冷战的背景下来讨论。他的审判是和其他二战叛国嫌疑犯共同进行的。大部分嫌疑犯在战争结束后几个月内都接受了调查，但是都被释放或获得了自由。对大部分人的正式起诉是在好多年之后才开始的，那时他们才正式受审并定为叛国罪。在不同的审判中，户栗郁子、约翰·戴维·普罗沃、马丁·詹姆士·蒙蒂、赫伯特·约翰·伯格曼和所谓的"轴心萨利"玛格丽特·伊丽莎白·吉拉都因战争期间曾为敌军作广播宣传而被定罪。和川北友弥一样，他们也都在1945年至1946年被收审调查，之后又被释放，而后在1947到1948年冷战真正开始后，他们被司法部正式起诉。冷战时期对叛国罪的审判以及当时对红色恐怖间谍的审判使得联邦政府能够对不忠叛逆的个人进行惩罚示众。所以，对川北友弥的指控可以被视作是更大范围的冷战遏制策略的一部分。

更具体地说，川北友弥体现了美国人对不忠叛国和鬼鬼祟祟的日本冷战同盟所怀有的忧虑。他代表了那些内心充满怨恨的少数族裔男性，因为主流社会拒不将他们作为成熟的成年人对待。新闻报道、起诉的证词以及法庭对川北友弥的描述是：川北友弥感觉他的男性气质受到了公然的侮辱，于是采取报复行动，但是同时他们也表示川北友弥的确缺少男子气概。在美国大众的认知中，不忠背叛、女性特质或胆小怯懦常被紧密联系在一起。

那些犯叛国罪的个人或民族太懦弱或没有能力正面进攻，于是就暗箭伤人。在美国，这种性别化的话语将缺乏男子气的、狡猾的、无理性的懦夫归为一类，而与之相区别的是有男子气概的、正直坦率的、勇敢的美国人。这种过于简化的对立二分法有助于美国人发泄他们对珍珠港事件的愤怒，通过构建这种话语来自我补偿：正义属于美国，我们应当尽一切必要之手段惩罚这些"懦夫"。一些叛徒是没有男子气的懦夫，他们无法坚守战斗，无法坚守对国家和人民的忠诚，而屈服于敌人的要求。川北友弥代表了"道德力量薄弱"的懦弱个体，只有在美国同胞虚弱无力、没有防备的时候，他才敢壮起胆来，只有在欧美人成为战俘，力量被非常态地削弱时，他才敢大打出手。

但是美国政府并没有惩治川北友弥以示对其实施拘禁的正义合理性。对他进行指控的目的与此恰恰相反：川北友弥是被作为一个"邪恶的"日裔美国人展示给人们看的——正如东条是个"邪恶的"日本人一样——他是那些占绝大部分的"和善"、忠诚的日裔美国人中的一个例外，通过这样的展示，美国政府和媒体敦促美国人民能和平地接纳日裔美国人，同时仍可表达对川北友弥的民族仇恨，但他们却否认这是种族主义。具有讽刺意义的是，政府指控川北友弥的事件逆转了"日本佬就是日本佬"这一臭名昭著的观点。日裔美国人在战争期间被孤立和迫害，现在他们目睹了美国政府为了惩罚一个日裔美国人，而实际上在宣称

"美国佬就是美国佬"。

　　尝试将日本重塑为战后同盟与努力展现日裔美国人是可敬的美国公民是分不开的。但这些努力是在对日本民族广泛且持续存在的敌意和不信任的情感中进行的，对此种情感也是一种挑战。在这种背景下，川北友弥的审判可被视为美国在努力将罪行具体到个体，以驱除过去的敌人。在东京战犯审判过程中，美国人在理清和惩治日本人罪恶的同时也认识到了日本人的优秀之处。同样地，川北友弥选择叛国的行为和大部分日裔美国人，尤其是第442作战部队中的日裔美国士兵所做的精忠报国的正确选择形成了强烈对比。川北友弥的叛国审讯重申了大部分日裔美国人对美国效忠的事实。川北友弥和东条与其他日裔后代的不同之处在于他们固执己见、刚愎自用以及他们那些宏伟邪恶的妄想。这种"东方人的"变态和奸诈仍旧潜存的事实表明美日之间从表面上看来安全、悬殊的力量对比关系下潜藏着破坏和危险。川北友弥的案例为美国人提供了很好的机会来厘清战前就存在的忠诚、爱国、种族歧视及民族仇恨等概念的歧义，以便更有效地投入冷战。案件审理期间，在这个本应是增强双边和谐关系的演出中，美国政府和新闻媒体都试图精心调整那些不和谐的因素。

来自柔弱的少数族裔男性的报复

审判中，川北友弥申辩自己无罪，其辩护理由是他当时的国籍状况。川北友弥的律师，莫里斯·拉文辩称在川北友弥犯下那些所谓的罪行时，他认为自己仍是日本公民，不存在忠于美国的问题。拉文强调说川北友弥至多算是犯有"一系列的人身侵犯和殴打罪——再没别的罪行"。他继续辩护道：踢犯人的腿或是逼犯人多扛一桶涂料"不可能拔高到人格尊严……叛国罪"。他还指出这些所谓的罪行缺少叛国罪应具备的"秘密和巧妙设计等要件"，因此他强调说美国人民"对此案要谨慎，我们打败了日本，但我们不能以此为理由对被告进行报复。现在考验我们的时候到了"。他还说这个案件不应该是"又一次惩罚日本佬的机会"。

当然，政府的观点是与此相反的：川北友弥明知他仍需忠于美国，却有意通过其行为背叛他的出生国。政府的检察官强调说川北友弥之所以被收审并不是因为他的日本血统，而是因为他随意地抛弃像美国这样强大国家的国籍身份，滥用他的美国"国籍"，就像水龙头一样想开就开想关就关。首席公诉人詹姆斯·M.卡特指出川北友弥使得美国领事馆官员相信他在整个战争期间始终忠于美国，而检察团不同意拉文弱化川北友弥的罪行，反而强调其罪行的严重性。他们称川北友弥通过强迫战俘开采更多的矿石从而让日本人有更多的"工时"去从事战争活动。据指控，川北友弥对美国同胞的折磨骚扰推进了敌人的事业，因此川北友弥犯有叛国罪——该罪名受到许多大江山前战俘的热烈支持。

据一位前战俘沃尔特·塔克说：实际上，在大江山的战俘们都渴望能出庭作证揭发川北友弥，以至于检察团不得不谢绝了至少149名战俘的请求。塔克来自得克萨斯，在巴丹被俘，他在大江山战俘营度过了战争最后的13个月，他本想作证"在获释前不久"川北友弥还殴打过他，但当他自告奋勇出庭时，检察团说他们的证人已经足够多了。卡特宣称在提审川北友弥时，政府计划出示"将近一百名"前战俘的证词。因为二战对日作战胜利也还没过几年，有如此多的退伍军人此时坚持要求出庭作证也不足为奇。在他们看来，一个对他们在战俘营的悲惨生活应负部分责任的"日本佬"竟然没有受到惩罚，更可恨的是，他还能自由自在地呆在美国，这是多么让人愤怒。许多战俘因为在日本战俘——奴役营忍受的骇人听闻的生活条件和残忍暴行，发誓要报复这些折磨他们的日本人。一个检方证人回忆说：他做战俘时就曾诅咒日本卫兵"耶稣在上，你们这些野蛮的异教徒会遭报应的"。因此逮捕川北友弥让许多前战俘感到"很大的满足"，查尔斯·J.库欣深有感触，他曾挨打和受饿，体重由战前的228磅减少到只剩107磅。像库欣这种从太平洋战争中退伍的军人，据他们个人对日本人野蛮残忍的了解，他们相信川北友弥是有罪的。

新闻媒体上带有煽动性的标题预先判决了川北友弥有罪。当他被捕和接受指控时，《洛杉矶时报》夸大了他在大江山的重要性：《洛杉矶的一名日本佬作为恐怖战俘营的头目被捕》，《战俘营的日本老板被起诉》。《旧金山记事》误将他作为"大江山战俘营的工头"，而波特兰的《俄勒冈州人》大肆宣传龇牙、奸诈狡猾的日本佬形象，把川北友弥描述成"日裔美国人的叛徒，在本州战俘营为日本效劳，是个残暴的工头，日本战败后他又对美国展开了笑颜"。甚至《太平洋公民报》，这份日裔美国人主办的报纸也没有澄清一个事实：将近一年前，在他被捕之前他一直是个翻译。作为一名文职翻译，他既不是"战俘营的首领"，也不是"战俘营的老板"。尽管他反复申辩自己是无罪的，但官方媒体在报道审判给他带来的痛苦时却完全没有提及他的抗辩，让人觉得他的案件只是因为国籍问题，而不在乎指控的真实与否。《太平洋公民报》也只是在报道川北友弥在审判结束的当庭申诉时才提到他辩称自己是清白的。事发后《太平洋公民报》从没有报道过川北友弥和他家人的说法。相反，这家日裔媒体因为担心川北友弥的案件可能会有损他们刚有好转的战后形象，于是很快认定川北友弥是有罪的，并试图让其他日裔美国人和他保持距离。

尽管公众确信川北友弥有罪，他的律师争辩说战俘们针对川北友弥的证言实际上告错了人。拉文声称许多有关川北友弥的较严重的罪行——例如，拖延对一个脊椎受伤的战俘的医疗救治，殴打一名身患绝症的战俘，对一名偷窃红十字会物资的战俘进行惩罚，多次将其推入化粪池——实际上是在日本战犯审理时战俘们证言中涉及到的其他狱警所为。一位医疗官员的日记中记录了大江山战俘营内违反日内瓦公约的罪行，在这本日记中没有川北友弥的名字，这也证明了他的清白。战后没有战俘对他进行打击报复也很说明问题，而且盟军的官员还挑选他担任了主要的翻译工作。拉文称川北友弥对许多士兵都很友好，在这些被俘士兵重获自由后，他曾是他们到天桥立旅行的导游，还在车站"友好地和他们告别"。战争结束后，他前往美国领事馆或是去第八军以确保自己能返回美国时，都没有人逮捕他。拉文强调说他的当事人在回国后没有隐瞒或是更改自己的姓名；还"去了满是美国大兵的大学读书"——一个担心战俘报复的人是不会这么做的。川北友弥的律师还指出奇怪的是检察团没有传唤任何官员出庭作证——只有士兵，而士兵们对日本人的愤恨是可以理解的。与其他两位在大江山的日裔美国人翻译不同的是，在矿井，川北友弥担任的是军事命令翻译，这就意味着经由他宣传或叫嚣的都是些命令，这些命令都是要从极度疲劳的战俘身上压榨最多的劳动。拉文称战后大江山的前战俘们几乎不会对川北友弥这个曾是可恨的统治者口舌的人有什么好印象，仅仅因为曾做过传令官，他现在竟要受到如此惩罚。

　　而战俘们坚持说川北友弥在翻译的过程中会有意添加些贬

损之词，而且他还利用和日本统治者的关系，占取不当利益，表现跋扈，好像自己是个"大人物"。他们回忆说他就是个心怀怨恨的少数族裔男性，他宣称美国"对（我）不屑一顾，毫不在乎"，他还曾鞭打白人战俘，就因为他有权可以这么做。一位退伍兵说川北友弥"似乎很乐意看到美国人在日本士兵面前人格遭受贬损"。当筋疲力尽的美国战俘没有采够每天要求的矿石量，他不仅毫不同情，还厉声责骂他们。据说他曾对这些憔悴瘦弱的战俘大声叫嚣："该死，你说这算什么？还不快点干活去！"战俘们还称川北友弥以宣扬美国士兵的"劣等无能"为乐。据说，他曾对战俘的男子气嘲讽说："我就知道，情况一旦严峻起来，你们美国人就受不了了。"据称他还对投降的战俘冷嘲热讽："看样子麦克阿瑟抛下你们这群小兵不管了。"一位证人回忆说川北友弥"昂首阔步的样子就像个公鸡"，吹嘘说即使战争要打一百年，日本也会赢，他的这一形象被检察官在总结陈词中反复提及。新闻媒体也对他狂妄自负型的男性气质加以回应，将他描述成"一个虚张声势的虐待狂，挥舞着木刀，谩骂着美国巴丹战役的幸存者"。新闻媒体还报道称在审讯川北友弥期间当他得知自己的主要罪行可能是叛国罪时，他"似乎都要哭出来了"，这说明他并不是真的像在大江山时表现出的那么坚强。不论这些有关川北友弥的描述是否属实，但人们眼中，他那挥舞着男性象征的刀棒、骄傲自满的总体形象表明欧美检察官们、退伍军人和新闻媒体——甚至是日裔美国人的媒体——都认为川北友弥的确是个可耻的少数族裔，他确实会对落难同胞落井下石。

尽管检察团、退伍老兵和主流新闻媒体在审判期间融合了性别、种族和叛国等观念，他们并没有像战争期间的通常做法那样将叛国和日本血统习惯性地联系在一起。日裔美籍人藤泽明示和川北友弥同在大江山作翻译，据战俘们回忆，他只认真地做翻译，媒体试图通过对比两人在大江山的所作所为说明些什么。藤泽被描述成"和善的"日裔美国人，战俘们回忆说川北友弥试图削弱他们的意志时，藤泽明示则会友好地拍拍他们，很肯定地告诉他们1945年的夏天"我们就能一起在旧金山吃感恩节大餐了"，以此给他们鼓励和希望。来自得克萨斯州的沃尔特·塔克称川北友弥曾殴打过他，近半个世纪过后，塔克回忆说藤泽明示是个"大好人"，为了防止被会讲英语的日本守卫发现，他曾用西班牙语悄悄告诉战俘们美国在冲绳和硫磺岛打了胜仗的消息。战争结束时，一群战俘交给藤泽明示一份他们主动写的文件以证明他的优秀人格。文件中写道："尽管他是日本人后裔，有着日本人的血统，但在最困难的时候，他的表现堪称美德，体现了美国人所具有的协助和公平的观念。他证明了自己是真正的美国人，在那样恶劣的环境下，不能说是大多数，至少也有许多人都可能会放弃，因此我们认为他在战俘营的表现比让他作为美国士兵奔赴前线更有意义。"换言之，日裔美国人具有表现正常男性气质和忠诚的意志力；因此，种族歧视的说法也就是无的放矢了。

检察团和新闻媒体拒不考虑川北友弥在加利福尼亚成长过程中遭受的种族歧视，认为这与此案无关，并宣称美国人就是美国人。卡特指出川北友弥被判叛国罪"并不是因为他的日本血统，而是因为他和你我一样是美国公民"。但是川北友弥并非和卡特或是陪审团中大多数的欧美人"一样"。他或许在中学时还赢得过足球比赛，获得学校字母徽章，但他是在西海岸的社区长大，在那里日裔美国人在社交上被排斥，在种族上受歧视。他和其他日裔美国人都强烈地意识到大的社会环境从经济上排挤他们，无视他们的才华和教育程度，只要他们在自己的少数族裔社区外找工作，就只有毫无发展前途的低薪工作。与川北友弥同时代的日裔美国人历史学家川井和夫指出"不论我们的资历如何，对我们开放的职位只有那些［白种］美国人不屑于做的——那种要不停地应承'是，夫人'的仆役的工作，例如家佣、园丁、卖菜小贩"。另有一位日裔美国人是个水果店店员兼作家，在谈到他被压制的职业理想时，不无嘲讽地称自己是"专业的萝卜清洗师"。《太平洋公民报》的专栏作家拉里·田尻曾评论说"珍珠港事件爆发前，日裔美国人必须有大学文凭才能在美国太平洋沿岸的生产销售市场找到一份职员的工作，这在当时并不只是说说而已的笑话"。这种就业机会的受限是川北友弥的父母最初决定将他留在日本的原因。大部分日裔美国人缺乏足够的日语技能，川北友弥的父母相信如果儿子能流利地说日语，他就可以从事日货进口贸易，这也是战前日裔美国人可以涉足的为数不多的白领工作之一。

许多日裔美国男性意识到这些有限的机会和他们在美国社会中总的待遇——应承"是，夫人"之类的工作——都是对他们男性气质的削弱。他们也很了解美国社会认为亚洲男性柔弱娇气、喜欢虚张声势，或是表现出变态的男性气质。一些日裔美国男性满怀希望，希望将来可以对这种认为他们民族没有男性气质的看法以及他们在战前受到的种族歧视进行报复。日裔美籍女性也对种族歧视和受限的工作机会感到怨恨不满，但和日裔美籍男性不同的是，她们并没将自己的遭遇理解成对她们女性身份的侮辱。男性则不同。宇野·巴蒂·和麿也是一名脱离了美国国籍的日裔后代，据说他也曾骚扰虐待过美国战俘，他就认为种族歧视削弱了自己的男性气质。他说："他们把我当成黄皮肤的日本佬看，而不是当成一个美国公民……所以我心想，美国见鬼去吧。我要回日本，在那里我对美国的了解会受到重视。"在西方的俚语中"日本佬"的意思是"日本妓女"，因此宇野将自己所受的种族歧视比作"白种人对黄皮肤妓女"的态度。如果有关川北友弥的记述真实地记录了他的态度和言语，那么他似乎也有同感，想要对之前他的男性气质所遭受的侮辱进行"报复"，告诉欧美战俘他们才是柔弱、懦弱的。

但是当川北友弥出庭时，他并不像宇野那样友善、合作；他直接否认了曾在大江山做过任何坏事，甚至是言语辱骂也没有过。他宣称前战俘们把他当成了那些曾虐待过他们的日本公职人员和士兵的替罪羊。他称自己从未完全效忠过日本，而且他曾拒绝在日本军队中担任中尉的任命，因为他不想和自己高中时的旧友们在战场上兵戈相见。他说他不愿从事涉及盟军战俘的工作，提出调离的请求也被否决，他因此很痛苦，但迫于上级命令，他又不得不"用严厉的军人语气"向战俘发话，避免和他们有友善关系。他又说他是在严格认真地翻译，甚至软化语气让原本的命令听上去不那么严厉刺耳。他还解释说所谓的"木刀"实际上是便于他在湿滑的泥地上走路用的一根手杖，他从未用它打过战俘。

川北友弥在1948年叛国审判讯问过程中间休息。
《洛杉矶时报》图片。

川北友弥还声称自己也曾帮助过战俘——他曾背着美国战俘去矿山医院就医，还曾好几次护送战俘去看病或看牙医，他看到战俘完不成每日定额时，还向上级要求减少他们的工作量。他承认自己曾打过一个战俘，但之所以那么做是因为他无意中听到那个战俘用西班牙语骂他是王八蛋。但是在讯问过程中，他又承认自己也曾打过英国和加拿大的战俘，不过他隐晦地指出殴打其他国籍的战俘是完全合法的，因为他现在接受的审判是背叛美国人民——不是二战所有盟国人民。不过他的供述的真实性让人怀疑。或许他也打过中国战俘；审判内容和审判本身完全忽视了中国战俘的遭遇，好像只有白种人受到亚洲人的虐待才值得关注。但是公平来说，作为英日翻译官，川北友弥可能没什么机会接触到中国战俘。

惩治"邪恶的"少数族裔男性

时至今日已很难断定川北友弥虐待战俘的行为是自发的还是迫于日本上级的命令。但是这种疑问对他是有利的，这让他的辩解听上去比较可信。如果他真的有虐待战俘的罪行，他就不会冒险回美国了，这似乎很有道理。在审判过程中，一位检方证人证实说他曾看到川北友弥扇过三个美国战俘的耳光，因为他们偷其他战俘的衣服，但是他承认说就他所知川北友弥"从未痛打过任何人"。藤泽明示供述他也曾受命鞭打过偷藏果酱的英国战俘，他之所以这么做也是迫于上级压力。藤泽还提到日本卫兵甚至让战俘们互相殴打惩罚。他曾目睹一个战俘被迫将另一个战俘推入水塘，还有其他战俘"被要求互相殴打"。

　　换句话说，战俘营里很野蛮，在那里暴力事件很正常，是家常便饭。多年后，在一个完全不同的场合下，川北友弥强调说有好几次因为违反职责，他认为自己可能会"受到严厉的处罚或被处死"，他试图通过这种无力的解释说明战俘营的混乱状况。检察团推翻了这一解释，证实了川北友弥从未有几近被处死的经历，相反他是日本军事上级信赖的一位重要的翻译官。藤泽明示在法庭上说他记得曾听到过有关川北友弥虐待战俘的传闻，但他作为专门负责向战俘营指挥官反应战俘的申诉请求的翻译，从未听到战俘对川北友弥有任何抱怨。后来，藤泽明示详细地解释说他的这位儿时伙伴"言语粗糙"，"不善措辞"，但他从未见他打过或踢过任何人。

　　那么，在当时那样一个助长暴力的地方，川北友弥可能曾以强凌弱甚至可能曾主动施暴。当许多前战俘发现他返回美国、想要惩治他的时候，不仅是因为他自己那些涉嫌犯下的罪行，或许还有战俘们在战俘营所遭受的所有虐待。川北友弥试图用临时日本公民身份护身，却不曾想在他是否是美国国籍的审判中，这点需要复杂的法律程序进行解释说明。首席法官的意见对被告罪行的判定很重要。在为期八天的审判过程中，陪审团曾不止一次的向法官威廉·C.马西斯反映他们陷入无法解决的僵局，希望法官驳回此案，但每一次法官都坚持让他们继续审理。法官甚至无视不能重复定罪的原则，对陪审员训诫道：如果在这一场"漫长而又代价高昂的"审判中仍无法给被告定罪，那就意味着肯定还要再来一轮"同样漫长而代价高昂的"审判。最终，在1948年9月2日，陪审团作出裁决：在被指控的13项"明显的"叛国行为中，川北友弥触犯了其中的8项。据《旧金山记事》报道，"陪审团宣读判决时，他面无表情，只是快速地眨着镜片后的双眼"。拉文在判决后的第三天很快就提出申请要求重新审理此案，理由是陪审团的裁定受到了不当因素的影响。拉文称陪审员们已经在潮闷的暑热中进行了长时间的审判，法警却又告诉他们法官会把他们禁闭在此，直到他们做出有罪判决为止。拉文又称有一个陪审员告诉他她是被迫同意作出有罪裁决的。但法官马西斯对拉文的申请有裁定权，他裁定在审判过程中没有强迫的因素。之后他宣判将27岁的川北友弥送入毒气室执行死刑。

马西斯强调说川北友弥的日本血统对最后的判决没有任何影响。他称"不管他是谁，我的判决都一样"。法官马西斯担心民众认为死刑过重，就补充说道：川北友弥的叛国罪行所损害的不仅仅是那些美国战俘的利益，继而还特别强调说川北友弥的"罪行损害的是生他养他的国家全体人民的利益"。马西斯宣称说不是所有的叛国者"都有机会犯弥天叛国大罪",并毫无根据地猜测说要是川北友弥有这样的机会,他会"欣然前往轰炸我军的太平洋战舰,会主动向日军提供我军原子弹的秘密情报"。马西斯煞费心机地将川北友弥的行为和曾在第442作战部队及第100步兵营光荣服役的日裔美国人进行对比:

> 如果被告被本庭宣告无罪,他也会唾弃自己,在谴责声中度过余生。他不仅会因为自己卑鄙的背叛出生国的行为而困扰,获得国会荣誉奖章的宗森真雄、与美国历代战斗英雄一同埋葬在阿林顿国家公墓的一等兵长门文隆和棚町三郎,还有那经受住忠诚于祖国的最高考验,为了美国和美国体制的长存而不惜牺牲生命的近七百名日裔美籍战士也会让川北友弥的内心饱受折磨。

马西斯尖锐地指出川北友弥——这个从被捕之初就反复被媒体称为"洛杉矶日本佬"的日裔美国人——和其他日裔美国人不同。这位法官强调说不忠叛逆的川北友弥"出卖他在美国公立学校所学的英语",是日裔美国人中的败类——这个负面的例子和成百上千作为美国士兵而牺牲的日裔美国人形成了对比。马西斯的评论试图扭转战时对日裔美国人的总体评价,那种认为他们——就像日本人一样——都不值得信赖的看法。在他赞誉那些为国捐躯的日裔美籍士兵而非成千上万的战后仍在为国家效力的士兵时，他无意中强化了"为国捐躯的日本人才是亲善的日本人"的观念。

川北友弥案件的审判结果也反映出当时强调效忠国家先于个人利益的美国政治气候。大约在川北友弥被捕的同一时期，杜鲁门制定了效忠宣誓，随后由众议院非美活动调查委员会主办的听证会和川北友弥的审判碰巧在同一天。在《洛杉矶时报》上，有关川北友弥的报道标题旁是更大的标题，诸如《有证人表示数以千计的共产主义者把持政府要务》、《四位新政拥护者与前共产主义分子操纵的特务集团有染》。效忠国家的利害关系非同一般，马西斯抓住这一点指出川北友弥是在1943过了日本的兵役年龄后才注册为日本公民的，这样他也可以逃避作为日本公民的服役责任。马西斯写道："被告这种叛国者，也没有献身给敌国所信奉的某种真实或虚幻的事业。他自始至终只关心他自己。"于是马西斯总结说："如被告所示，一个叛国者的唯一价值就在于为那些道德意志薄弱，日后可能会受到利诱而背叛美国的人做个例子，引以为戒。"高等法院于1951年6月22日，最高法院于次年的6月2日都相继维持了对川北友弥的定罪和死刑判决。大部分最高法院的裁决都判定不论是川北友弥还是任何美国人都不能"将（美国国籍）当做享乐避祸的国籍，为了获得任何可能的利益而保有它，但在国家危难时又背叛它。一个美国公民不论他身居何处，都要忠于美国"。美国最高法院宣布：没有男子气概的怯懦以及对此的默许纵容都应受到最严厉的惩罚。

　　具有讽刺意义的是，《洛杉矶时报》似乎认为对川北友弥的审判和死刑判决表明了加利福尼亚人能够公平地、毫无歧视地对待日裔美国人。《洛杉矶时报》避而不谈陪审团审判过程中的种种棘手问题，一味赞扬马西斯谨慎细心地主持了一场"公正的审判"，并宣称川北友弥有罪的裁决"圆满回答了西海岸日裔美国人的问题"。在这篇自鸣得意的社论中，《洛杉矶时报》赞誉这一判决显示了"美国制度"是公平的，不存在种族歧视。它会给日裔美籍战争英雄授予国会荣誉奖章的奖励——宗森真雄牺牲后被追认此荣誉——也会惩罚那些背叛美国的日裔美国人。《洛杉矶时报》称他们各得其所，并不是因为他们是日裔后代，而是因为他们是"美国人，拥有着不可轻视的与生俱来的权利"。然而这位作家在赞誉美国人对待西海岸的日裔美国人所体现的公平和正义时，其特写的对象一个是已经牺牲的日裔美国人，另一个是即将被宣判执行死刑的日裔美国人。《洛杉矶时报》无视这一自相矛盾之处，反而借川北友弥的案例大肆吹捧加利福尼亚人在种族关系上表现出的宽容和作出的进步。《时报》还刊登了一张藤泽明示和前战俘拥抱在一起，彼此微笑的照片，标题为"毫无敌意"，和有关审判川北友弥的标题新闻刊登在同一页上，以此传递一种信息："和善的"日裔美国人会被社会热情接受，而"邪恶的"日裔美国人将受到应有的惩罚。

西海岸的"日裔美国人问题"主要是将日裔美国人融入到起先对他们不欢迎的社区中。到川北友弥受审这一时期，公众对日裔美国人的公平意识和为国捐躯的日裔美国士兵的讨论迫使西岸居民接受公众对日裔美国人的看法，不再有"像法西斯"和非美国人这样的批评。川北友弥案件似乎威胁到自战争结束以来所取得的进步，有重燃潜藏的种族主义的危险。新闻媒体意识到不忠叛逆的"洛杉矶日本佬"这样的新闻标题可能会阻碍日裔美国人顺利融入社区，于是它们将川北友弥描述成一个罪大恶极的日裔美国人，但继续强调日裔美籍退伍士兵是值得尊敬的、忠诚的美国人。

这种担忧还有为了显示西岸社区安定和宽容的意图，解释了《洛杉矶时报》周末版对川北友弥受审期间在洛杉矶举行的二战对日作战胜利日大游行的报道为何会主要关注为国捐躯的日裔美籍士兵。尽管游行是为了纪念那些在太平洋战争中服过役的士兵，但编辑们在文章所附的三张照片中有两张表现的是在欧洲作战的日裔美籍士兵的家庭，以此表明日裔美国人也在庆祝对日作战的胜利。登载在头版的一张照片表现的是一位准将向国会荣誉勋章获得者宗森真雄的母亲颁发奖章的情景，另一张刊登在报纸内部的照片表现了3岁的莎伦·安妮·松崎冲着父亲这么一位

"游行队伍中著名的第442作战部队的退伍军人"招手的场景。标题写到"爸爸在这！"，表现了一个年轻、幸福的家庭——与此相对比是川北友弥写信给母亲的场景，好像他还是一个依赖人的孩子在向"妈妈"汇报他的表现——《洛杉矶时报》向读者表明许多日裔美籍士兵都是顾家的男性，有着男性气概和成年人的责任心。

同样，审判过后，在川北友弥家乡附近出版发行的一份报纸呼吁："让我们铭记爱国者，忘记叛国贼。"由于担心川北友弥的案件受到"过多的关注"，在该地区唤起或加重种族歧视，埃尔森特罗的《帝王谷报》提醒读者们藤泽明示也来自他们这个地区。该报以第442作战部队的英勇事迹为例，断言"川北友弥是常规中的例外"。《圣地亚哥太阳论坛报》也持同样观点，强调说尽管川北友弥犯有叛国罪，但民主原则在其他数以千计的日裔美国人那里却获得了"异常的成功"。报纸评论说"在今后的日子里我们引以为豪的话题很多"，但日裔美国人遭遇的拘禁"不会列位其中"，"但尽管国家曾给川北友弥先生所属民族的人民带来了困苦、牺牲和艰辛，但数以百计的日裔美国人还是主动自愿地参军，并且证明了他们是我们军队中最为勇猛的战士"。新闻媒介中那些自封的舆论制造者试图控制对日裔美国人形象造成的可见的损害，但与此同时，这些舆论也暗示尽管拘禁是错误的，但那些"亲善的"日裔美国人并没有报复，也没有因为他们的美国同胞在战时所犯的错误和他们过去所遭受的歧视而心怀怨恨。换句话说，主流媒体承认对日裔美国人的不公正待遇，但却拒绝认可日裔美国人理应对此感到愤怒和怨恨。日裔美国人还是被迫置于一种模式——即忠诚于或是不忠于美国。1942年后所发生的变化就是政府官员和媒体认为大部分的日裔美国人属于"忠诚"之列。

但是，日裔美国人忠诚于国家的问题是更为复杂和充满矛盾的，远比司法部门、美国法庭、美国的媒体、川北友弥的辩护律师，甚至那个坚持说他在大江山工作时认为自己是日本公民的被告本人所表现出的要复杂和矛盾得多。在审判期间，公诉人声称公民的国籍身份不应当被随意滥用，公诉人卡特认为利用国籍可以享乐避祸的想法很荒谬。和其他人一样，卡特也忽视了这场审判——以及战争本身——是如何过度简化日裔美国人对日本或是美国的热爱和忠诚的，人为的对此强制进行了两极对立划分。绝大多数的日裔美国人决定支持美国的战争事业，这样的决定被看成是很容易且很自然的事。尽管这样的描写对拘禁进行必要的谴责有所帮助，但它却掩盖了被排斥的日本人所感受到的痛苦和遗憾——尤其是移居美国的第一代日本人，他们在美国生养的孩子，第二代日裔美国人也有同感。许多日裔美国人在美国本土和夏威夷都受到歧视，他们觉得为自己的日本民族性感到骄傲，虽然有些不妥，却是可以理解的。他们欣喜地看到日本在崛起，在努力争取与西方帝国主义的平等地位——而不是他们的殖民地——看到日本在争取这些利益时践踏其他亚洲人，他们对此似乎也并未感到不安。而且，作为一支相对较新的移民群体，大部分日裔美国人还和日本保持有文化、社会、商业和家庭上的联系。他们相信自己的日本民族性和对美国的依附依恋大致是可以共存、不相矛盾的；他们天真地认为他们可以同时身着两身外衣——借用卡特的形象比喻——他们可以同时热爱两个国家。但是战争打碎了这种不稳固的未经考验的世界观，他们被迫选择要么放弃有着自己民族渊源的故国，要么放弃他们现在居住、工作和进行社交的这片土地。对所有的日裔美国人来说，最好的场景莫过于美日之间的战争从未发生过，正如若月高在接受审讯时试图对那位年轻的军官所解释的那样，当时若月高被问到他希望哪方获得战争胜利，这位日本一代移民反问道："你父母发生争执时，你是希望他们互相残杀？还是希望他们停止争执？"

但是战争迫使这些日裔美国人必须做出选择。于是大部分在美国的日裔美国人选择支持美国；同样，在日本的日裔美国人选择与日本人民共命运，日本人民鼓励他们——也期待他们——做出这样的选择。战争结束后，就像川北友弥一样，大部分在日本的日裔美国人又从效忠日本"转变"成了效忠美国，或者更准确地说，他们又重新燃起了在战争期间潜藏的对美国的依恋。可以理解，他们试图利用自己的出生权离开这个遭战争蹂躏、食物匮乏的国家，获得机会"回家"与家人团聚。在1947年中旬当川北友弥的案件进入审理，以及审理的整个过程期间和随后的一段时间，在日裔美国人中返回美国的困难是一个热点话题。许多困在日本的日裔美国人由于无知或是不可控的原因失去了他们的美国国籍。他们中的一些人就像川北友弥一样为找份工作而加入了日本国籍；还有一些人因为加入（或被招募）到日本军队，为日本政府工作，或参加日本选举而自动失去了美国国籍。1946年当日本妇女有了选举权后，数以百计的日裔美国妇女踊跃地参加投票，因此丧失了美国国籍。据《太平洋公民报》报道：她们"浑然不知自己是在放弃美国国籍"。起初川北友弥是幸运的一员——很容易就返回了美国——但是如果他留在日本，他可能永远都不用面对叛国罪和死刑的判决。在川北友弥庭审的一个月前，另一名日裔美国人大平多宇田也因曾经殴打过盟军战俘遭受审判，但这位曾经也是南加州大学的学生现在已经是日本公民，所以他由第八军在日本进行审判，判决他六个月的强迫劳役。

许多日裔美国人对川北友弥并不同情，反而对他很气愤，因为他使得困在日本的日裔美国人返回美国变得更困难了。川北友弥被捕时，日裔美籍专栏作家比尔·细川表示说川北友弥可能没有背叛美国，但却谴责他背叛了其他困在日本的日裔美国人。细川指出川北友弥"为了一己之私，而将数以千计的日裔美籍同胞置于（危险的）境地"。日裔美籍同胞们很快就注意到川北友弥为了排除障碍返回美国，一定伪造或隐瞒了他的履历。《太平洋公民报》发表社论称"他在这样做的同时，危害到成千上万日裔美国人的安全和幸福，他们本来是有权返回美国与家人团聚的"。在川北友弥的案件审理过程中，《太平洋公民报》报道说有5，000名第二代日裔美国人丧失了美国国籍，将永远与祖国和亲人分离，除非发生移民法被修改、准许他们返回美国这样"不可能的事情"。这些日裔美国人清楚地意识到联邦政府这样做不公正，但他们却将矛头指向这么一位日裔美籍同胞，谴责他损害了他们整个群体获得公正待遇的机会。川北友弥的案件带来的一个糟糕的"副产品"是：一些想返回美国的日裔美国人在急切中伪造了护照申请，结果都被判入狱。川北友弥成功地潜回美国，国务院对此深感耻辱，于是出台了"更为严格的政策"审查护照申请，这耽搁延迟了许多日裔美国人返回美国。

一位日裔美籍退伍军人后来说许多日裔美国人厌烦川北友弥的另一个原因是他"玷污了日裔美国人的名声"。在川北友弥被指控的时候，《太平洋公民报》批评他败坏了日裔美国人的声誉，"这是600多名有着日本血统的美国人用生命换来的声誉"。这是一则尖锐辛辣的批评，因为在川北友弥的案件进入审理后的一年，仍陆续有在欧洲牺牲的日裔美籍士兵的遗体被装在盖着国旗的棺木中运回美国下葬。在《太平洋公民报》看来，川北友弥案件似乎比"战争中在美国军队服役作战的3.3万名日裔美籍士兵"更引人注目。川北友弥的案件审理后不久，这些日裔美国人得知雷电华电影公司正在拍摄一部有关川北友弥案件的电影，他们对此感到伤心沮丧。拉里·田尻评论道"好莱坞的制片商不久前曾在许多场合回复说当他们表明要投拍一部有关第442作战部队的电影时，公众对此不感兴趣。但是，就雷电华电影公司而言，相比于战争中为美国军队效力的3万名日裔美籍军人，一部独特的表现日裔美籍叛国贼的电影显然更能引起人们的兴趣"。

洛杉矶日裔美籍退伍军人协会出于关切和保护他们形象的目的，甚至建议所有试图返回美国的日裔美国人将他们的名字和照片刊登在报纸上，"以便前战俘和忠诚的日裔美国人能指认出潜在的有嫌疑的人。"就像犹太裔美国人一样，日裔美国人也意识到大的社会环境对他们的敌视，这些日裔美籍退伍军人——或许像曾指控罗森伯格夫妇并将他们判处死刑的犹太律师和法官一样——更希望将这种民族罪恶感具体到犯罪的个人而不是归咎于他们整个群体。作为一个不久前还遭受过拘禁，更为边缘化的群体，日裔美国人抢先采取行动要把可能会殃及整个群体的反面例子根除掉。"日裔美籍女性"列位陪审团的新闻被大肆炒作，但正如所表现的一样，这可能对川北友弥不但没有好处，反而有所不利。许多日裔美国人已经接受并吸收了欧美人对他们的看法，他们中的大部分在战后都不希望引起注意。他们经常批评群体中的一些成员，尤其是那些看上去不够"美国化"的成员。这些日裔美国人不去谴责美国政府对他们实施的拘禁，反而严惩群体成员中那些不够西化或行为方式可能会给群体在大的社会环境中造成坏影响的成员。代表政府的公诉人在川北友弥的案件中对他指控的依据就是第二代日裔美国人是美国公民，而他的辩护人称像川北友弥这样的第二代日裔移民是日本籍父母在其他国家所生的日本国民，他们应该效忠日本——然而自1941年12月7日起，在美国的第二代日本后裔的这项权利就被否定了。

日裔美国人担心川北友弥的审判会破坏他们在战后所取得的进步，但是这种担忧是没有根据的。没有人公开利用川北友弥的案件来开脱美国政府的拘禁行为。相反，媒体和政府仍继续将拘禁定性为不应当犯的错误。1948年8月《华盛顿邮报》发表社论称"这个国家对待有日本血统的西海岸公民的记录是可耻的"。该报纸称赞加利福尼亚联邦地区法官路易斯·E.古德曼，他帮助被拘禁者恢复了在集中营中放弃的美国国籍。该报纸非但没有将那些放弃国籍的被拘禁者视为"可同甘不可共苦的公民"，还很是赞同地引用了古德曼的话"一个美国公民被毫无理由地拘禁，而在这样非法监禁和束缚的情况下，他被迫放弃了宪法赋予他的权利，美国政府听之任之，这对人的良知来说的确令人震惊"。加利福尼亚人也加入了此次态度转变的过程，洛杉矶市长弗莱彻·鲍伦就是其中一位，他曾在1942年大声疾呼扫除日裔美国人，但在1948年他却又热情洋溢地赞誉他们。鲍伦在为首位日裔美籍士兵入葬洛杉矶的仪式上发言道："生在美国的所有日裔后代，还有那些将美国作为永远居留地的绝大部分（即使不是全部）的日本国民，你们的正直诚实一直以来都是绝对被完全认可的"。

于是，即使有川北友弥和所谓的"东京玫瑰"户栗郁子的叛国审判的影响，日裔美国人争取的种族平等仍在继续进步。在联邦大陪审团为户栗郁子定罪，马西斯判决川北友弥死刑的当月，美国公民自由协会在名为"这些变幻无常的自由党人"的年度报告中称日裔美国人在消除对他们有歧视意义的法律条文上已经确保了"最令人鼓舞的结果"。尽管日裔美国人没能成功地废除1924年颁布的排斥亚裔移民法案，他们还是设法获得了一些胜利：国会批准建立赔偿委员会对疏散拘禁导致的2，500美元以上的损失进行补偿；准许第一代日裔移民以他们在美国出生的后代的名义购买土地，这是废除移民土地法迈出的第一步；美国最高法院宣布加利福尼亚禁止移民捕鱼修正案违反宪法规定；帮助"滞留"在日本的日裔美国人回国，以及护送同样在美国遭受拘禁的日裔秘鲁人返回秘鲁，这两项工作都获得进展；废止加利福尼亚联邦法庭关于图利湖集中营的被关押者丧失美国国籍的裁决。美国公民自由协会报道称"记录表明：伴随着战时对日裔美国人的疏散、敌意和歧视而产生的一些悲惨的状况到目前为止还未完全改善，但这些状况正在尽可能地被改进"。

　　这些日裔美国人甚至引起了地位显赫的国家领导人的关注。在迪安·艾奇逊就任国务卿前的几个月，当移民土地法的上诉人小山起诉加利福尼亚政府的案子送审到最高法院时，艾奇逊还代表上诉人出庭诉讼。川北友弥的叛国罪确定后的一个月，胡德河的美国退伍军人协会和对外作战退伍军人协会为在莱特岛战役中牺牲的胡德地区的日裔美籍士兵举行了纪念仪式。同样，参加日裔美籍士兵法兰克·八谷的纪念仪式的有美国革命女儿会的政府代表、俄勒冈州前州长、里德学院的院长，还有战争安置委员会的战时领导狄龙·S.迈尔。国家领导人，甚至是其中的保守派，如今都积极地表现出对之前被歧视的少数族裔群体的支持。

　　尽管有了这样的进步，但在1948年及以后，在争取日裔美国人和其他少数族裔民族平等上仍面临艰难的斗争。在公共场所，歧视现象仍很常见。例如，包括欧美人、非洲裔美国人和日裔美国人在内的十名争取民族平等大会洛杉矶分会的会员在1948年6月进行非暴力抗议活动要求布里米尼温泉对黑人和亚洲人开放时，遭到了高压水枪的驱赶，这已是他们第十次失败的尝试。1948年最高法院颁布法令称，政府不再强制要求遵守限制向非洲裔美国人和亚裔美国人出售房产的种族性契约，但如果个人出于自愿遵循此种契约仍属合法行为。当一位在加利福尼亚格兰戴尔的房地产经纪人宣布她计划将一处房产租给一个"良好的日本家庭"后，她接到"超过四十个表示抗议的电话"。就在这个家庭准备搬入的前一天，此处房屋被一场神秘的大火烧毁了。1952年颁布的麦卡伦—沃尔特法案最终允许第一代日本移民加入美国国籍，并允许每年有185名日本人可移民来美国，但这些都不能说明美国人对待其他种族的态度有大规模的变化。这项法案之所以通过国会审批是因为该法案的支持者们承诺说此项立法将在不影响美国大多数白人的情况下改善美日关系。移居美国的第一代日本人正渐渐变得稀少，这种极少的移民限额——还不到美国总人口1/100的1/1，500——表明移民"无论是对美国的经济、文化、社会、政治还有任何其他方面都不会造成任何威胁"。同时，第二代日裔美国人和其他移居美国的少数族裔在战争刚结束的阶段得到的大都是低薪、无需技能的工作，这与其人数严重不成比例。加利福尼亚就业服务中心的报告显示，在1949年，有75%的旧金山海湾地区零售业业主宣布他们不想雇用"东方人"，90%的业主称他们不想雇用"黑人"，而许多工会对招募这两个种族群体都持敌对态度。尽管美国公民自由协会1948年的报告表明在消除种族歧视方面取得了积极的进展，但正如该协会所承认的那样，消除歧视仍旧任重道远。

因此，日裔美国人认为川北友弥的罪行玷污了他们这个群体也是有道理的。在一些美国人看来，川北友弥的死刑判决或许是对日本人（和日裔美国人）罪恶的惩罚。马西斯判处川北友弥死刑后，第二次世界大战美国退伍军人协会的会长哈罗德·基茨给马西斯法官发电报赞扬他伸张"正义"的"勇气"。当艾森豪威尔总统考虑对川北友弥施以仁慈时，洛杉矶居民安吉拉·里格斯在给总统的信中写道：

> 总统先生，不要对这些日本佬心软。我刚看到他们为军阀东条英机建了纪念碑，而您却总是对日本佬一让再让。不久前您也看到了他们并不是我们的朋友，您应当把那些被断肢残害、被刺刀刺杀和剜去眼睛的勇敢的美国英雄时刻放在心上。永远铭记巴丹的惨痛！……不论他们在哪出生，日本佬就是日本佬。

里格斯写这封信时，已是太平洋战争结束15年后了，但正如她的言词所表露的：过去的恐惧和仇恨依旧持续存在，只是现在是混合了二战和冷战的性别化话语来表现的。将日本国民和具有日本血统的美国人混同的观念仍坚持存在。马西斯试图将忠诚的和叛逆的日裔美国人区分开来，但他努力做出的区分并没对里格斯这样的美国人产生影响。反倒是由于马西斯依据陈旧的观念，认为日本人学习西方知识只是为了以夷制夷，这一点破坏了他原本的目标。而这项死刑判决本身就表明如果少数族裔对欧美人犯下暴行（注意不是杀人罪）就应当受到最高惩罚。

余 波

　　由于川北友弥和拉文无法扭转被判有罪的事实，于是他们试图减轻对川北友弥的量刑。 1953年11月29日，艾森豪威尔总统将川北友弥的死刑判决减为无期徒刑，不知疲倦的拉文仍继续要求在执行上从宽处理。艾森豪威尔收到许多请愿书——大部分来自日本——在他批准减刑后仍不断收到此类请愿书；请愿的人们要求释放川北友弥并准许他返回日本。川北友弥的姐妹们在一封信中批评说"来自日本的大捆的请愿信"被堆放在罪行赦免科，都没被翻译成英文。川北友弥也有一些身居高位的朋友。川北友弥家所在的三重县县长亲自发电报给艾森豪威尔表达他对总统减免川北友弥死刑的感谢，而且至少还有一名日本政客——一名议会成员——代表川北友弥给艾森豪威尔写信求情。另有一位政要人物三木武夫是川北友弥家族的朋友，他在20世纪70年代中期出任日本首相。川北友弥家族和三木武夫都来自三重县，川北友弥的父亲是富有的杂货批发商人，在三木武夫留美学习期间，他曾是三木武夫的良师益友。实际上，起初正是三木武夫在大江山镍厂为川北友弥介绍的工作。到川北友弥受审的时候，三木武夫已经是日本众议院议员。就三木武夫对良师之子处境的了解，他必定也会动用自己的影响力向美国政府官员发出请愿。

　　从20世纪初起，对日裔美国人的种族歧视就是美日两国关系长期存在的痛处，于是日本人不失时机地附和川北友弥姐妹的批评指责之声，批评说川北友弥案件的审理、定罪和判决过程中充满了"不公正与偏见"。考虑到加利福尼亚地区一直以来对日裔美国人的种族仇恨——对日裔美国人遣返疏散和关押拘禁就是不久前令人瞩目的例子，因此日本人对在该地区审理川北友弥案件的公正性表示怀疑。比起日裔美国人在美国的真实生活，日本政府官员通常对日本民族在国外的形象要更为关注，但是得益于川北友弥的人脉关系，对川北友弥个人的关注似乎带动了日本政府官员对日裔美国人群体的关注。这种批评的声音到来的时刻恰值美国政府的敏感期——战后在新的世界秩序下，欧美人的种族主义对潜在的以及当前的有色人种盟国的影响，对于美国政府而言变成了更加敏感的问题。的确，持批评态度的人可以争论说正是因为种族主义，川北友弥才比其他判有二战叛国罪的犯人在监狱被关押了更长的时间。例如，德国移民汉斯也因叛国罪被判死刑，罗斯福总统将死刑减为无期徒刑，但是仅仅五年后，他就以自由身返回了德国。为川北友弥进行的开罪请愿一直持续到肯尼迪政府当政，并且突出强调种族主义的影响。川北友弥就读的母校明治大学的校长代表全体教职工和3.3万名学生向肯尼迪请愿，表示说因为"相当不正常的战后环境"，川北友弥没有得到公正的审判。

起初，肯尼迪政府坚持之前的判决，没有批准川北友弥的假释。1961年，川北友弥姐姐的牧师，光海春神父配合司法部长罗伯特·F.肯尼迪的日本之旅，发起了为川北友弥减刑的请愿攻势，未能成功。但是，两年后，司法部长改变了意见，批准了减刑，条件是川北友弥要永远离开美国。由司法部长签署后递交给总统的备忘录上记录了参加案件审理的官员对为川北友弥减刑所持的不同意见——马西斯法官仍坚持反对——备忘录也强调了曾作出川北友弥定罪意见的首席公诉人和高等法院法官现在也"毫不犹豫地建议减刑"。前美国政府公诉人詹姆斯·M.卡特现任川北友弥曾受审的南加州地区的法官，他建议只要川北友弥永远不回美国，就可以批准他假释。司法部长向他的哥哥转达了这一建议，尽管川北友弥对美国同胞犯下了残暴的罪行，但他在监狱里已经监禁了"实实在在很长的时间"——16年，而且在入狱期间他是模范犯人，所以如果现在释放他，"也并不失公正"。罗伯特·肯尼迪的执行秘书所写的记录中也提到日方驻国务院的代表也赞同这一决定，因为释放川北友弥"将有助于"美日关系。肯尼迪总统于1963年11月24日批准了对川北友弥的假释。同年的12月中旬，川北友弥已身在东京，之后便一直留在那里直到90年代中期去世。

最终，川北友弥熬过了在美国司法系统经历的噩梦。尽管他可能犯有某种滥用职权罪，但他的行为并非可恨到让战俘们在从大江山战俘营解放后立刻对他进行指控的地步。起诉这位日裔美国人耗费了大笔资金，显然，所谓的罪行本身并不能合理解释此项开销，而是另有原因。所谓的"另有原因"是一个复杂的混合体，包括个人目的、对国家发动冷战的坚定性的忧虑以及国内忧患，也有美国的少数族裔所怀有的怨恨和日裔美国人重新融入美国社会的问题。

川北友弥的叛国审判揭示了美国人对日本这个新盟友一直怀有小心谨慎的态度。战争期间，美国人就广泛认为不忠奸诈是日本人的特性，而且在战前，他们就常常认为"东方人"总的来说是奸诈狡猾的。日本人矮小的身材让美国人认为他们在体质上不如西方人——因此他们不得不使用些狡猾、恶毒的手段。这样的观念自然就让美国人认为，日本先发制人地偷袭珍珠港是"懦弱胆小"的日本人暗箭伤人的行径。相反，他们把德国人侵波兰视作是一种强大的、最终也无法"满足"的男性力量的蹂躏。美国人极少会把偷袭珍珠港比作对女性身体的侵犯，原因很明显，这样做比是对美国的侮辱；这样的比喻不符合美国人眼中自己国家那种强健有力的大国形象。同样，在许多美国人眼中，川北友弥的案件证明了日裔（美国人）不会以公平、男性的方式与美国人竞争，只敢在美国人已经倒下的时候发起袭击。尽管战后的美国媒体为了营造美日双边的和谐关系，减弱了他们的反日言辞，但许多美国人仍坚持认为日本人是神秘的、潜在的毁灭性因子。

政府官员借此机会谴责川北友弥所代表的少数族裔公民中

那些自私自利、缺少爱国心的人。一些少数族裔领导人意识到这种忧虑，在众议院非美活动调查委员会内宣称保证自己民族的国民对美国的忠诚。或许川北友弥是极端化的"不、不小子"的化身——这个称呼是用来描绘有些被拘禁的日裔美国人的，在被调查询问时，他们拒不向美国表示忠诚，也不加入美国军队，因此在战后受到了其他日裔美国人的排斥。这个逃避兵役的川北友弥设法躲过了在日本军队服役，成功地对美日两国都使用了"不、不"伎俩，他没有选择效忠两国中的任何一个，而是选择了自保。川北友弥的例子提醒在美国的少数族裔引以为戒，他们和美国同胞一样，也应该是爱国效忠的美国人。有关主流社会歧视以及不公正对待美国少数族裔的控诉也不能开脱少数族裔中一些人不忠于美国的罪过。《生活》杂志曾用杰基·罗宾逊的例子来抗衡保罗·罗伯逊的共产主义，法官马西斯以同样的方式强调了许多"亲善的"日裔美国人的例子——第442作战部队、第100步兵营，还有像藤泽明示这样的个人。

时至今日，很少有人还记得川北友弥。即使在当时，另一个日裔美国人的叛国案件所受到的全国关注也远比川北友弥案件更为广泛。即政府起诉"东京玫瑰"——这个通过电波畅所欲言的妖妇——的案件，人们对此印象深刻。户栗郁子的案件不可挽回地暗示了一个迷惑人的"东方"妖妇的性别化神话，她也因此为莫须有的罪名入狱近十年。川北友弥和户栗郁子代表了文化和种族——"黄祸"——对国家主体的威胁，但更重要的是他们二人的审判更增强了战时有关日本人"懦弱"、不忠的观念。从"敌人日本佬"到"日本友人"，从"混迹在我们中的鬼祟狡猾的日本佬"到"我们忠实的日裔公民"这样迅速的转变进行得并不顺利。尽管其间没有重大的挫折，但却充满了不确定性和矛盾性。跟川北友弥一样，以户栗郁子的形体为化身的"东京玫瑰"受到了惩罚，但是户栗郁子得到了官方的平反；她的悲剧为众人所知。而川北友弥则从出生地被驱逐出境，在世人的遗忘中死去。

◎

第五章　神风队队
员上大学

　　尽管战后狡猾、近视、龅牙的"日本佬"形象仍会在美国
大众文化中出现，但这时出现了一个新的形象，这是一个人性增
多兽性减少，更适合作美国战后同盟的形象。1956年12月26日，
美国广播公司的黄金时段连播节目"航海日志"向电视观众展现
了一个二战期间不可想象的人物：一个英俊的、值得美国人民的
友谊和仁爱的亲美日本男性。通常联邦政府在冷战时期的大众文
化中或是缺失或是不留痕迹，但在"航海日志"中，它却被大加
颂扬。该系列节目在每一集的片头和片尾都注明该节目得到了海
军部和国防部的许可。50年代中期，仅制作了三季节目的"航海
日志"试图通过每周戏剧化的表现"来自海军官方文件"的故事
来娱乐大众，并教导和灌输他们支持美国的政策。1956年12月的

一个晚上，"航海日志"播放了一档名为"小伙米基"的节目，敦促美国人重新考虑敌人"日本佬"这一迟迟不去的战时形象，鼓励美国人把日本人看作是需要美国指引和教导的、热爱民主的学生。

"小伙米基"开场是以战时的日本为背景。一位美国空军飞行员驾驶的飞机失事后坠落到了敌人领土上，当他苏醒之后发现自己身处一个干净但废弃了的棚子里，有一个日本男子在照顾他，还有一个年纪大些的日本妇人在外面守望观察。这个男子说自己名叫外山干雄，并告诉飞行员他和守寡的母亲会把他一直藏到战争结束，不让日本官方发现。这个飞行员在惊异于他们的好意之余，结结巴巴地说这样帮助敌人会给他们带来生命危险的。干雄用无可挑剔的英语解释说：

> 是很危险，但我并没有当您是敌人，中尉。实际上，在日本有不少人——甚至许多人——认为偷袭珍珠港是不光彩的，是违反国际法的。的确，我的同胞中会有些人认为我把你藏在这里是可耻的行为，但我愿冒这个险。我的父亲就是因为坚守自己的信念而被谋杀的。这算是一个机会，让我以自己微薄的方式偿还你们所受到的不公（珍珠港事件）——在我家请不要客气。

干雄，或像这位飞行员对他的昵称，"米基"，解释说他是从已故的父亲那里学到为人处世的原则的，父亲毕业于密歇根大学，曾是日本"最高法院"的法官。画面以闪回镜头的方式向电视观众讲述一段战前的故事。干雄回忆父亲赠刀给他的一幕，奇怪的是他发现这把刀和刀鞘是合为一体，拔不出来的。法官外山意欲表达的深意是用这把抽不出鞘的刀提醒儿子"真理"与书中记录的正义的法规同在而不是与暴力为伍。飞行员在听完故事后，也赞同地点着头。这个美国人喝着干雄送来的汤，似乎不仅有食物在滋养他的身体，还有知识在点亮他的心灵——他认识到在敌国日本存在着这种并非狂热盲从而是明智的、有判断力的日本人。接下来的场景转换到了几年之后，这位美国飞行员现在是一艘战舰的指挥官，已不再是干雄和母亲曾救助的那个充满疑惑的小伙了。这位指挥官一边抽着烟一边看着两个士兵在为舰队圣诞慈善活动挑选有意义的捐助项目。突然，他回想起"米基"，于是打断两人的讨论，建议舰队募集奖学金资助他的这位日本老朋友上大学。但两名士兵都反对这个建议，并又气又急地解释说他们已经打算"抢在另一支舰队之前"捐助在横须贺美国海军基地附近的孤儿。指挥官见他们不情愿，就力劝他们把捐助给米基的奖学金当做"对我们未来的投资"：

如果我们让外山在美国接受教育，那么他回国后，可以向日本人民宣传我们的想法和情感。他可以向日本人民解释我们不是头上长角的怪物，我们不会伤害任何人，而只是想帮助他们。他可以成为那种——亲善大使。如果日本人民能够了解我们——那么或许他们不会试图在将来发动战争。

指挥官断言道：帮助米基可以表明美国的善意、有利于美日两国的关系，还会阻止日本将来发动侵略战争。这位指挥官含蓄地表露不接受日本人奸诈狡猾的陈旧形象，他信心满满地认为干雄——会像他那受过美国教育、勇于批评日本战时侵略行为的父亲一样——在获得西方教育后会推动而非破坏与西方人民的和平友好关系。指挥官的深谋远虑说服了士兵们，他们组织了募捐活动，筹集了5,000美元将干雄送到了他父亲曾就读的母校。最后一幕场景表现的是指挥官和那两位士兵在干雄的毕业典礼上祝贺他完成学业。干雄对他们的感激溢于言表，保证他们的慷慨资助一定会有回报：干雄说在日本至少有"一个支持者"宣扬和平的理念，还有最重要的人与人之间的互相理解。

"小伙米基"向美国观众展现了一位"亲善的"日本人，一个在战争期间明显缺失的角色。战时的美国舆论话语对"亲善的"德国人和邪恶的纳粹分子作了区分，但它在战争结束前却将所有日本人归为一类，没有恢复任何人的名誉。许多战后的故事关注的是欧美男性和日本女性之间的关系，但是在这档电视节目中唯一的女性是干雄那已经失去吸引力、不苟言笑的母亲，因此大家的注意力都被吸引到对干雄的正面表现上了。米基或干雄被刻画成了一位人道主义者、敢于冒险的人，他为日本发动的珍珠港事件感到耻辱，希望能对此做些补偿。他并没有因为自己卑微的现状而痛苦怨恨，而是对美国人的友谊和帮助表现得不卑不亢，心存感激。的确，在他看来，美国人轰炸他的祖国是对偷袭珍珠港的合理惩罚，他希望自己的民族能够吸取这次教训。他还是美式橄榄球的球迷；干雄从飞行员那里获得的信息没别的，只有当年玫瑰碗比赛参赛队的信息。

和陈查理或是傅满洲的无性能力、阴柔女气的"东方"特点不同，"亲善的"日本人长相英俊、具有男子气概。在电视节目中扮演干雄的演员是位英俊的亚洲男子，他身姿笔直、五官端正、视力很好；他说的英语无可挑剔，日语也非常流利。他的形象和战时漫画表现的弯腰驼背、罗圈腿、近视眼，用刺耳的喉音咆哮吼叫着"万岁！"的形象截然相反。干雄称许多日本人都认为偷袭珍珠港是可耻羞辱的，这向美国观众表明在日本有更多和他一样的人，如果教会他们"美国人的生活方式"，就能确保两国长期的和平。

"小伙米基"旨在表现欧美人所具有的慷慨、高尚的种族宽容性：只要我们愿意，日本人就可以成为我们的朋友。起初，海军士兵们对帮助日本人是有所顾虑的，但是在后来的援助活动中，他们又帮助了另外一位日本人。一次这两名海军士兵眼见一位粗俗的军官乱叫着亚洲人服务生的名字，似乎他的身份无足轻重，他俩气愤地纠正了这个军官，告诉他这个服务生也是有身份的独立个体。虽然"亚洲人并不都一样"这一寓意并没有被明确指出，但人们会很容易体会到。"航海日志"节目的制作人选取了劳动阶级——即普通的美国士兵而不是指挥官——在故事发展过程中纠正上级官员的错误，帮助亚洲人，此种安排意义重大，这样就形象地说明了这两个普通士兵已经领会了明智的指挥官对他们进行的种族宽容性的教导。这个节目让人联想到最高盟军统帅部为帮助在被占日本服役的美国大兵适应环境而提供的素材，以此敦促电视观众中的普通人为种族宽容和世界和平贡献力量。这位亚洲服务生虽然也对那个军官感到恼火怨恨，但在事发过程中一直保持沉默，还要依靠欧美人来替他恢复人格尊严。当两位海军士兵愤而为他辩护后，他感激地冲他们笑着。这其中的寓意是欧美人应当纠正彼此粗鲁的、种族主义的行为。想成功地让干雄和其他亚洲人认识到欧美人不是"来伤害任何人的，只是想帮助他们"的关键在于欧美人对待新的亚洲盟友的态度和行为。

将年轻的盟友送入美国大学校园

外山干雄这位奖学金获赠者在现实生活中确有原型——那些战后受到美国人资助在美国大学学习的日本学生。为日本学生设立的奖学金计划反映了世纪中叶美国人对种族和文明的观点。美国的决策者和他们的支持者们仍旧认为，自己的文化和政治经济体系在按人种划分的文明发展的线性连续体中处于最发达的社会体系之中，但是他们现在也认为有色人种的、"落后的"或"封建"的社会确实可以成长为"现代"社会。冷战期间的民主决策者们采取了人们后来所谓的现代化理论，这套政治经济理念不仅将社会比作不断成熟发展中的生命物种，还断言如果给一个社会体以适当的支持和基础建设，它就能在较短的时期实现发展或"现代化"。他们称经济发展——而非社会的全面改革——将在全世界范围内带来财富的增长、普遍的满足感，还会削弱阶级斗争。这个曾被前新政主义者和国际派共和党人拥护的观点也体现了冷战时期自由主义者的一致意见。尽管这些自由主义者有试图为美国生产商保证国外市场的一己之心，但他们有着真诚的信仰和传道的愿望，他们确信自己的国家在全世界推行他们的政治体制和自由经济体系是正义的事业。

美国人担心占领日本会分散他们的精力和财力，不能专心于欧洲的冷战这一首要的国际利益，而冷战自由主义者的共识以及对日本学生的资助计划很自然地迎合化解了这一担忧。美国的决策者们决定加速日本经济复苏，用约翰·福斯特·杜勒斯的话说，以便使其能帮助"抵抗阻止共产主义在世界的这一部分发展"。由于加快经济复苏成为优先任务，最高盟军统帅部在占领期的"取消计划"行动期间废止了以前订立的目标，结果导致整治肃清运动、土地改革、反财阀托拉斯运动、战争赔款事宜——尤其是对日本侵略战争的受害国的工业设施赔偿——以及其他重新将日本和亚洲建立成真正民主社会的宏伟计划都被撤消或中途夭折。美国的决策者们断定日本这个唯一在1945年之前就具备了广泛工业基础的亚洲国家是"远东地区唯一有巨大潜力的军工厂"。于是他们选择了支持日本，而没有选择其他亚洲国家，包括美国最近的战争同盟国——例如直至1946年才脱离美国获得政治独立的菲律宾。日本被挑选出来表现"自由的生活方式"，成为其他亚洲国家学习效仿的代表民主和资本主义的模范学生。

美国人认为青少年需要心理发展的前摄干预和整体性发展规划，以免他们不受控制，难以驾驭；毕竟孩童和青少年可能对自己的行为缺少自控，易于高估自己的能力而带来危险的后果。为了预防青少年犯罪，美国人鼓励青少年参加社区劳动、体育锻炼、公民协会等，为他们的时间和精力提供了积极有效的发泄途径。因此为了防止日本惹是生非，制造事端——产生他们可以"吞噬整个混乱的世界"的想法——

驻日政府启动了奖学金计划，希望在美国太平洋安全体系的"基石"日本培养适宜的亲美观念。最高盟军统帅部使用了第80届美国议会为二战后占领区治理和救济下拨的政府基金资助这一奖学金计划，因此它被称为"占领区治理和救济奖学金"，该奖学金项目从1949年到占领结束的1952年间共资助了1，066名日本学生前往美国的学院和大学学习。就像电视节目中虚构的"米基"所接受到的个人资助奖学金一样，"占领区治理和救济奖学金"的目的也是希望日本学生们在回国后以"不断扩大范围的方式"向他们的同胞宣传对美国有利的观点，告诉日本同胞美国人"不是长角的怪物"。奖学金资助的方式使得日本的"先导模范式人物"得以在美国生活，美国人使用奖学金的意图在于培养他们和日本同胞"交流的积极性"，传播有关美国生活和文化的"准确的信息和智慧的观念"。赞助人希望这些日本学生的留美经历能帮助他们的国家培养"国民责任感"，并能沿着美国路线改进教育。

美国将敌国日本改称为自己的"年轻盟友"是和它放眼全球以及在种族问题上更宽容——以使自己适合全球领导者的新角色——所做出的自觉努力紧密联系的。冷战自由主义者很担心美国民众是否准备好并愿意成为全球的领导者。大部分的美国人另有所想，仍在努力追寻着之前被经济萧条和战争打断的消费主义者的美梦。其他一些美国人在战前就是孤立主义者，现在战争

美国的艺伎盟友：重新想象敌国日本

186

结束了，他们仍坚持"美国至上"的世界观；还有一些美国人是种族主义者，他们仍旧把"日本佬"看做不可饶恕的敌人。大部分的美国人对按美国的形象重塑日本的计划或是漠不关心或是敌视反对。于是冷战自由主义者认识到美国同胞们——就像那两位被说服资助"米基"的劳动阶级海军士兵一样——为了国家安全和反共产主义的国际斗争，需要学会宽容地对待其他种族。正如杜鲁门主义所宣称的：遏制苏联不仅意味着要支持"那些反抗企图征服他人的少数武装力量或外来压力的自由人民"，还意味着争取那些刚摆脱殖民政府的新兴国家和前亚洲敌国，使它们成为美国的附庸国。但是少数族裔公民的自由在美国受到的严苛的限制，使得美国宣称自己将是"自由世界的领导者"成为一句空话——苏联宣传部门大力强调这一矛盾。自19世纪和20世纪之交起，美国的种族主义就是日本反美情绪的根源。为了减少种族冲突，最高盟军统帅部对有关种族事件的新闻进行审查，但却习惯性地忽视种族主义问题的存在。与之相对，个人和政府出资建立的奖学金的赞助方则试图对现状作出积极的改变——他们建立奖学金不仅是让日本学生接受美国教育，还要通过让美国人学会和日本学生相处，以此让美国人认识到自己的种族狭隘性。

　　新近的日本敌人出现在满是二战退伍军人的美国校园中，为战后和解以及种族宽容提供了一堂演练课。尽管这一课程可能没有被认真学习，但它却是美国决策者和有世界眼光的国民同胞所支持倡导的一种方式。这些干净利索、恭敬有礼的日本学生——就像近几十年，亚裔美国人中的"模范少数族裔"一样——是美国良好社会关系的可靠例证，它使得美国人能对自己在种族关系上取得的进步沾沾自喜，也使得美国人更加确信自己的社会制度、教育制度、自由企业经济和价值体系是开明而合理的。简而言之，日本学生留美是自由主义者共识的正确性的又一佐证。

前神风队飞行员和奖学金资助的学生

早在电视节目"小伙米基"推出的八年前，二战后第一位留美学习的日本国民就在宾夕法尼亚伊斯顿地区的拉斐特学院入学了。他能前往美国是因为一个身材瘦高、长着娃娃脸的宾夕法尼亚青年罗伯特·S.约翰斯通。约翰斯通是个天才学生，在高中学习的最后半年他跳级于1944年初进入了拉斐特学院。同年9月约翰斯通被征兵入伍时，他已经修完了工程学学位六个月的课程。约翰斯通出于一种责任感，拒绝利用自己大学在读为借口要求缓役，于是他在佐治亚州惠勒堡经过三个月的培训后，在圣诞节被派往了菲律宾。他在莱特岛与敌人交过火，享受了一个短期休假，之后和部队一同被派往吕宋岛的艾波水库库区以确保马尼拉的水源供应。1945年5月14日，他在一次捣毁日军机枪堡垒的行动中牺牲，当时他只有18岁。这个十几岁的青年背负着一只布朗宁自动来复枪，当时像这种武装的士兵被称作来复枪手，他们的武器杀伤力极强，因此他们通常都会遭到敌人最猛烈的炮火攻击。约翰斯通的高中朋友在服艰苦的预备役，直到美军从艾波水库运回战士遗体的一个星期后，他偶然看到他的遗体才知道他去了菲律宾。约翰斯通的家人起初曾被告知他在军事行动中失踪，现在也得知了他牺牲的噩耗。

在那之后不久的一次家庭会议上，约翰斯通的父亲说服家人用约翰斯通的1万美元的人寿保险在拉斐特学院建立一个奖学金，以此纪念他。令人吃惊的是，约翰斯通的父亲希望用该奖学金资助日本学生，尽管爱子是被日本士兵杀害的。在1945年9月，约翰斯通的父亲就早早邀请拉斐特学院的院长拉尔夫·库珀·哈奇森到家里商量此事。哈奇森对此计划表示了热情的欢迎，及至11月底，拉斐特学院的董事会就批准建立了此项国际奖学金。约翰斯通和妻子要求受资助的学生来家里做客，"这样在他留学拉斐特期间，我们可以向彼此表达两国之间的善意，并建立亲切友好的关系。"哈奇森则用较学究的口吻表示：拜访约翰斯通家人的目的在于让奖学金受益人深刻体会到"友好至上、理解万岁的精神，正是基于这种精神设立了该纪念活动，也正是这种精神使得该活动成为对鲍勃最好的纪念形式"。

在1946年1月，媒体报道了烈士家属用他的人寿保险金设立了资助日本学生的奖学金的奇特新闻，在接受采访时，约翰斯通的父亲解释说：

> 我之所以设立此项奖学金，是因为我认为即使用仇恨和苛刻的条件解决了战争，我们也得不到持久的和平。我和我的妻子希望通过帮助其他民族为保持和平尽我们的微薄之力。只有用善意感化，我们才能取得最终的胜利。我的儿子的确是被日本人杀害的，而我在奖学金的条款中提到资助对象是日本人，是因为我想如果让这些日本人领悟到我的用意，可能会对持久的和平有所帮助。

约翰斯通的家人相信如果所有人，包括日本人在内都能受到"基督教教义宣扬的善意"的教化，那么战争是可以避免的，并强调说他们牺牲的儿子也是这么认为的。由于占领初期的规定禁止日本人出境，约翰斯通的家人允许在对日本人的禁令取消之前可以用该奖学金先资助"中国人、韩国人、菲律宾人或其他黄种人"。约翰斯通一家设立此奖学金的用意在于宣扬基督教的人道主义精神，所以他们认为用该奖学金资助"有志于在东方传教的白人也是很好的"。尽管约翰斯通奖学金的设立在占领区治理和救济奖学金之前，它们总的目标都是以和平民主的方式对日本人进行"再教育"。

　　但是，和政府出资的奖学金不同，约翰斯通一家的慈善行为显然是基于基督教伦理的道德规范。约翰斯通的家人是虔诚的基督教教徒，他们坚信只要传播天赐的基督教伦理道德观就能确保一个健康的物质和精神世界。有同样想法的美国人为数不多，但占有一定的数量，他们在积极地试图和日本人进行战后和解，将自己的基督教信仰作为此举的首要驱动力，并照搬基督教教义的训示"要爱你的敌人"。在美国民众对二战的痛恶情绪仍很新鲜强烈的时候，约翰斯通的家人却对夺去他们儿子生命的这个民族表现出异常的善意，当时的报刊赞扬了他们这种宽容大度的精神。在1946年初，该奖学金刚宣布成立时，媒体就做出了积极的响应，称赞这是"具有实际意义的基督教教义"的突出范例、是转过"另一边脸来让人打"的容忍表现、是"上帝的爱"的"表现"。但这种基督教精神的超越性所表现的并不是平等的和解，而是和世俗的、自由主义的臆断相得益彰，这种臆断的观点认为美国在政治、社会、经济和文化上都优于日本，用老约翰斯通的话说：日本需要"有所领悟"。这种基督教精神的超越性也强化了冷战自由主义者宣扬的向全世界推行美国的经济政治体制的意识形态，它把美国试图变日本为附庸国所作的努力粉饰成美国向日本赐予仁爱、启智和教育的道德壮举。

　　但结果却是1946年占领政府还不允许日本人出境，于是一

位名叫弗里德里克·王的中国学生成为了约翰斯通奖学金的首位
受益人。一年后，拉斐特学院宣布在美国长老教会布道委员会的
帮助下，他们已选定了首位日本奖学金获得者：22岁的日本皇家
海军退伍军人罗伯特·西山幸正。他被指派加入神风部队，如若
不是战争尽早结束，使得他从死亡线上死里逃生，他已经受命准
备"与美国舰船同归于尽了"。具有讽刺意义的是尽管西山准备
消灭美国人，但从他儿提时代，他就把美国人当成朋友。从他记
事起，他的家人和朋友就叫他"罗伯特"，这个名字是在他出生
时母亲的一个美国朋友给起的。他们家和美国大使馆员工住宿区
相邻，位于东京赤坂的中上阶级社区榎坂。西山还记得曾跟他们
耳濡目染地学了些英语，和大使馆的孩子们扮演"牛仔和印第安
人、美国联邦调查局调查员，还玩捉迷藏"等游戏。西山在青山
学院的预科班学习期间，交了更多的美国朋友——这次是在日本
学习的第二代日裔美国人——他还读到了许多美国书籍和杂志。
西山的一位日裔美国朋友见他对美国很好奇，就给了他一些未经
审查的，也就是非法的美国刊物。大学期间，西山决定要提高自
己的英语水平，于是选择了东京外国语大学。有了这样的个人背
景，西山后来娶了位美国妻子也就不足为奇了。尽管他的妻子西
山·海伦·松冈出生在日本——因此无权成为拥有美国国籍的公
民——但她在加利福尼亚长大，毕业于斯坦福大学，因此她虽然
在法律上不是美国公民，但在文化上却是个美国人。

当皇家海军征兵开始时，西山还是东京外国语大学三年级学生。他和罗伯特·约翰斯通一样并没有逃避兵役，他认为这是爱国应尽的职责，尽管这意味着要和儿时玩伴，预科班的同学还有妻子为敌。他回忆说到他15岁的时候，他已经接受了日本政府所做的政治宣传，即日本的目标是建立大东亚共荣圈以及从西方帝国主义的枷锁下解放亚洲。尽管他曾读过一些未经审查的美国杂志，他在青山学院时甚至还在许多不同的场合和一位美国老师讨论过"战争带来的灾害苦难"，他后来反省说当时"太年轻，在面对互相矛盾的信息时，缺乏足够的知识加以分析判断"。在他所写的约翰斯通奖学金申请书中，他解释道他当时已经准备好成为一名神风队飞行员，但是战争结束了，也将他对建立大东亚共荣圈的残存的一点信念粉碎得片甲不留。到西山申请奖学金时，他和其他许多日本人一样都已经"接受战败"，并开始在美国空军俱乐部的建筑队担任负责人。

约翰斯通奖学金选拔委员会放弃了其他六位候选人而选择了西山，其根据是他的推荐信、学业记录、申请书——拉斐特的院长哈奇森对这份语法正确的申请书大加赞赏——还有他在美国可以自立的能力。由于奖学金只提供学费，所以学院要求申请人有能力支付包括食宿、书费和旅费在内的其他一切费用。西山岳父的前生意伙伴和松冈家族在伯克利共同经营一处农庄产业，西山表示他可以确保从那里得到经济支持。现在西山获得占领政府的批准前往美国只是个时间的问题了。就在西山、约翰斯通的家人和拉斐特学院等待的过程中，有关此项奖学金的热议也随之而起。

1946年初奖学金成立的消息发布后，在美国引起了媒体的关注，尽管曾有一位在巴丹死亡行军中痛失爱子的父亲给拉斐特学院的信中显得愤慨激昂，但大部分舆论持肯定和中立的态度。但是一年之后，在1947年的1月和2月，有关"前神风队飞行员"将入学拉斐特学院的消息又引起了新一轮关注以及对该奖学金及拉斐特学院的较负面的反应。一位美国海军陆战队退伍军人在给院长哈奇森的信中"强烈地抗议拉斐特学院或是其他类似的高等学府准许日本公民罗伯特·西山入学"。他称：

> 我所表达的观点是许许多多和我一样的退伍军人共同的想法，以那些在战争中被日本疯狂的"人肉炸弹"、海军和陆军野蛮残害的美国士兵、海员和水兵们母亲的名义起誓……对于一个（目光狭隘）一直坚持认为日本佬可以在那里入学的学院，我绝不会选择进入这样的学院学习。

这位退伍军人认为日本人还是敌人，应当被枪毙。一个持相似观点的退伍军人给《时代》杂志有关奖学金的报道写了封读者回复。这位前二战战俘表示他支持对处于贫困不幸中的日本儿童和成人给予援助和食物救济，"但是看在上帝的份上，还是别让他们污染我们的学院和大学吧"。他说他并不"仇恨"日本人，就像不会仇恨眼镜蛇一样："在我眼中他就是狡猾、有剧毒的爬行动物而已。"

而支持该项奖学金的人们却不愿放任这些批评的声音。前美国海军陆战队队员抗议称他的观点代表了"许许多多的退役军人"的想法，这种说法或许并不夸张。冷战自由主义者深知战争带来的仇恨不可能很容易地就被忘却，和约翰斯通一家人不同，许多美国人——包括退伍军人、牺牲的士兵的家人和朋友——仍旧认为日本人是奸诈狡猾的敌人，不值得怜悯。作为对这种持久的对日敌对情绪的反击，奖学金项目的支持者们暗示这些恶意的批评者是"不信仰基督教"的。在给这位前美国海军陆战队队员的回信中，哈奇森称该奖学金是"奋战的勇士的临终遗愿"，这让他想起"基督教教义教导我们在坚守正义并为之而战之后……要以德报怨、要关爱同情我们的敌人，以此来体现上帝的博爱"。他进而质问道："在这样的感召教导下，我们怎么能拒绝不从呢？"在那封将日本人比作眼镜蛇的读者来信下方，《时代》的编辑们刊登了另一位太平洋战争退伍老兵的来信作为反击。这位前战俘在信中写道，"自从我回国后，看到了太多不宽容和仇恨的情绪，这让我开始觉得人们已经忘记了那个出生在拿撒勒的名叫耶稣的人曾给我们的教诲"，但是当他读到有关约翰斯通奖学金的报道，他认为他在战俘营的三年半的时间"或许没有白费"。

约翰斯通的家人相信罗伯特本人也会同意用他的保险金作为教育改造敌人的一种手段。但这不是他的临终遗愿；就他家人所知，罗伯特满心希望战争结束后回来继续完成学业。而在他牺牲后，家人都觉得用他的保险金购置新车或新家具是"不能接受的"，于是他们一致决定建立一项奖学金。但是，约翰斯通的家人忽略了向奖学金受助人西山澄清有关儿子遗愿的事情，以至于他在通过其他渠道获知此事前一直信以为真。西山承认他曾一直将此事"作为一种传奇似的故事"或是理想化的故事"铭记在心"。或许罗伯特自己要求设立此项奖学金的说法有助于减轻西山的负罪感——认为自己得益于这样一位被日本同胞杀害的前途光明的青年。

不管怎样，这些用无可辩驳的基督教教义为奖学金赢得赞许呼声的雄辩，有助于削弱那些反对者的公开批评，从而接受日本人成为美国重要的冷战同盟。公众批评人士不得不让步，承认该奖学金是来自"一个虔诚的基督教家庭的无私奉献"，是"高尚之举"，但是他们还是采取了较温和的方式反对该项奖学金——批评战争刚结束就设立该奖学金，太过仓促，或是指责约翰斯通家人的慈善之举是以牺牲美国纳税人的利益为代价的，因为是政府在出资为该保险买单。

　　该奖学金项目的支持者也坚定地认为美国人民需要了解善待日本学生对美国的地缘政治意义。例如《丹佛邮报》在评述西山事件时就讲述了几十年前另一位在俄勒冈州立大学学习的日本学生的故事。松冈洋右（可能和西山的妻子海伦并没有亲缘关系）感到校园生活令人愉快，"但在别处他却被称为'日本佬'，受人唾弃和歧视"，结果一位本可能成为美国朋友的人却变成了美国的敌人。评论指出"正是这位松冈带领日本代表团脱离了国际联盟……肇始了联盟的瓦解。也是这位作为日本外交部长的松冈承诺日本加入轴心国同盟"。该报由此推理道：如果松冈在美国的经历能更愉快些，"他或许会以策划打倒美国的那种热忱认真来努力促进两国的友谊和合作"。当然，这样的论断过度简化了美日之间的分歧，将这种矛盾弱化成了个人和个体层面上的矛盾，而忽视了美日之间根本的矛盾，即日本妄图称霸亚洲、建立日本帝国，以获取国家安全和财富的野心，与美国对中国作出的只需对美国经济利益"开放"的承诺之间的矛盾。尽管此篇社论存在漏洞，但这个以人情味为关注点的故事却很有说服力："西山将会报答给予了他此次机会的死者家属，还是会像松冈洋右一样带着被战争扭曲的世界观离开美国，这在很大程度上取决于美国人民对他接纳与否。"

　　我们已经看到，冷战自由主义者担心种族主义的负面效果会影响美国人民作为世界领导者的能力。卢斯出版社以及其他主流媒体严厉批评了那些对此种担忧漫不经心的人——不论他们是种族主义者，像尤金·塔尔梅奇、西奥多·比尔博、斯特罗姆·瑟蒙德这样的美国南部政客，还是给编辑们写信的普通国民。有两个读者给《生活》杂志去信发泄他们对"前日本空军飞行员"获得奖学金一事的愤怒之情，结果发现在该杂志中，两人受到了公开的批评指责。《时代》和《生活》杂志都偶尔会在同一期或下一期杂志上采用另外一些读者的来信来反击那些和杂志自由主义社论唱反调的读者来信。宾夕法尼亚州里丁市的保罗·亨斯伯格在《生活》杂志上严厉斥责了在读者来信中出言不逊的约翰·W.麦克费登和罗伯特·C.布坎南：

美国竟然还有像麦克费登（还是耶鲁大学的学生）和布坎南这样的人，我对此深感羞愧。当下，为创造一个彼此能和谐共处的世界，一场残酷的战争正在进行。幸运的是我们赢得了这场战争。我们的成功赋予我们对旧敌进行再教育的职责，以确保他们不会再发动战争……让我们一同寄希望于这位前日军空军飞行员，希望他能秉持着给予他此次机会的美国大兵所具有的信念和真诚走过前方的艰难路途。拉斐特学院接纳了这位日本学生，从而提升了自我。我希望这

位耶鲁的学生和这位前水兵能够认识到他们想法的荒
谬可笑之处——尽快吧！

《生活》杂志的编辑刊登了一封拉斐特学院的校友哈维·休纳伯
格的来信，他在信中称他调查了十名退伍军人对有关奖学金新闻
的反应，"有九名表示欢迎"。休纳伯格的调查无科学性可言，
但编辑们还是忍不住刊登了此信，因为它基本上重申了《生活》
杂志社论的立场，也就是督促美国人警惕苏联带来的威胁，并且
要在全球事务中承担起更多的责任。布坎南和麦克费登的来信中
急躁的口吻意味着他们，尤其是后者，本该更了解对日本人实施
再教育事关全球安危。种族狭隘主义只会妨碍美国"创造各国和
平共处的世界"。

　　奖学金项目的支持者们并不为种族主义带来的不公担忧，
他们更倾向于强调宽恕、上帝的博爱、种族宽容和地缘政治的
重要性。这点很明显，在支持维护约翰斯通奖学金的一些论辩中
从未提及应当对日裔美国人所遭遇的不公予以纠正。但是，战后
有关和日本人和解的必要性的舆论话语相比战时的公众舆论的确
有所进步，二战时期公众舆论断定日裔美国人和日本敌人不仅有
着相同的血统，还都具有不忠叛逆的嗜好。日裔美国人所谓的不
忠本质被美国人用来作为对他们实施拘禁的托词——这点和所
谓的因为日裔美国人遭受过歧视所以他们不可信任的谬论不谋而

合。并不是所有的美国人都相信这种论调——例如，西北大学的学生抗议校方于1942年春开始禁止日裔美国人入学的独断专制行为——但像他们这样的人属于少数，在美国为数不多。战争结束后，仇恨的焦点不再是有着日本血统的美国人，而是宿敌日本，这也使得美国人觉得自己宽容仁慈，并且对他们曾经大规模驱逐和拘禁美国少数族裔的行径也不是那么自责了。至少有两个曾被拘禁的日裔美籍家庭——一个在黄玉，一家在吉拉河——都曾代表他们的孩子申请过约翰斯通奖学金，但都被礼貌地拒绝了。因为和日本民众有着一样的血统，日裔美国人在二战期间即使遭受侮辱也束手无策，与此相同的是，现在日裔美国人发现他们的双重身份——即美国公民和日裔少数族裔——又一次成了不利因素；奖学金选拔委员会拒绝日裔美国人的申请，认为他们不是战后奖学金项目所需要的有吸引力、可行的候选人。普遍的观点认为没必要让日裔美国人"回国"传播亲美思想。的确，这些日裔美国人不久前的行为让人想起他们在传播美国民主主义和公民自由权利时参差不同的表现。现有的资料显示，在西山接受资助的那一时期，没有一位日裔美国人获助进入拉斐特学院。

战后一段时期，美国人将过多的关注集中到日本人身上，这样一来不仅忽略了日裔美国人，也忽略了亚洲其他民族——尤其是菲律宾人，乔治·凯南还曾将菲律宾标示为美国确保其在太平洋地区安全的另一"基石"。《马尼拉时报》在1946年1月对约翰斯通奖学金进行了报道，又一次表达了约翰斯通一家表示如果日本学生无法获得奖学金，希望将奖学金颁给中国人、朝鲜人、菲律宾人或其他亚洲人。看到这一报道，至少有九名菲律宾人和一名在菲的中国人作为候选人向该奖学金委员会提出申请，这其中还包括两名退役军人——一个曾因负手伤，手部虚弱无力，另一个是日本战俘营的幸存者。来自菲律宾的申请者在信中描述了他们国家高等学府所遭到的毁坏、资源的匮乏、贫困的生活、个人的艰辛，以及他们希望能接受高等教育或是继续完成被战争搁置的学业的"热切渴望"。赛勒斯·马丁内斯、罗萨里奥·博比拉、莱昂纳多·G.阿尔富恩特和其他菲律宾人不需要日本人来给他们做榜样——他们直接提出要求，因为他们认为自己多年来为美国服务效力，应该得到这种进一步学习和改善境遇的机会。

　　但事实并非如此。约翰斯通奖学金委员会无意中在按照美国官方政策行事，直到1948年，该奖学金都更青睐日本学生而不是菲律宾学生。美国将保留的机会都给了日本人，却让菲律宾和其他亚洲国家处于落后状态，迫使这些国家成为日本工业发展的原料供应地以及日本产品的消费市场。美国的这一决策很自然地激怒了菲律宾人民：《马尼拉时报》质问道："菲律宾共和国为什么要同意这样的协议，让日本人从中赚取利润，变得繁荣富强，而菲律宾却还是殖民地，为前日本敌国提供原材料以换取玻璃珠子、铜戒指和镜子等消费品？尤其是当菲律宾已经能自己制造这样的消费品的时候。" 尽管美国决策者们在舆论宣传中推出日本作为亚洲其他国家的榜样，但他们并不鼓励其他亚洲国家也努力发展以达到类似日本的工业水平。

这种忽视日裔美国人和菲律宾人等亚洲人的做法体现了冷战自由主义者对国内的国民权利和国外的反殖民主义的关注有限。奖学金项目或许触及到了种族主义问题，但是美国人在宣扬对前日本敌人宽宏大量的同时，却掩盖了更大、更难以觉察的美国国内问题。在媒体大肆吹嘘美国人对留美学习的日本学生所表现的宽厚仁爱时，非洲裔美国人、美洲土著、拉丁裔美国人还有美国其他的少数族裔却一直在为争取像样的基本教育和获得高等教育的机会而奋斗。另外，美国成功地在日本实验培养了民主制度和以自由市场为特点的资本主义，这样的成功掩盖了它对其他亚洲国家的持续剥削，以至于这些国家认识到美国实施的是另一版本的、令人憎恶的大东亚共荣圈计划。冷战自由主义者以日本学生为例强调美国政策的正确性，试图以此将种族矛盾和国际矛盾弱化为寓意浅显易懂的个人利益冲突的故事，而抹去复杂的现实情况。有关奖学金资助日本学生的报道仅仅是美国人宽宏大度、成功克服种族狭隘的一个简单例子而已。有关西山作为战后第一位日本学生入学拉斐特学院的报道为这种舆论话语奠定了基调。

在1947年，除了有一些反对拉斐特学院招收西山的呼声外，大部分的媒体报道和前几年一样，对此持支持或中立的态度。《匹兹堡新闻》刊登了一篇标题为《斩获大学奖学金的日本佬们将面临一场暴风雨来袭》，但文章内容却表达了对奖学金计划的支持以及对约翰斯通一家人试图教育前日本敌人这一想法的理解。这场"暴风雨"最终表现为由宾夕法尼亚地区的51名被大学拒之门外的退役军人联名签署的正式抗议书，还有《拉斐特》校报上刊登的一些带有讽刺性的评论。例如有人无意听到一个大学二年级学生说这个"前日本空军飞行员"可以通过在校园的高楼上作"精彩的"自杀式跳伞，以引起拉斐特全院轰动。《拉斐特》校报刊登了这些评论，但声明这些评论不代表编辑部门的观点，同时还刊登了社论称约翰斯通奖学金是"近二十年发生在美国高等院校最有意义的大事"。社论还严厉批评了院长哈奇森在发布奖学金计划时对拉斐特的在校生表现出的"歉意"。校报对哈奇森的批评不无道理，哈奇森担心广大民众反对拉斐特招收前敌人入学的呼声会一直持续下去；但出乎他意料，并没有更多的公众表示反对。对奖学金项目持批评意见的人很快发现他们的观点受到了那些支持冷战自由主义世界观的民众们的反击和压制。

当对日占领当局最终于1948年秋同意西山前往美国时——占领当局的"逆转路线"已经开始生效，这绝非巧合——拉斐特学院和《生活》杂志合作发表了有关《前敢死队飞行员》的特写。

《生活》杂志在1948年11月题为"神风敢死队飞行员上大学"的报道中称西山是一位聪明、有良知、懂得感恩的奖学金受益者。和那年秋季发表的其他有关西山的文章一样，这篇刊登在《生活》杂志上的文章也以安定人心的方式描述西山：称他是基督信徒，并没有因为日本的战败而心怀怨恨，他渴望了解民主制度，他像电视节目中虚构的外山干雄一样英俊，也一样是美国橄榄球的球迷。文章以同情的笔调描写了西山对进入美国校园学习的一些担忧。《生活》杂志报道说"西山做好了一切思想准备，但没想到拉斐特学院的同学们会很自然随意地接受了他"。《生活》强调说他没有遭遇到敌视或是战争带来的谴责，反而发现同学们"很友好，并没有太在意他"。因此西山到拉斐特学院不久就"成了有待接受一系列知识教育的500名懵懂新生的一员了"。这些迷惑懵懂的新生绝大部分和西山一样是二战退役军人。大部分是按士兵福利法案在国外服役后回国的士兵，这些学员占了拉斐特学院战后班级人数的85%之多。这个位于小镇的学院的入学人数从1945年的142名学生激增到次年的1，250名学生。三年后，当西山被录取时，拉斐特的学生人数已是2，000有余。退伍老兵学员们将自己的妻儿老小带在身边，于是拉斐特——和其他战后的大学一样——不得不修建临时住所，拉斐特的学生戏称之为"爱舍"或是"鹳村"。大部分学员来自费城、纽约和新泽西；一些来自其他的东部地区；还有极少的学员来自东海岸以外的地区。

尽管《生活》杂志可能夸大了拉斐特学院的学生对前日本空军飞行员接受认可的态度，但这些退役兵学员在态度上的确表现出了相当大的进步。例如，在西山入学的第二学期，拉斐特学院的学生们示威反对种族主义——几年后，这种学生抗议活动在美国各大校园成了司空见惯的事情。拉斐特学院的学生强烈要求校方迅速处理校橄榄球球队的黑人队员大卫·肖维尔遭受种族歧视的问题。拉斐特学院的教职工投票决定拒绝参加在得克萨斯州埃尔帕索举行的美国大学太阳杯橄榄球赛，因为他们预料得州人不会允许肖维尔上场踢球。这一决定激怒了包括西山在内的学生们，西山在几十年后回忆起当年他和"一大群"学生是如何"游行到当地广播电台，还有聚集在院长住所前"坚持让他告知太阳杯举办方，拉斐特学院的球队仍旧要参加此次比赛，并且要带着肖维尔一起。哈奇森默许了学生们的要求，但得州方面却向拉斐特学院表示他们不欢迎肖维尔，见此情况，拉斐特学院的学生给杜鲁门总统发电报谴责太阳杯橄榄球赛举办方。校方坚持自己的立场，校队没能参加比赛。

尽管拉斐特学院较早地具有了这种争取国民权利的积极精神，但学院的学生仍旧是欧美学生占绝大多数，只有一小部分像肖维尔这样的少数族裔。在西山入学拉斐特时，几千名入学的学生中只有八名少数族裔：包括肖维尔和另一位黑人学生、两名来自冲绳的日本学生、一名华裔美国人以及西山。川平朝生和平良宽吉这两名冲绳学生于1950年获得"占领区治理和救济奖学金"来到拉斐特学院。川平和西山一起于1952年毕业；平良于次年毕业。这两名来自冲绳的日本学生的境遇和西山完全不同，这两个学生的在校档案中没有记录校方曾对他们进行宣传，甚至在学生办的报纸上也没有提到他们的到来和适应拉斐特的过程。他们作为冲绳岛民的身份让化敌为友的简单舆论宣传变得复杂起来。冲绳人民在战前以及二战时就受到日本人的殖民和蹂躏，战争结束后，他们又目睹了自己仅有454平方英里的家园被数以万计的美国士兵占领，被美国军官所控制。实际上，在川平和平良进入拉斐特学院时，他们是美国殖民地的居民。但理论上来说，他们是日本国民，因此毫无疑问在欧美学生和教职人员看来他们也是昔日的日本敌人。

展现美国人的最佳形象

根据西山当时的发言以及日后的回忆录，拉斐特学院学员种族单一的现实对他并没有不利的影响。他称自己在几乎全是白人学生的拉斐特学院受到了关切的，甚至是有些热烈的接待。他在1949年写给《美国杂志》的文章中高度赞扬了他所感受到的美国人民的宽容、直率和善意。他写道，在离开日本时："我感到孤独，而且十分担心害怕，我担心美国人会如何对我？还会视我为敌么？"因为奖学金捐助人的爱子是被日本人所杀，所以前去拜访他们让西山感到很紧张，但是西山强调说约翰斯通一家人颇费心思地欢迎他的到来并邀请他在开学前先在唐宁镇的家中住一个星期。西山写道"刚来的第一个星期，我非常拘谨，担心可能会给别人带来麻烦，但我的担心总是会被美国人的友好化解"。他发现许多伊斯顿的居民都和约翰斯通一家人一样好客又热情——邀请他到家里共进晚餐、参加晚会或闲谈——他说他也从未在校园里遭受敌视。西山不仅谈到美国人的大度宽容和直率，他还表达了自己很羡慕美国公民能在社区一级参政议政。在文章结尾处，他表明："我希望将来能当一名历史老师，我愿意为增进美国和我的祖国之间的互相了解尽我的微薄之力。"

拉斐特学院和约翰斯通一家看来是选对了捐助对象。在文章附带的照片上，西山看上去和气又可靠，和战时日本人像近视眼猴子的刻板印象以及战前傅满洲或陈查理的形象完全不同。西山英俊、轮廓鲜明、视力良好、身姿挺拔，看上去就是一个典型的大学男生。照片中，他穿着宽松的裤子和套头衫，书包背在腰间，放松而又自信地走着。照片形象地用这位"接受战败"事实并朝着美国方式迈进的日本青年代表了美国"年轻的盟友"；美国媒体对他的描述反映了美国人的态度由敌视转向欣赏接受。和川北友弥不同，西山似乎是个值得信任、有男子气概、

"学院学生的普通一员"：罗伯特·西山和他在拉斐特学院的同学们。照片由唐纳德·赖利拍摄，罗伯特·西山提供。

高尚的人，他没有试图逃避为国效力的兵役，并且很快了解接受了美国社会和价值观。

西山赞同这种对他转变的描述，因为这样的描写也让美国人了解了日本人。几十年后，西山回忆说"我觉得自己不得不尽力证明：作为人，日本人和美国人没有太大的区别。……于是我尽力接触包括校内橄榄球赛在内的（一系列广泛的）活动"。这一目的也说明了他在面对来自媒体采访、教堂和学校演讲和市民团体的种种要求时表现出的耐心。西山走遍了费城、新泽西、纽约，甚至远赴路易斯安那，在各地的学校以及像圣徒、狮子会、基瓦尼俱乐部等市民团体演讲。他一年级时的舍友里维斯·本德回忆说为了满足这些邀请，西山经常不在校。本德说"他要接受没完没了的采访，真希望新闻媒体能放过他，但是当时这的确是引人关注的新闻话题。他经常接到许多电话，其中有些人会出言不逊，如果是我的话，可能会出乱子。我会让他们一边待着去"。而另一方面西山似乎乐意接受这一切，还能化解或压制一些类似敌意的电话等突发事件。西山体现了昔日的日本敌人转而感激美国人，认识到过去同美国为敌是错误的，在西山身上能反映出美国人想要看到的自己最好的一面。川北友弥将他因在出生地加利福尼亚所遭受的种族歧视而产生的怨恨发泄到了二战欧美战俘身上，与他相比之下，西山幸正则是一个对美国人的无私和开明心存感激的学生。

总的来说，西山认为他在拉斐特学院的时光是丰富宝贵的经历，尤其和战时在东京外国语大学接受教育期间相比更是如此。他在东京外国语大学被迫参加军事队列训练，而在拉斐特他则主动参加列队示威游行，抗议橄榄球队员大卫·肖维尔遭受的种族歧视。在拉斐特学院，他不用听爱国演讲也不用参加军事训练，而是聆听或参加各种各样的政治问题的讨论，包括有关民主意义的辩论。西山回忆说一些同学对美国持批评态度，指出"最高盟军统帅部的霸权主义和美国少数族裔问题"，而另一些同学则"或多或少地仍旧相信美国体制"。他羡慕这样的交流,并解释说"在日本对此类问题的公开辩论是不允许的,他习惯了像在海军中那样被迫服从上级的命令,(看到)这种公开的辩论……既新奇又令人耳目一新"。西山真诚地相信他感受到的有关美国人的正面积极的信息,但他也充分认识到种族主义仍旧存在,担心欧美人是否会接受他,直到他受到拉斐特社区许多人的欢迎和热情接待,他才放心。

但是战后也有些受奖学金资助的日本学生选择忽视种族主义问题。后藤三矢曾在印第安纳州克劳福德县的瓦伯西学院还有普林斯顿大学就读,他认为日本学生可以通过自己的态度和行为避免不公正待遇。他后来强调说"我觉得这主要看我是如何对待他人的,尤其是美国人"。后藤采用的是机智老练、吹捧他人、幽默的自嘲策略。后藤在作为瓦伯西学院1955级毕业生代表发言时,强调了美国教育如何开阔了他的视野,他还高度评价瓦伯西学院的历史课是"我所听过的世界历史中第一个持客观看法的。我开始看到日本的缺陷和所犯的错误"。后藤断言称瓦伯西的校园生活轻松推翻了卢迪亚·吉卜林那为人熟知的诗句:"东方就是东方,西方就是西方,两者永不交汇"。后藤解释说他在瓦伯西的四年大学生活是:

在努力将自己或许被扭曲的东方思想与美国的

思想熔合时，起初，我发现这两者之间有很大的差距……为了缩小差距，我开始搭建我所谓的"沟通的桥梁"。桥梁仍未完工，但至少已经可以通车了。我希望未来有不断增加的车流量，以双向而非单向的形式在沟通你我思想的桥梁上过往穿梭。

据现有资料分析，后藤比西山更直白，他从地缘政治的角度——沟通的桥梁——审视了跨文化交流的问题。在20世纪50年代早期，后藤是瓦伯西学院演讲团的一员，此间，他给许多市民组织和听众做过200多场演讲，受众遍布印第安纳州、其他中西部各州，甚至远到佐治亚州。《印第安纳政星报》引用了后藤向美国读者传递的信息：他"确信日本已经发现美国是最可靠的同盟"，他还相信"有了美国持续的经济援助，日本可以和西方盟友一同在远东地区筑起一道抗击共产主义浪潮的壁垒"。在后藤开始他的美国学习生活时，"反共产主义的壁垒"一词已经是个普遍用法了。

后藤和西山都知道该如何取悦美国听众。他们彬彬有礼、诚恳认真、懂得感恩，而且善于辞令。他们提出美国的读者或听众应重新考虑对日本人存在的一些偏见，但言词谦逊谨慎。后藤在毕业典礼的发言中解释说日本人可以接受再教育，以便能更像美国人那样思考问题，但他同时也强调"沟通的桥梁"应当是

"双向的"而不仅仅是"单向"。后藤以既不失策略而又谦逊的口吻督促美国人在日本人向他们学习的同时，也该向日本人学习。加速沟通桥梁上的双向流量意味着避免潜在的冲突，对后藤而言，这意味着要无视种族主义的存在。而西山则可能弱化了他所感受到的种族歧视，但并未无视它的存在。不过，他也像后藤一样着重强调了积极的一面。西山在回忆他在拉斐特的日子时说："让我感触颇深的就是，尽管在美国许多地区种族主义的丑恶表现还很明显，但总是有善良的民众相信对种族主义不可姑息。"

后藤和西山从过去到现在都发自内心地感激他们能有留美学习的机会。用日本人所谓的恩而言，战后奖学金资助的学生都觉得对恩人，即美国的捐助人，有良心上的负债感，因此他们认为批评或是针对恩人国家存在的问题是无礼的表现。另一位战后日本学生安积仰也选择弱化种族主义，尽管他觉得要对50年代早期美国种族关系持肯定态度很困难。安积仰也在加利福尼亚遭遇过公然的敌视后，选择了宾夕法尼亚州的海沃福德学院继续完成学业——远远离开了西海岸以及那里长期存在的歧视亚洲人的情绪。

西山和后藤似乎乐于充当"善意大使"的角色，但一些日本学生却对此有抵触情绪。正如人们所料，许多奖学金受助者优先考虑的是提高自己的学业，而后才是促进美日双边的友好关系。而与此对比之下，奖学金项目的策划者们则是将促进友谊放在第一位，强调"该奖学金计划绝不完全是以教育为目的的"。正如最高盟军统帅部国民信息教育部门的负责人所说："我们希望有尽可能多的日本人与我们共处，不仅是让他们了解我们，也让我们的人民通过他们更了解日本。"因此"占领区治理和救济奖学金"计划为了这个双重目的把日本学生安排到了全美许多不同的院校，一方面让日本人更多地了解美国，另一方面让美国人更多地接触日本人。但这个决定让许多奖学金获得者不满。有太多的受助人表示他们对不能在东海岸的名校学习感到很是失望，因此项目的策划者们觉得必须指明"美国的太平洋沿岸和中西部地区并不是学术荒漠地带"。该奖学金项目还驱逐遣返了一名日本学生，因为他无法"接受项目的约束和宗旨"。这位名叫宫森虎夫的学生在国际生交流介绍过程中认识了一名西班牙女生，两人成了男女朋友，但是他被安排在了爱荷华州，两人分居两地。这让他很难受，于是在未经允许的情况下，他离开了埃文斯学院，来到了女友所在的马萨诸塞州西部。结果，他被逮捕，戴着手铐送进了在埃利斯岛的非法移民拘留所，他在拘留所内写信抗议奖学金项目"强行将他置于狭窄的生活范围"。但在他被遣返回日本后不久，他就表示想再回美国与女友团聚。宫森虎夫并不是想在日本作亲美的政治宣传，他只想逃离这个让他嫌恶的、令人绝望的、贫穷的祖国。

但是，像他这样公开的反抗奖学金计划的行为似乎是个别例外。宫森虎夫忍受煎熬的同时，涉及该奖学金计划的日本人也都感到难堪并为他的行为表示深深的歉意。一位负责协调选拔受助学生的日本官员写道"对那些向我们表达善意的美国人，我们深感抱歉"。一位受奖学金资助、同在爱荷华州学习的日本学生称"我们学院的师生认为他带来的麻烦是他个人性格的问题，并未因此对日本民族产生任何误解，我对此非常感激"。日本学生和日本方面项目管理人对此很敏感，并且此时又需要美国人的恩惠，因此他们想向美国人证明自己值得美国人的慷慨帮助。同时，在建立一个安全、良好的全球秩序的问题上，他们确实和美国人观点一致。美国人的目标并不是简单地被强加在一个不情不愿的民族身上。的确，许多日本人对日本政府深感失望，战争结束时，有更多的日本人真诚地相信美国人知道通往繁荣强盛和幸福生活的道路，这是过去从未有过而在此之后也再没有过的情形。这一信念使得日本人广泛支持冷战自由主义者的目标，尤其是战后的日本学生，他们的事业目标——大部分集中在教育、商业、法律或政府部门——得益于美国的计划。

应该指出的是，日本学生只代表了日本社会的极少一部分人——只代表了相对富有的（或曾经富有的）日本人。不论是政府基金还是个人捐助的奖学金项目在选拔过程中都倾向于从有广泛人际关系、受过良好教育的城市家庭中挑选以男性为主的候选人。例如，西山的父亲是位曾在法国受过培训的建筑师，父母二人都和美国人有交往；后藤的舅舅毕业于巴黎大学神学院，曾任皇子明仁的法语教师；安积仰也的父亲曾是栃木县县长；另一位学生史蒂夫·山本行安是海军上将之子，他的祖父是三菱重工和三菱电机的第一任董事长。而且，这些人中有两人接受了洗礼并有了教名——这在战前极其少见的——而后藤在大学期间开始转而信仰基督教。

女性学生在战后交流生中为数是少之又少；据一位女校友称其比例低到只有男性的1/10。富有的日本家族认为美国学历是一种投资，能帮助他们扩展人际关系并提升家族地位。因此他们将这一昂贵的留美体验留给长男，即长子，或是其他准备接管家族产业的儿子们。相比较而言，这一时期在美国院校就读的日本女学生通常不会得到家族的资助，而只能依靠以考试成绩为依据的奖学金或来自其他渠道的募款。但是，即使是这些女性也是来自社交广泛的上层或中上层阶级的家庭，其中有东条英机将军的小女儿，她在一位美国赞助人的安排下于1959年获得奖学金前往安娜堡的密歇根大学的研究所学习。因此，筛选机制倾向于选择那些出于阶级利益考虑可能会接受日本成为美国最重要的年轻盟友，并成为亚洲首要的资本主义国家的候选人。

作为战后首位旅美学习的日本学生，西山或许比任何其他日本学生受到了美国媒体更多的关注。他在战争结束后的第三年就来到了美国，还有资助他的不同寻常的捐助人，加之他"前日本空军敢死队飞行员"的身份构成了战争逆转的有趣翻版。有关约翰斯通奖学金的讨论使得美国人就如何看待昔日的日本敌人这一问题有了新的想法。许多欧美人将种族包容视为他们战后教育中必须的一部分，他们相信通过帮助日本学生，美日双方都能从中有所收获。《兰开斯特新时代》的大部分读者或许在读到西山说想如何应用他所受的美国教育时感到备受鼓舞。报纸引用了他的原话："毕业后，我会回到日本，教导日本儿童民主的真正意义。"一些美国人对西山的宣言可能抱有嘲讽或怀疑的态度，但媒体对此仍主要持肯定态度，因为西山的故事证明尽管美国国内矛盾重重，但美国人还是能够无私善意地帮助其他民族。

毕业后，西山回到了日本，但是他并没有成为一名外交官或是教导学生民主真谛的老师。他用其"微弱之声"，以非言语但却更有意义的方式推动了美日双边关系。他没有做"亲善大使"去游说日本同胞心甘情愿地成为美国领导下的全球资本主义经济的参与者，而是直接参与了美日经济关系。他后来从事的大部分是商业工作；他作为美国公司驻日代表，曾帮助加固了两国资本主义的联系。在1962年到1985年间，西山为一家总部在宾夕法尼亚的电子电器配件制造厂工作。他帮助该厂建立了日本分部，并出任该分部的董事长兼总经理长达23年。之后他又出任另外一家美国电子公司太平洋地区市场部的副总裁，在1991年退休前，他建立了自己的咨询及电子出口公司，并一直管理经营到他80岁高龄。时至今日，作为拉斐特学院校友，他依旧积极活跃，在东京为拉斐特学院面试将要招收的学生——通常是为移居国外或日本归国者设立的东京国际学校的高校四年级生面试。2002年他还出席了在拉斐特举行的第50届班级聚会。尽管西山既没有做外交官也没有当老师，但他一生的事业都在和美国人合作，也从中得到了经济保障和财富。

尽管为日本学生设立奖学金的目的是在日本传播亲美情绪，但这些学生中有为数不多但很重要的一些人却没有返回日本，而是在美国开始了他们的事业。其中，安积仰也和史蒂芬·山本成为了教育家，他们大部分时间在美国大学分别从事社会学和物理学的教学和研究工作。另外两位和安积仰也一同就读海沃福德学院的日本学生的选择亦是如此：入江昭在哈佛教授历史，罗伯特·户贺崎在印第安纳大学教授生物。入江昭将他毕生辉煌的事业用于观察美日双边关系。他对美国和日本的学术研究都一样精通，但他的大部分学术生涯是和美国同事及学生一起度过的。而后藤三矢的大部分事业是在欧洲和美国代表日本商务利益。在他的事业生涯中，他一直在发表美日关系的演讲，但是他的听众主要是欧美人。在他从瓦伯西学院毕业并从普林斯顿大学获博士学位后的近五十年时间里，他向日本人宣传美国人的时间投入变得越发少了。

美国的国际援助计划经常无法实现它原定的崇高目标，但是我们还是可以从中看出美国自我塑造的形象和美国的需求。为日本学生设立的奖学金计划亦是如此。美国在国内矛盾和建立同盟之间寻找到了适当的切入点，而这一举措驱使美国人相信日本人是渴求民主的学生。正如美国人对日本女性曾有的描述一样，他们对旅美学习的日本男性的描述也反映了美国人对成长期、教育、种族、西方文明和美国命运所持的具体态度。尽管这些描述不像战时龅牙"日本佬"那类形象具有浓厚的种族主义色彩，但仍旧没有摆脱殖民主义和种族主义的观点，即肤色较白皙的人种拥有较成熟的文明。在这样的背景下，想要成功推出重塑后的日本人形象只能是让这一形象和普遍流行的种族观点相呼应而不能相抵触。日本扮演个小学生，而美国充当它的良师益友，这一做法加强了美国人的民族优越感，同时也拟人化地表现了两国地缘政治力量的对比关系。日本人已非昔日敌人，而将成为"明星学生"、国际少数族裔的模范代表——作为其他"成长中"的国家发展自由经济资本主义"范例"的唯一有色人种。

这种优待日本的做法不仅重新恢复了欧美人在战前视日本为亚洲的模范和领导者的观念，而且也让他们有了忽视其他弱势民族的借口——正如几十年前"模范少数族裔"的观念帮助美国人掩盖了他们忽视美国社会中弱势成员的事实。同时，民族成熟度的比喻用法将美国塑造成学生们感激爱戴的、能力出色又合格的老师，这有助于美国人应对国内对青少年犯罪的文化和社会恐慌，并解释了国外其他民族发展异常、偏离轨道的现象。奖学金计划无疑对日本人个体是有利的，但该计划没有实现它在日本推广亲美情绪的既定目标，却有效地让个别热心的日本人帮助日本人民更了解美国。这些学生不是在日本宣扬有关美国的正面信息，而是帮助美国人接纳日本人作为他们在远东的"年轻盟友"。

第六章 化解原子
弹罪恶

◎

美国在两个日本城市投放原子弹的一年后，一位迁居新泽西肯塔基的神父马文·W.格林无意中看到《纽约客》的一期特刊。该杂志史无前例地用1946年8月31日整版刊登了约翰·赫西采编的有关六位广岛原子弹爆炸幸存者的报道。在翻看赫西的报道时，格林神父很快发现六位幸存者中的一位竟然是他在乔治亚州埃默里大学神学院的同班同学。格林神父得知谷本清神父幸存的消息深感宽慰和高兴，立即给他写了封信。格林还担心占领政府可能会拦截下该信件，但让人惊喜的是他竟然收到了回信并和谷本清开始了通信联系。格林将他重新联系上谷本清的喜讯通知了1939级的其他同学，并向那些没有看到赫西文章的同班同学通报了谷本清幸免于难的好消息。谷本清身处向原子弹遇难者施恩布道的艰难处境，让他的老同学甚为感动，同学们开始汇款汇物帮助他。他们还请求海外卫理公会传教团理事会在占领政府允许日本人出国时，邀请神父谷本清来美国做巡回布道演讲。1948年10月5日，谷本清到达旧金山，开始在全美为期一年半的"福音布道交流活动"，其间他做了472场演讲，听众共计16.026万人。他共募集了1万美元善款——足以重建广岛的教堂。卫理公会的教友们和谷本清的接触联系标志着美国国内人道主义者对原子弹遇难者的早期援助。

相比之下，美国政府从未正式向原子弹遇难者提供任何援助。尽管美国政府建立了原子弹伤亡处理委员会（ABCC）来调查研究原子弹在日本引发的对人体的伤害和辐射，但美国政府却严禁该委员会的医生对实验调查的对象进行医疗救治。美国政府认为给予日本人医疗救助就相当于对投放原子弹的行为表示道歉——这是美国拒不接受的。杜鲁门政府正在计划下一轮威力更大的核弹轰炸，所以担心国内外普遍存在的对在广岛和长崎投放原子弹的责难声会阻碍美国未来基于核武器的国防政策。美国对原子弹的敏感性意味着广岛和长崎的原子弹受害者从占领政府那里未能得到任何医疗救助。雪上加霜的是，日本政府此时正被其他更为紧迫的问题所困——1945年8月中旬的日本，不只广岛和长崎，几乎所有的城市都是一片废墟，因此受害者们从日本政府那里也几乎没有得到任何救助。神父谷本清的首次美国演讲布道之旅标志着在救助原子弹受害者问题上迈出了积极的一步，而此次美国之旅的成功也表明美国人以这种方式——反对官方政策——来减轻他们作为首次使用这种恐怖新武器的民族所怀有的懊悔之情。

在投放核弹轰炸广岛和长崎之后的十年里，美国人一直对核武器持矛盾态度。在有些美国人认为对日本使用"核弹"非常合理的同时，其他美国人仍为此所困扰——无论他们是否相信前国务卿亨利·史汀生在1947年所作的断言：对日本两个中心城市的快速毁灭确实避免了"百万"美国人的死伤。早在美国政府封杀那些记录核弹爆炸后日本人死亡惨重、生灵涂炭的图片之前，许多美国人已经在逃避面对这些现实了。美国人更愿意"想象着那不可想象的恐怖"场景：有一天美国的城市会遭到原子弹轰炸，而不愿面对广岛和长崎过去和现在所遭受的悲惨现实。如果美国没有在广岛和长崎投放原子弹，那么只是想象一下这样的灾难场景都觉得不可思议。因此，美国人通过对使用原子弹武器的罪行不置可否的态度间接地承认了自己的错误。尽管一小部分美国人对《基督教世纪》杂志中所谓的《美国原子弹暴行》持有更坦诚的态度，但他们同样对日本人遭受的灾难关注较少，而更关心美国的国际形象或是他们作为基督教信徒的罪恶感。

正像两项人道主义计划所例证的那样，重新建立美国人和原子弹遇难者之间的和睦关系，目的在于将美国人对使用原子弹的罪恶感转移到美日之间在情感、道德和政治上的和解。这两项由《星期六文学评论》的编辑诺曼·卡森斯率先发起的人道主义计划预料之中地选择了日本女性和孩童作为项目的援助对象。"广岛少女计划"（1955–1956）为被广岛投放的首枚原子弹"小男孩"毁容的25名日本女性在纽约安排进行了整容手术，"精神的养子"计划（1949年至60年代中期）救助了300名原子弹爆炸的遗孤。尽管"精神的养子"计划开始于"广岛少女计划"之前，且计划实施时间更长，但多年来它却只引起了短暂的关注；相比之下，"广岛少女计划"却引起了广泛的关注，有专门记录它的著作、文章，甚至还有根据该计划编成的儿童电影。但两项计划都忽视了原子弹爆炸中的成年男性受害者，这也再次证明在战后观念框架中，日本人扮演的是一个需要心胸宽大而明智的美国供养人、监护人及家长的从属者的角色。

由于美国政策严禁官方对原子弹遇难者给予救助，于是民间个人的援助对于调和美国人和原子弹受害者之间的关系就显得极为必要。这取决于像格林神父和诺曼·卡森斯这样的个人主动通过私人救济行为帮助美国和日本原子弹受害者"和解"。这种个人的救济行为沿用了家庭责任的比喻，美国人好像父亲一样，是受害者们的救星，这种比喻至少可以帮助美国人减轻对广岛人民所遭受的"无法想象的恐怖"的内疚感。"广岛少女"和孤儿分别被比作美国"父母"的"女儿"和"孩子"，这样就顺理成章地将美国人的善行连同权威一并加在了日本人身上。家庭关系的比喻通过强调爱和亲情的纽带帮助美国人掩盖了棘手的社会、政治以及资源的不平等问题。"广岛少女计划"和"精神的养子"计划使得和解成为个人行为,并且使得美国自由主义者们对美日之间的不平等关系有了合理的解释。在国家面临的与日本原子弹受害者和解的问题上,两项计划都给予了独特的、从情感出发的解决办法,这有助于美国人以积极的态度疏导他们对原子弹爆炸的罪恶感——具体说就是支持美国核政策的积极态度。

诺曼·卡森斯和"精神的养子"

战后谷本清神父的首次美国之行中,最有意义的事就是与诺曼的接触会面。《星期六文学评论》的年轻编辑诺曼·卡森斯对原子弹轰炸事件深感困扰,他曾就此事的严重后果发表慷慨激昂的社论,谴责原子弹轰炸事件是美国历史上的"污点"。他哀叹现代社会人们竟然"愿意动用科技和智慧的力量来达到杀戮的目的……却不愿为了民生善用任何这些资源力量"。三年半后,当卡森斯偶尔听说谷本清提议在广岛建立一个国际性的、独立无派系的"世界和平中心"时,他认为自己终于找到了寻觅的目标:那就是积极地维护人的生命权和保护生命。此时广岛已经将每年的8月6日定为纪念日,但谷本清却筹划着一个更为大胆的计划。他想在广岛建立一个慈善教育机构，该机构有双重任务：一是从身心上对原子弹遇难者进行布道救助，另一个任务是将广岛这个首遭原子弹轰炸的城市作为先例加以宣传，警示世界如果人们都不为世界和平而努力，这将是在任何地方都可能发生的恶兆。

卡森斯在1949年3月5日的《星期六文学评论》上刊登了神父谷本清的提议，并且大力支持这位日本神父的提议，呼吁美国人帮助建立一个"在全世界进行和平教育"的研究、规划和传播机构。谷本清在请求美国时，表现得尖锐直接又不乏技巧，他声称"我们相信这个曾在战争时期将日本作为实验室的世界应该会帮助我们寻找和平的途径"。谷本清将毁灭广岛的罪恶归咎于"世界"，他用这种间接批评的方式让美国人受到良知的谴责，还以此表明甚至那些认为要结束战争必须使用原子弹的人现在也能为和平做些贡献。

1949年8月，在谷本清发表特约社论的五个月后，诺曼·卡森斯带着谷本清写给广岛民政部门领导的介绍信来到了广岛，他来得很及时，正好可以参加在广岛原子弹爆炸四周年举行的和平纪念公园的奠基仪式。尽管卡森斯是受麦克阿瑟将军的邀请前来日本调查人权状况的——就像之前马克·克拉克将军邀他去德国的目的一样——他却忽略了日本的大部分地区，几乎只写了有关广岛的报道。他在用电报发给纽约的一篇文章中，向《星期六文学评论》的读者描述了他在广岛看到的既令人鼓舞又让人震惊的一切。让他佩服不已的是广岛居民"不是充满怨恨的失败主义者"，他们已经重建了整个城市，但令他震惊的是他们缺少基本的医疗设施。他参观的一家医院的手术室"似乎不比屠宰场好多少"，而且"他在德国或其他地方的（难民营）所看到的情况都不像这里，人的尊严被无视到如此地步"。卡森斯说在他参观这家医院的时候，一位母亲哭泣着跪在他脚边求他救救患肺结核的女儿。卡森斯深为触动，他通过"黑市交易"从东京成功地买到了急需的链霉素。教会世界理事会随后又空运来更多的链霉素作为补充，药物渐渐在女孩身上开始起作用。没人知道这个女孩最终情况如何，但卡森斯相信自己可能救了她一命，他以此为例证向读者们展示美国人无私地帮助他人的力量。

在卡森斯访问期间，他一直都在关注广岛的儿童。在巡访广岛时，他注意到许多小孩"没人管没人问"，于是向浜井信三市长了解他们的情况。市长解释说，许多原子弹爆炸的遗孤缺少应有的照管，是因为所有的孤儿院都已经满员了。随后卡森斯又参观了一个由山下夫妇开办的临时孤儿院，他们一直在照顾那些从街上找回来的无家可归的孩子们。卡森斯承诺一定要报道他们的艰难处境，还要把在日本采编的最长的文章中的一部分用来报道山下夫人，尽管她自己在原子弹爆炸中也受了伤，但她却尽可能多地帮助那些需要照顾的孩子们。但卡森斯对山下先生却只字未提，而实际上如果没有山下先生的经济能力和远见，这个孤儿院是不可能办起来的。一个山下孤儿院的孤儿回忆说，他和其他孩子"是在山下先生温暖的照顾下成长的"，但是这位美国编辑却只关注普遍存在的母爱，在他的描述中，"十来个"小孤儿紧紧依偎着山下夫人，"就像在百货商店中紧紧抓着妈妈的衣襟的美国小孩一样"。卡森斯写道，这个孤儿院的居住条件比广岛其他孤儿院要"好而且明亮"，在这里孩子们有干净的食物、好的教育、足够的游戏空间，最重要的是，他们能得到充足的关爱。尽管山下夫妇看上去已经做得很好了，卡森斯仍在文章中写道"山下孤儿院尚有一点不足，这样的孤儿院太少，它应该再扩大五倍，如果有外界的善意帮助，山下孤儿院就可以扩建了"。

卡森斯在文中惊叹地表示美国人可以为这些孩子做许多事。他指出美国移民法禁止日本人和朝鲜人移民美国，这样就造成美国人无法正式收养广岛孤儿。之后他又激励读者们加入他称之为"最好的下一步行动"，在"精神上领养"广岛孤儿。山下孤儿院的一个孤儿每月只需2.25美元就足够支付衣食以及教育的开支，和所得相比，这笔支出似乎少得出奇——《星期六文学评论》的读者群一定能响应号召伸出援助之手。卡森斯提议那些"领养"广岛孤儿的美国家庭应当在经济上对孤儿们的成长负责。有朝一日如果国会修改了移民法案，那时孤儿们就可以来美国和收养他们的家庭在一起了。卡森斯为了刺激彼此之间产生真正的家庭联系——也是为了将来能合法收养做准备——甚至建议孤儿们使用收养家庭的姓氏。

卡森斯提出的精神的养子计划迅速收到了令人满意的回应。三个星期内，《星期六文学评论》就刊登了23封读者来信的摘要，并且公布了另外20名响应卡森斯的号召向广岛孤儿捐款的美国人的姓名。来信的读者有一家之主、（来自拉德克利夫的）女大学生、还有称因为是"老处女"所以在美国不能合法收养孩子的单身女性。尽管是以一种非常有限的方式，但这一计划使得许多妇女体验了战后的"婴儿潮"。一位在伊利诺伊州诺斯菲尔德的读者多萝西·M.博因顿在来信中写道："你们想象不到，如果有一个哪怕是在精神上可以称之为'我的'孩子，能年复一年地为他提供一个母亲所能给予的一切，我将为此感到幸福而骄傲。""我也试过在美国领养，但依照法律，单身不允许领养儿童，理由是孩子必须由父母两个人照顾"。尽管有大部分捐助人通过暗示或直接承认即使移民法修改了，他们也不可能实实在在地领养一个小孩，但也有一些承诺愿意收养。一位来自芝加哥名叫R.E.唐宁的读者写道："我们就相关的义务已认真讨论过，在可能的时候，我们愿意给一个孤儿提供温暖的家和援助，让他多多少少能体会到家庭生活和家庭的关爱。我们经济条件一般，自己已有两个孩子，但是我们觉得可以负担得起每月2.25美元的费用帮助一个孤儿。"另有一些个人来信表明他们无法做出每月捐款的承诺，但却随信寄来了一次性捐款（通常是10美元左右），还有人先暂时寄来一笔捐款，承诺日后若果经济条件允许会继续捐款。

到1949年11月5日——仅仅在卡森斯首次提议后的七个星期——149个个人和家庭就承诺会无限期地捐助孤儿们。"精神上的父母"最终遍布了美国从乡村到城市的各个地区。其中甚至包括康涅狄格州威尔逊的罗杰沃尔科特学校的两个移居国外的四年级学生（一个在关岛，一个在委内瑞拉），后来，还有个名人海伦·凯勒也加入进来。两个日裔美国人（从姓名判断）也成为了精神上的父母：他们是费城的伊迪斯·佐藤和芝加哥的詹姆斯·A.山本。其他的一些捐助者都是盎格鲁或德国的姓氏，这表明他们中的大部分是来自新英格兰和纽约州的当地居民。精神父母大多为女性：名单上至少有62%是单身女性或已婚女性（或寡妇），这些已婚女性虽然使用的是夫姓，但大都没有将自己的丈夫作为共同捐助人。单身男性捐助者的人数占据第二，比例是25%。尽管卡森斯希望领养（精神上到最终法律上）广岛孤儿的是双亲家庭，然而最初的报名单上只有10%的领养人是已婚夫妇。后来的一份新名单上列出了收养父母的职业，这张名单显示出他们大多是白领而非工人阶层，这也反映出了《星期六文学评论》的读者群。

有关这些精神收养人的信息很有限，因此无法对他们进行全面分析，但在他们写给《星期六文学评论》的读者来信中，可以看出许多人领养孤儿是出于对原子弹轰炸的负罪感。来自纽约州海狸坝的吉纳维夫·蒂乐·加兰对自己的祖国竟然"不顾良心的谴责，以必要的军事行动为由进行大屠杀"感到气愤，她承诺要收养一个广岛孤儿。她在信中写道"我隐约地希望"捐款给"在那个可怕的日子受到伤害的孩子能让我一直以来的情绪得以平复"。一位曾驾驶B-29空中堡垒轰炸机在日本执行过26次飞行任务的前美国飞行员坦言自从战争爆发以来，他内心一直饱受折磨，因为"他还有其他飞行员曾不加分辨地对贫民区进行狂轰滥炸"，还曾"在没正当理由且毫无必要的情况下使用了"原子弹。对他而言，卡森斯的提议"提供了一个简单的方法来安抚内心难以言说的集体罪恶感"。他承认说"这一点钱无法挽回我少年的纯真理想，但时至今日，什么都值得试一下"。

但也有一些读者对卡森斯的提议表示不满。纽约市的贝林达·杰里夫写道："面对那些善良的人们对广岛孤儿表现出的高尚行为，我觉得自己或许是卑鄙低劣的人，因为在为帮助广岛孤儿四处奔走之前，我想知道那些珍珠港受害者现在怎么样了？哪里能获得有关他们的信息？"另有一位纽约人也质疑道："难道所有的读者都愿意原谅这些试图靠武力作恶多端的人，原谅他们至少是想在亚洲世界称霸的诡计，这可能么？难道所有的读者都这么快就已经忘记了这些日本的奸诈小人是如何虐待战俘的，这可能么？"

　　卡森斯的批评者中有一位还是他的私交，他指责卡森斯对日本人变得"心软了"。卡森斯在公开回应朋友以及其他批评者的时候，强调说："现在美国人要大费周折地帮助这些四年前还严重威胁我们的自由和生命安全的日本人，这看上去的确令人难以接受。"但是，他进而解释说当他把日本人作为个体来看而不是作为敌国的一部分时，他的态度发生了转变。那些认真诚恳的日本人每天都排队等候在他宾馆门外，向他倾诉自己的政治哲学或是请求他帮忙继续完成政治教育，卡森斯被这些人的理想追求所感动。卡森斯反问道："难道和这些人共处，鼓励他们，推动他们对自由体制的追求就是'心软'么？"他还间接地指出美国人对这些在首枚原子弹爆炸中失去父母的孤儿负有特殊的义务，并补充说孤儿中最小的是在爆炸发生前几小时刚出生的婴儿。在1949年，要求美国人平等看待日本人有些强人所难；因此美国更多的自由主义者也像卡森斯一样，设想出一种美国公民同日本人之间的关系，那就是鼓励美国人对日本人有一种责任感。

　　卡森斯当时只在山下孤儿院呼吁以精神的养子的形式收养孤儿们，在他的提议发布后不到一个月，山下孤儿院的孩子就都被收养了。他于是写信给浜井信三市长表示，他希望人们对这项计划的热情能持续增长，这样美国人将可以为"广岛所有的原子弹爆炸遗留下的孤儿，而非仅仅是山下孤儿院的孤儿"提供救助。"精神的养子"计划最终在七所孤儿院实施，在大约近12年的时间里，共计对600多名孤儿提供了7万美元的救助。

美国的"父母"似乎很乐意照顾这些孤儿，有些甚至对此激动万分。一位名叫木原惠子·斯诺迪的"精神养母"写道，"和这个胖嘟嘟的小家伙在一起我们很快乐！"另一位"精神养父"吉川美津子·富森说收养她"带给我们的骄傲和快乐，是我们所能想象到的2.25美元投资能带来的最高、最令人兴奋的回报"。在1950年9月的《星期六文学评论》上刊登的一些精神养子的照片中有一张是满脸笑容的女孩美津子，旁边是她"家人"和狗的照片。精神父母也会收到一些令人鼓舞的通讯报道，偶尔还能收到养子们的来信。一个9岁的孩子写道："春天就要来了，可我的春天早就来到了，就像在做美梦一样。我要尽力好好学习，做你们的乖女儿。"在计划实施的第一年，精神父母不仅捐钱，还寄来了衣服、玩具、初级英语读物、棒球球棒，甚至还有钢琴。

对这些一无所有的广岛孤儿来说，这些礼物让人不可想象，但捐助人的话语中透露出他们也和前B–29轰炸机飞行员一样，试图在原子弹受害者那里"用钱挽回"他们的清白。在精神父母的话语中表示金钱的词汇数量——利润、分红、投资、乃至税收——多得惊人。而这些"被收养者"似乎就像购买的商品——考虑到只有简单的金钱交换，或许这也是不可避免的结果。这些美国收养人内心的家长责任感很有限，不仅是因为孩子们远在千里之外，还因为个体的家庭无法承受这种情况下所需的巨大的经济花费。但也有较少一部分美国人采取了比"精神父母"更进一步的行动，成为了25名被称之为"广岛少女"的准养父母。这一计划始于谷本清神父所在教堂对在原子弹爆炸中毁容或受伤的女性进行的援助。

"广岛少女"

在卡森斯着手处理精神的养子计划的相关事项的同时，谷本清神父在继续完成他在《星期六文学评论》中描述的和平机构。他于1950年春回到日本，同年8月，他和广岛教会的要人们一起正式建立了广岛和平中心。为了反映出中心名称由"世界和平中心"改为"广岛和平中心"，这个新成立的机构主要活动是以广岛为中心的——这一关注点的改变最终导致了谷本清和卡森斯关系破裂。但是更多的麻烦出现在后来谷本清于1950年秋第二次去美国募集善款的时候。谷本清在这次较为短暂的行程中面对的听众要比他1948–1950年的美国之行少得多，但他通过参与3个电视节目和15个广播节目，可能使更多的美国人认识了他。华盛顿以"著名政治家"的待遇接待了他：国会成员会见了他，外交事务委员会成员邀他共进午餐，他还在美国议会的上议院做了会场的开场祈祷，还为国务院的"美国之音"做了广播节目。在1951年5月，谷本清——和卡森斯还有马文·格林一起——建立了一个美国组织：广岛和平中心联合会（HPCA），为广岛和平中心的活动提供帮助支持。赛珍珠、约翰·赫西，哈里·爱默生·富司迪博士，纽约里弗赛得教堂荣退牧师格兰特·伊文·霍普金斯博士，《基督教世纪》副主编、坎德勒神学院院长H.B.特林布尔博士、卫理公会主教G.布鲁姆利·安熙龙等都同意在广岛和平中心联合会担任顾问。这个新组织的主席诺曼·卡森斯在他纽约市的办公地点为董事会和行政管理工作提供了办公场所。《星期六文学评论》的办公地点——后来成为格林神父所在教会的办公地点——被用作该组织存放捐赠物的仓库、接受参观采访的场所，并且还是广岛和平中心以及精神领养计划的联络处。

广岛和平中心联合会成立后，谷本清神父满载着募集来的款项返回了日本，开始各种各样的活动。他和HPC的其他负责人一起建立了战争遗孀之家、少年犯之家和原子弹受害失聪者之家；他还开办了像妇女缝纫班这样的教授实用谋生技巧的培训课程；并且对精神的养子计划进行了延伸拓展。谷本清对日本政府无视原子弹受害者的做法非常气愤，于是他又组织建立了原子弹遇难者联合会，该组织发起了一场运动，要求出台国家医疗救治议案。

在谷本清巡访广岛期间，他发现许多年轻少女因为带有大面积疤痕瘤，躲在隐蔽的地方，人们也都故意避开她们。于是他组织了一支援助小组帮助这些少女，让她们能够同人交谈并讨论治疗问题。通过小组成员的宣传，最终有88名女性加入（一些疤痕严重的男性也曾参加过一两次集会，但之后就再没来过）。每个星期一晚上，总有二十多名女性聚集到谷本清神父所在的流川教堂的地下室，谷本清称它为紫苑会。

　　谷本清在第一次接触广岛市政官员和医疗机构，为"疤痕少女们"争取医疗救治时，他们以种种理由拒绝了他的请求。几个月后，他又向参加在广岛举行的日本国际笔会的真杉静枝发出请求。这位著名的女性小说家兼东京《读卖新闻》专栏作家答应帮助他，并率先在东京大学为这九位紫苑少女得到救助治疗而努力。当这些少女于1952年6月6日抵达东京接受前期检查时，媒体对此广为报道。报纸将焦点放在她们被毁的美貌上，称她们是"原子弹少女"；就因为这些女孩在1945年8月一个阳光明媚的早晨错误的时刻抬脸看了一眼天空，便在脸、脖颈和手上留下了可怕的疤痕，她们也因此失去了婚嫁的机会。真杉静枝组织了一个由富有的太太们资助的HPC东京分部，为这些疤痕少女即将在秋天接受的一系列手术募集资金。在日本的第二大城市大阪，富有的女性们也作出了同样的努力，建立了一个HPC的分部。1952年底，大阪分部为另一批广岛妇女安排在大阪接受手术治疗。令人伤心的是，在日本做的手术都失败了：用手术刀割除的疤痕瘤很快又长了出来。由于当时日本的整形手术技术还很有限，日本的医生也无能为力了。

谷本清神父开始想到可能在美国接受手术是这些女性的唯一希望；但卡森斯表示他对这些"疤痕少女"不感兴趣。卡森斯不愿再背负另一个重大的责任，而且此时他听说谷本清和HPC的其他负责人之间在政治上有内部斗争，他不想被卷进去。于是谷本清只能恳求每一位来访的美国人帮助这些女性。松原美代子是紫苑会的一员，她回忆说谷本清利用一切机会向美国传教团和其他美国人介绍她们这个组织，向他们展示那些疤痕是多么地"可怕"。当埃莉诺·罗斯福在1953年访问日本时，谷本清甚至向她也发出了请求。但这位前第一夫人只表示了同情，却没有参与其中。

同时，真杉静枝给另一位女性小说家赛珍珠写了封信。信中，她强调了"这些原子弹遇难少女们""坚强"而"热情"的天性，并表明广岛和长崎的一些政界人士正在计划对原子弹伤亡处理委员会（ABCC）拒绝救治原子弹遇难者以及拒绝对日本医疗人员公开调查结果的行为进行抗议。真杉静枝认为美国人把日本原子弹受害者当成"实验动物"做科学研究，这样"只会在美日之间制造敌意，尤其是在日本，此刻日本人民在心理上正处在一个关键结合点"——这或许指的是占领末期和当年年初日本恢复主权的情况。赛珍珠在真杉静枝的呼吁请求下几经努力，想激起卡森斯帮助"疤痕少女们"的兴趣，但却一无所获。

　　但是，这之后的第二年，卡森斯携妻子参加万隆会议的途中，在广岛稍作停留，谷本清抓住机会让他们接触了一些紫苑少女。在教堂的地下室，卡森斯面对面地亲眼看到了这些女性有的少了一只耳朵，有的脸部凹陷，有的"鼻子挤变形成了两个喷孔"，他再也无法无视这些受害者了。谷本清让好几个人挽起袖子露出了她们的胳膊，卡森斯看到"她们的肘部和手腕……都好像由于猛力撕扯而错了位，然后又被类似软骨的条状疤痕组织固定在那里"。一个妇女伸出双手，"手指弯曲粘连，像扑捉猎物的爪子"。谷本清已经完全引起了卡森斯的注意，于是他有意轻描淡写地说道："我可以让她们有事可做，也可以帮助她们恢复一些做人的尊严，但现在最重要的是医疗救治。"他还一再强调这些女性需要在美国接受治疗。卡森斯还没来得及回答，艾伦·卡森斯便看着他说"这可能不像你想象的那么困难"。

　　然而，还是在将近两年之后，第一批广岛妇女才得以前往美国进行手术治疗。精神的养子计划是相对简单的向国外捐款捐物，而这个不久被称之为"广岛少女"的计划则完全不同，这项计划需要更详细的规划。病人的运送、医生和医院床位的安排，还有食宿问题都需要考虑。当卡森斯得知该计划需要一大笔资金时，他用了六个月的时间向各大基金会寻求帮助。但是，所有他求助的基金会都拒绝了他，因为这些基金会认为该计划很可能会带来负面的舆论。卡森斯没有因此退缩，他转换了策略，不再找基金会，而是开始寻求一些相关部门的帮助。他和一些愿意操刀手术的医生签约；在西奈山医院找到了住院床位；还说服纽约区的贵格会教徒为这些女性提供食宿；并且最终通过中间人协调，美国驻日军事人力资源部愿意帮助运送这些受害女性。

最终这项临时计划的细枝末节都一一得到了解决。当卡森斯已经到了广岛，准备护送这些女性前往美国时，该计划的最后一个关键问题解决了：ABCC的一名日裔美国雇员自愿担任该计划的翻译和"联络员"。这位海伦·横山初子是加利福尼亚大学伯克利分校的校友，二战期间她一直在日本。纯粹是靠运气，她的美国护照获得批准，只要这些妇女准备好，她随时可以出发。这些妇女很快就离不开横山初子了，在计划实施过程中乃至随后的很多年，她一直是他们的知心朋友、顾问和外界联系的中间人。

但是，说服贵格会教徒为妇女们提供食宿的确很不容易。尽管卡森斯认为贵格会持有反战信念，他们应该适合成为战争受害者们的资助人，但当HPCA向他们寻求帮助时，他们并没有欣然接受。贵格会教徒们犹疑不决的原因有很多：他们怎么和这些外国妇女交流？她们会要求特别的日本食物么？这些原子弹受害者需要特殊的照顾么？万一有紧急状况该如何处理？而且，他们还不确定自己是否想为这些昔日敌国的黄种人提供帮助。

罗德尼·巴克9岁的时候，小岛铃江和神边美纱子寄宿在他们家里，但巴克一家开始并不想加入该计划。因为罗德尼的父亲是退役军人，对此颇有质疑。虽然他同意罗德尼的母亲敞开家门欢迎来自"清新空气基金会"夏日计划的贫困青年和学生，但罗德尼的父亲一想到要和日本人住在一起就感到不自在。作为二战结束时美国军官的书记员，罗德尼的父亲为了找出潜在的日本战犯，曾会见过许多从日本战俘营刚被释放的美国战俘。日复一日，他听到的都是日本人那些骇人听闻的野蛮暴行，这一经历给他留下了"强烈的反日情绪"。战争结束后有近十年的时间，他仍无法释怀。但是作为一个社会实践主义者，他决定利用"广岛少女计划"作为"检验自己偏见的机会"。其他许多提供寄宿的贵格会教徒也有对战争的"亲身感触"，那时反日的敌对情绪仍相对较高。给远在世界另一边的陌生儿童提供每月的资助是一回事，而邀请昔日的敌人在家里长时间居住完全是另一回事。

一些贵格会教徒对这项计划的政治目的也存有质疑。他们怀疑这项计划是否只是为了平息"好运龙"渔船的渔夫受辐射事件带来的负面舆论而采取的一个策略。1954年3月，一艘名为好运龙的渔船无意中驶进了美国在马绍尔群岛的原子弹爆炸实验基地，三天内，船员们都表现出了受辐射危害的症状。这一事件在日本引起了恐慌，日本人担心他们一直以来吃的鱼都是受过辐射的，这激起了反美抗议游行，而随后一名船员的死亡使得事态愈演愈烈。尽管"广岛少女"计划的筹备工作早在核辐射事件之前就开始了，但贵格会的教徒们却不了解情况，他们猜测该计划不是一个像卡森斯所说的那么"简单的"人与人之间互相帮助的人道主义计划，而是隐藏有左倾政治目的。

　　针对这种担心，纽约贵格会友中心联合会给纽约地区的贵格会教友写了封呼吁书称该计划的"危险"在于日本共产主义者在利用这些脆弱无助的"少女们"——"大部分还是孤儿"——进行"反美政治运动"。他们在信中继续写道："苏联为许多这样的女孩提供了免费的治疗，用意很明显，就是要把她们不幸的畸形作为'帝国主义者原子弹侵略'的恐怖后果向全世界展示。好在谷本清先生通过他的社会公益服务计划让这些少女体会到了真正的友谊和关心，使得她们没有成为共产主义政治阴谋的工具和无辜受害者。"接着他们在信中强调说这些"女孩"绝不是敌人而是战争的无辜受害者，纽约贵格会友中心联合会决定向她们伸出真诚的友谊之手，给予她们父母家人呵护，免受共产主义者的阴谋迫害。信中暗示出贵格会教徒们和共产主义者不同，他们没有任何秘密的动机，只是一心想和昔日的敌人和解并帮助她们。心情放松之后，一些教友最终决定收留这些日本女性；随后又有一些人也加入进来，自愿提供服务。马文·格林回忆说："人们的热情像野火般蔓延，刚接受了费城分部的援助，蒙特克莱尔分部又来了，一直蔓延到康涅狄格州。突然之间，大家都在闹着'我们也要帮助一些女孩'。"

　　和贵格会一样，美国国务院也担心卡森斯可能有隐藏的左倾目的。但是美国中情局对卡森斯和其他HPCA成员的背景调查显示他只和像美国公民自由协会和世界联邦主义者协会等中央组织的左派人士有联系，不是政治激进主义分子。只要回顾一下卡森斯的主要工作，就会发现比起《工人日报》，《星期六文学评论》与德威特·华莱士主编的《读者文摘》有更多的共同点。和《读者文摘》一样，《星期六文学评论》也提倡普救说，不认为美国是统世君主。尽管卡森斯没有明确地推举美国作为整个"自由"世界的楷模，但他认为美国人民应该积极参与并接触更广阔的世界，他认定更多的了解意味着更和谐。他还小心地把握"广岛少女"计划的发展方向，不让人产生此计划和共产主义者有染的印象。他谢绝了由"左倾的"日本教师协会制作的纪录片《广岛》在纽约播出的票房收入而来的捐助，转而选择了一档大众电视节目作为该计划的赞助商。"这就是你的生活"是一个全国性的电视节目，主要讲述一些美国人成功的故事，这个选择歪打正着，获得了更多的捐助，而且该节目将"广岛少女计划"演绎成了宣扬"美国式"的宽宏仁慈的故事。

　　在50年代中期，"这就是你的生活"一直排名在十大热门节目内，每周的观众高达近4千万。每周三的晚上，主持人拉尔夫·爱德华兹都会以讲述来宾的人生故事的方式给这些名人嘉宾或其他重要人士一个惊喜，然后辅以邀请嘉宾的家人、朋友和以前的老师或同学出场。就在卡森斯四处宣传时，意外地在机场碰到了爱德华兹，并向他讲述了"广岛少女"和神父谷本清的故事，两人都认为谷本清是爱德华兹节目的理想人选。1955年5月11日，就在谷本清和"广岛少女"们到纽约的几天后，他参加了爱德华兹的节目。爱德华兹给了他一份惊喜，请出了他的妻子和四个孩子（他本以为她们在日本）还有投放"小男孩"的埃诺拉·盖伊号轰炸机的副驾驶员罗伯特·刘易斯。节目结束时，爱德华兹介绍了现在的情况并为整形手术计划发出了呼吁。他告诉电视观众捐款可汇至"纽约州纽约市（街）第200号邮箱，广岛少女收"。刘易斯作为第一个捐款人捐助了50美元，称捐款是他和机组人员的共同的心意。一些观众来信对埃诺拉·盖伊号轰炸机的副驾在观众面前几乎落泪的可耻表演表示抗议；另有一些观众称日本人在接受美国人的慈善救济之前，对珍珠港事件还有许多罪要赎。但绝大部分来信对该节目都持肯定态度：HPCA收到了2.3万封支持该计划的信件，而批评的信件只有14封。该电视节目共募集了52，422美元，解决了"广岛少女"计划的资金问题。卡森斯后来回忆说"那真是天降甘霖"。

谷本清在电视节目中出现也让那些美国核政策的既得利益者警觉起来。一位ABCC的前负责人向负责远东事务的助理国务卿沃尔特·罗伯逊抱怨说这种"忏悔伤感的"片段可能会被共产主义者利用"以加强左倾主义分子对美国人负罪感的宣传",并最终"推动反美示威游行"。国务院将这封信转给了卡森斯,他赞同日本共产主义者的确"谴责该计划是美国人负罪感的表现",或是认为这是美国政府对好运龙渔船上日本渔夫受辐射事件带来的"负面影响的补偿"形式。他也辩驳说:"但是,各行各业的日本民众对该计划努力所做的一切都表现出了极大的热情,这也让共产主义者自惭形秽,无言以对。绝大部分日本人已经真正了解了这一计划——它是一些美国人在自己能力范围内代表那些本可能是无助的人寻求他人帮助的真诚的努力。"卡森斯坚定地相信美国人宽厚仁爱的力量。尽管卡森斯对红色恐慌的极端言论和国务院的做法都持批评态度,但他并没有与主导的政治宣传背道而驰,而是在主流的政治宣传下秉持着冷战舆论的左翼观点。

但是,美国国务院对"广岛少女计划"仍很谨慎,因为担心该计划可能会对美国的核政策以及美日安全条约不利。1953年,艾森豪威尔上台后,减少了杜鲁门时期的国防预算,试图通过快速增加原子弹数量这种经济适用的办法确保遏制共产主义的目的。日本人经历过原子弹带来的毁灭性后果,因此他们对艾森豪威尔的政策深感不安,而且对于自己在东亚身处两大强国的火线之间的处境也焦虑不已。两年前,许多日本人都强烈反对签署美日安全条约,因为美国向同样危险的苏联发动了冷战,美国的政策实在让人无法预料，他们害怕和美国这种国家有染可能会给日本带来另外一场更为严重的核灾难。美国国务院在意识到日本民众有这样的担心后，推测认为由于"广岛少女"计划关注的是原子弹受害者，它可能会重新唤起海外的反美情绪。国务院同样担心来自国内反对核武器的抗议。"精神的养子"远在日本，与他们不同的是，"广岛少女"身在美国，正如纽约贵格会友中心联合会所担心的，她们更引人注目，有可能被利用，成为展示"核恐怖的展览室"。因此美国国务院通过电报下达命令，禁止这些女性乘坐的飞机飞离日本，试图阻止这一计划的起步。但是为该计划批准了军用飞机的约翰·W.赫尔将军没有听从命令放行了飞机，之后他报告称飞机起飞已不可逆转，如果命令她们中途返航可能会引起国际舆论。此次失败之后，国务院的官员们提高了警惕，成功地阻止了"在美国主要城市的'广岛少女'计划活动"。

国务院之所以提高了警惕，是因为有传闻说"广岛少女"计划可能也会在旧金山、费城以及其他地方同样实施。但是最具威胁的提议，是要在阿拉巴马州的墨比尔进行另一个"广岛少女计划"，国务院设法将这一计划扼杀在了萌芽状态。A.卡尔·阿德金斯博士是一位卫理公会传教士，也是该计划的发言人，他解释说该提议得到了墨比尔市领导人的"一致支持"，他们部分的想法是想减弱南部种族主义的形象。阿德金斯称"墨比尔位于美国的中心地区，在日本人心中，它无疑就是种族歧视的同义词，让这些受害少女进入该社区美国人家庭将是表达善意的重大之举"。国务院官员似乎对该计划有帮助政府拉拢第三世界国家的潜在可能性并不感兴趣。依照这些官员的看法，仅凭核武器就能"阻止共产主义者的侵略进攻"，从而"捍卫自由世界"。州务部副部长马克斯·毕晓普补充说："人们越快忘记或至少忽视'广岛纪念日'，我们就能越早地在美日两国之间建立稳固的友好关系。"尽管卡森斯曾报道说长崎的医疗设施是"勉勉强强"而广岛的情况则"堪称三流"，国务院仍试图说服阿德金斯相信这些原子弹受害者在日本可以接受很好的医疗整形手术。阿德金斯曾和卡森斯交谈过，所以他不相信国务院的说法，但是没有国务院在如签证这种基本条件上给予帮助，他对于实施该计划也无能为力。

卡森斯后来表示他"并没有理会国务院的想法"，但他也从未让这些受害女性在全国巡回宣传以展示原子弹爆炸带来的后果。正式的官方说法是原子弹不仅缩短了战期，挽救了生命，而且它造成的人数伤亡和常规武器带来的伤亡一样。甚至在好运龙事件后，国务院仍坚持这一立场，自然很担心"广岛少女计划"所选的是"外貌严重受损的"女性。而实际上该计划并没有选择那些面容严重受损的女性——例如那位"鼻子被挤变形成两个喷孔"的少女——因为整形医生理智地选择了那些手术成功的可能性较高的女性。卡森斯总是试着照顾这些广岛女性敏感脆弱的心理，他认为"让这些女性到处去游行"，展示她们的伤疤——那些她们努力试图掩饰的伤疤——就好比在"剥削利用"她们。他认为这样的巡回宣传对左右公众舆论是无效的。尽管卡森斯个人认为原子弹应该被列为非法禁用的武器，但他并不想让该计划成为反对使用核武器的幌子。他的首要目的是想帮助这25名被选中的"少女"，这些因为美国不道德地使用原子弹武器的受害者们。他"也想羞辱"那些制定ABCC政策的"混蛋们"；最后，如果该计划能唤起人们关注核武器的恐怖后果，那就更好了。

　　但是卡森斯对这些女性的关照以及该计划真诚朴素的目的最终是在往国务院的身上贴金。毕竟，这些女性很清楚地了解自己所受的伤害。正如一位广岛受害女性回忆所说："面容被毁实在是令人痛苦，同时也让人失去了做任何事的动力。不管人们怎么说，容貌对于一个女人来说是很重要的。"后来另有两位女性分别承认她们因为自己的容貌而羞于见人，对她们而言，这比为世界带来和平更重要。这些个人的、女性化的有关美貌和自我价值的态度也对国务院有利。"广岛少女计划"的重点是修复战争的伤痛——关注的是这些女性的未来而不是她们不幸的过去——这和国务院的关注点相一致，同时也符合具有进取性的民族主义精神所倡导的"无所不能主义"。这点也反映在了原子弹受害少女的英语翻译中，在将"原爆少女"翻译为"广岛少女"

的过程中，"原子弹"被换成了"广岛"。用广岛指代原子弹爆炸这种换喻的手法不仅抹杀了受害城市长崎，还让英语国家的人们自欺欺人地相信原子弹爆炸只是发生在广岛而将不会发生在其他地方。

如果广岛是原子弹爆炸的代名词，那些请求美国人援助的广岛原子弹受害者就不得不对美国向广岛投放原子弹的理由表示理解接受。谷本清神父在美国巡回演讲的时候强调说日本人并没有对原子弹轰炸怀恨在心。他在得克萨斯州达拉斯演讲时曾对听众们表示，日本人"认为广岛的悲剧是他们为自己的错误所应做出的牺牲。日本人民确信是日本发动了这场战争，所以他们觉得在广岛和长崎发生的一切是他们不得不付出的代价"。在前往纽约的途中，"广岛少女"们在夏威夷停留，参观了珍珠港，以示她们承认是日本挑起了战争。正像《纽约先驱论坛》报道的一样，一到美国本土，就有几个"广岛少女"在事先安排好的采访中向媒体强调说"她们对自己所受的伤害没有心怀怨恨"。《先驱论坛报》报道称一位名叫佐古美智子的少女在谈到她们参观珍珠港时说"在刚刚结束的战争中，日本海军首先发起了进攻。我们这些广岛幸存者因此遭受了毁灭性的打击，我们本应该心存悔悟而不应心怀仇恨，而且我们开始厌恶一切战争"。佐古美智子对虚拟语气"本应该"的使用使得她的观点同谷本清所说的广岛人民认为原子弹轰炸是对他们自己所犯错误的惩罚稍有不同，但也说明一些日本人已认识到了自己的罪恶并愿意为之赎罪的心理。与此相似，在后来的一次采访中，小岛铃江对一名助理新闻记者说："当我想到大家都如此亲切时，我庆幸自己从未对原子弹爆炸心怀怨恨。只是希望——不要再有第二个广岛。"

日本人以合理的方式试着唤起美国人的同情以达到自己想要的结果。最初卡森斯就是受到广岛作为和平象征的感召和吸引才加入谷本清的计划。谷本清曾试图促成这些受害女性和前美国总统杜鲁门或是现任总统艾森豪威尔的会面，但都未成功，他之所以这样做可能是对日本赎罪和美日和解太过认真——也可能是因为这样做会引起更多的舆论关注。但谷本清还是继续向美国听众表达赞扬之情，赞扬战后美国对日本的宽容大度以及帮助日本防止"本可能会造成的比战争带来更大伤亡损失的饥荒和磨难"。他向美国人传达了日本人民对此"饱含感激之情"，并"渴望能表达（他们）的谢意"。为了让美国人受到感召而最终解囊相助，谷本清和这些受害女性恰如其分地说了些悦耳的话语。

当然，许多广岛居民因为美国投放原子弹而充满仇恨。新闻记者克拉克·李一厢情愿地给占领期回忆录中描写广岛的一章定名为"广岛不恨美国"，间接地承认了广岛人民是有理由仇恨美国人的。但是战后的文字记录中通常都没有直接明了地指明该理由：那就是美国人对大屠杀负有责任。在公众话语中，更常见的方式是通过推测和设问间接地承认这一点。李若有所思地说："想象一下在军事法庭上——如果我们输了——作为原子弹的发明者和投放者，美国人会遭遇什么。"

HPCA的财政部长马文·格林神父是谷本清的老同学，他并不支持这种一厢情愿的想法。多年后，他反省说："我一直觉得全世界人们最痛恨的就是我们（美国人）……我们极少能（从日本人那里）感受到任何的情感和喜爱。"在格林看来，日本人对美国最好的态度是"冷漠"，"那些日本学生对（美国的）基督教徒只有敌意，这都表现在我们听到的一些讨论和讲演中，还有向我们提出的一些问题中……不会有错。"格林认为谷本清在向美国人表示说广岛人民没有记恨过去，而是想继续他们的生活或是为世界和平献身时，"说的是外交辞令"。格林解释说："这并不是说（谷本清）不真诚，只是他觉得这是感召美国人的最好方法"。格林自己也曾使用这一方法，在他为谷本清的女儿可可争取奖学金的协调过程中，他谈论的不是广岛人民的怨恨而是存在于美日两国人民之间的基督教之博爱。格林神父并不认为广岛人民是在利用美国人的罪恶感或是宽容大度："我认为这是源自饥荒、磨难和死亡的绝望。这只是对战争恶果表现出的纯粹的恐怖。"

对那些在战争中饱受蹂躏的人们发出的呼声，格林想给予回应。他以及和他一样的人们清楚地知道国内的美国人多么地幸运，由于两个大洋的阻隔，他们远离了战争和痛苦。对于这些美国人而言，广岛和纳粹大屠杀是他们各自理解的战争"表现"中"人对于人的非人道行为"的典型代表，这两种大屠杀行为同样吸引了HPCA中人道主义者的关注。例如，卡森斯在首次前往日本的一年前就曾去过德国，并长书一篇，提名为《为生而疚》，表达了对自己幸福生活的内疚之情。这篇有关难民（后来被称作DPs）的文章集中描写了年幼的纳粹受害者，还刊登了一张大屠杀幸存犹太儿童的照片。约翰·赫西也曾在两部小说中以士兵的角度审视了战争，他不仅创作了《广岛》，还写了一部有关纳粹占领下的华沙犹太人居住区的小说。

尽管《纽约每日新闻》不无讽刺地重复着"一个尖酸刻薄的笑话……'取得战争胜利的途径就是败给美国'"，平面媒体对"广岛少女计划"的一致好评表明，强调广岛人民心无怨恨的策略在很大程度上是有效的。大部分发表的评论文章在谈及冷战时都会以"广岛少女计划"为据，向人们展示与苏联敌人相比美国民族善良和正直的品德。《萨凡纳新闻》称该计划的"表现是和美国人最优秀的人道主义传统相一致的"，"这种宽容大度的表现向世界表明美国希望为了促进文明发展致力于和平事业，以对抗敌人们一贯坚持的战争目的。"《代顿新闻》试着消除该计划的政治色彩，明确地反对那种认为美国民族使用原子弹是有罪的、错误的观点，并强调说该计划"不应被理解为美国对投放原子弹以加速血腥战争的结束而做的忏悔之举，也不应被怀疑成是官方政治宣传的伎俩……它就是一个国家的一些个人向另一个国家的受害个体们表示："我们很抱歉你们成为受害者——我们想帮助你们！"这样就足够了，无需其他表示就足以表现人们在情谊友爱方面所做的最大胆的尝试"。这篇报道尽管听上去有抱歉后悔之意，但它和大部分刊登的舆论宣传一样，并没有做出实际的道歉，还是认同了美国政府对原子弹轰炸所做的解释，并认为原子弹爆炸受害者只应通过个人的慈善行为得到帮助。

"广岛少女"们作为另一种种族大屠杀的幸存者，在美国犹太人中引起了广泛的同情。那些为"广岛少女"出资住院治疗的富有犹太律师也积极地参与犹太慈善事业，努力为经历了战争大屠杀的幸存者们减轻苦难。《堪萨斯都市犹太新闻》对"广岛少女计划"大加褒扬，称它"修复着战争造成的毁坏……一些尚可补救的毁坏"——再一次提醒了读者关注这些大屠杀的受害者。该报还自豪地指出"犹太人的大度和仁爱"使得该计划成为可能。和主流媒体一样，卡森斯低调处理他的犹太民族背景以及犹太慈善机构在"广岛少女计划"中所起的重要作用，而将该计划塑造成"美国人"仁爱善行的表现。但是，《堪萨斯都市犹太新闻》的这篇文章不无骄傲地强调西奈山医院这个"伟大的纽约犹太机构"出资赞助了整形手术，而由犹太人卡森斯为首的"纽约广岛和平会"支付了包括零用钱在内的其他一切花费。

"随着纪念西奈山律法启示的五旬节的临近，我们高兴地看到一个以埃及沙漠中的这座圣山为名的犹太医院正在身体力行那些曾在圣山上宣读的律法以及那些犹太教首次奉献于世的公正仁慈的理想。"

该报的这篇文章还称日本曾帮助过犹太难民逃离纳粹的迫害，这一说法部分地说来是真实的。当时在考那斯的立陶宛领事馆领事杉原千亩不顾日本外事部的指令，于1940年给至少1，600名波兰犹太人办理了前往日本的护照——杉原千亩也因此受到日本外事部的处分。该报并不了解这些，它引用了一份纽约犹太人的报纸并且认为"犹太人通过诺曼·卡森斯还有西奈山医院，以一种间接的方式表达了他们对日本曾向犹太人表现出的人道主义精神的感激"。

和《堪萨斯城犹太新闻》形成对比的是自由主义无派别基督教刊物《基督教世纪》，该杂志刊登了一篇少见的评论，评论对"广岛少女计划"本身未加批评，但对围绕此计划所进行的大肆宣传做出了批评。该杂志勉强承认"每一位参与了这项友谊与仁慈善举的人都有权在内心感到宽慰"，但它仍坚持自己在1945年所持的观点，认为轰炸事件是"美国犯下的原子弹暴行"。十年后，该杂志声明"我们再一次重申这是一个感人的故事——只是这样的事情本不应该发生"。它指出"美国人为结束战争所采取的方式感到内疚"，这种美国式的内疚感促使美国人实施了这项计划，力图将美国侵略留下的"伤疤抹去"。但有迹象表明这样的努力是徒劳的，因为"有些伤痕是整形手术所无能为力的，广岛原子弹爆炸是深深刻在美国人良知上的一道伤疤"。

　　在公开发表的评论中，这样直接坦率地承认美国有罪的言论极为少见，但编辑收到的个人信笺或是寄给HPCA的私人邮件倾向于支持《基督教世纪》所持的美国人有罪的观点。尽管私人信笺的笔者们有时会重复媒体所呼吁的努力寻求和平而非世界毁灭的主题，但是在信中他们也常常表达出大部分报纸杂志中所缺失的悔悟和悲痛之情。这些美国人在他们的言论中频繁用到"赎罪"一词。洛伊丝·P.门罗在投稿中写道："自从在广岛和长崎投放原子弹以来，作为一个对此怀有罪恶感的美国人，我很高兴能尽我的微薄之力弥补错误，抹去沾在国家荣誉上的污点。"还有，这些投稿人在提到原子弹爆炸时常常使用间接的方式，用被动语态或是介词短语的形式。但在近三十年后，一位80多岁的老人在为"广岛少女计划"而致信感谢卡森斯时，却很直接地谈及了这一主题。杰西·博彻斯写道："当我们在广岛投下原子弹时，我说：'这是我干的——这是我所生活的国家干的'，我的丈夫听到这些很是震惊——但是你给了我天赐的良机，成为此项目的一员，向受害者们表示我们对他们的关心"。或许是远离事发地的缘故，使得认罪变得简单多了。然而，所有这些写信的人们都表达了对这样一个帮助"治愈"伤痕的机会的感激之情，尽管它只能通过私人渠道进行。

在尽力帮助"广岛少女"的人中，纽约地区的日裔美国人与其他人的反应有所不同。他们邀请"广岛少女"们外出散步或是来家里享用日本料理。他们中的许多人，跟河内山百合一样曾在二战时被美国拘禁过。战争结束后，她和曾是第442部队退役军人的丈夫比尔在哈莱姆区定居养育家庭。河内山百合在回忆参与此计划时，解释说因为日裔美国人的经济状况不像住在市郊的贵格会寄宿家庭那么好，所以他们并未被鼓励做寄宿父母。拘禁事件后的十年，大部分日裔美国人都经济拮据，支撑着组建不久的家庭——拘禁事件发生时，第二代日裔美国人的中间年龄是19岁——大部分被拘禁的年老些的第一代日裔美国人没能获得补偿。河内山百合的参与体现了她的政治同情心，她坚持认为和其他日裔美国人所作的一切相比，她的参与算不了什么。她后来成为了一名政治和社会活动家，她还是马尔科姆·X的朋友。赤松晴子，一位纽约日裔美国人联合教会神父的遗孀，回忆说自己和丈夫之所以受到鼓舞帮助"广岛少女"，是因为他们也认为投放原子弹是错误的。她记得自己曾参加过1950年在中央公园举行的一次和平集会，她从会上的演讲中得知美国其实不需要使用原子弹，是"苏联威胁论"促使美国将广岛和长崎的民众当成了测试核武器的"试验品"。赤松晴子和她已故的丈夫在广岛都有亲戚，但并不是这层联系促使他们向广岛妇女伸出援助之手的。赤松晴子作为一个不久前才遭受过美国政府不公正对待的日裔美国人——她曾被拘禁在黄玉——认为美国对日本的两座城市进行轰炸也是"不公正的"。

这项计划实施十年后，有些人觉得奇怪为什么该计划只救助广岛妇女，而不救助男性和长崎的妇女，还有为什么美方的联系协调人用陈旧的说法"少女"（maidens）来指称这些女性。事实是美国人继续了一个日本人早就付诸实施的计划。神父谷本清将这些女性召集起来，真杉静枝和日本的贵妇们也开始行动，日本媒体称这些女性为"乙女"（otome），翻译过来也是"少女"的意思。定名为"广岛少女"暗指这些年仅十七八或二十多岁的年轻女性将永远是少女之身——也就是说永远单身——除非她们接受治疗，使得自身成为"像样的"婚配对象。当谷本清第一次尝试引起卡森斯关注此计划时，他就强调了这些女性无法婚配的现状，他想当然地认为美国人能领会他的意思——这种假设无需证明，因为日本人和美国人有着同样的观念，认为女性要依赖男性。两国文化影响下的许多人认为女性的经济保障来自对男性供养者的依附，因为战后，男性更容易找到好工作，在大部分工作中都能挣更多的钱，而女性的要务则是养育子女。一位满怀同情的同龄人评论说没有治疗救助的话，这些广岛女性"将永远无法实现所有女性渴望的一切：婚姻、家庭、子女、自己生命的尊严"，"随着她们日渐衰老，谁还会再多看这些悲剧女性一眼？"男性则被期许在专业、手艺，或工作中找到"尊严"——
在这些角色中，漂亮的容貌通常不是必备条件——因此，人们
认为男性原子弹受害者成为男性"悲剧"的危险性相对较小。
HPCA记录了广岛女性在美国接受整形治疗后生育子女的情况，
似乎这是衡量计划成功与否的标志。有人在1969年罗列了这些女
性的年龄、职业、婚姻状况和子女数量的更新信息上用铅笔标出
了"19个孩子"这一信息点。

　　于是，美国人延续了日本人强调的主题，那就是这些年轻
的女性受害者是"善良的女孩"，值得人们帮助和善待。这些
女性被描写成了快乐的个体，让人觉得她们除了身体上的伤痕，
心里并无怨恨。甚至对那些没有机会去美国接受治疗的女性，美
国人也自我安慰，认为她们不会气愤或嫉妒——这是一个方便的
缓和剂，可以减轻他们只救助一小部分女性所可能产生的任何内
疚感。据《安阿伯新闻》报道，这些女性"对选拔表现出异常的
无私"，整个选拔过程都保持着"温柔"和"快乐"。媒体没有
提及那些不能成行的女性们的失望，尤其是承诺的后续救助之旅
也并未实现。相反，美国人大肆渲染这些来自日本的令人同情的
年轻女性如何享用大部分在日本见不到的美国消费品：汉堡、吸
尘器、电视，还有美国的时尚。据说，这些女性还帮助寄宿家庭
做家务，主动帮助照看小孩，甚至还在当地的教堂展示日本的茶
道。海伦·横山初子后来回忆说，她曾鼓励这些女性"表现得就

像在日本和自己的父母相处一样……饭后帮着收拾餐具；当'美国父母们'显得疲惫时，给他们按摩；接受帮助时绝不忘记说声'谢谢'；自己不情愿时就不要一味的说'好的'"。这25名女性的社会背景和阶级地位都不相同，但是美国人却对此差异视而不见。这些"少女们"作为尽职尽责的女儿，表现极佳，代表了日本文化的精华，她们的表现唤起了美国人根深蒂固的有关父母和女儿之间的相互义务的信念，从而改变了对宿敌的看法。

美联社为该图片做的说明是："山下元子，这位日本广岛的少女是世界第一枚原子弹爆炸的受害者，她面部的伤疤在做了一系列的整容手术后几乎不留痕迹。这批接受整容手术的女性即将返回日本。1956年7月12日，当美国的女友们在纽约艾德威尔德国际机场为她们送行时，山下元子百感交集，眼中饱含泪水。"美联社/大世界图片提供这些寄宿在贵格会教徒家庭中的日本女性总是两人一对，以免孤单。而有些寄宿家庭向日本少女敞开大门并非完全出于利他主义，没有个人私念。一个身为作家的寄宿提供人将寄宿的日本女性当成了他准备创作销售的系列文章的人物。另一位女主人显然对太平洋战争期间痛失一位亲人仍怀恨在心，把"广岛少女计划"当成了奴役两名日本宿敌的大好机会。这两名日本女性悄悄地向横山初子反映了她们的处境，横山初子和她们共处了一天，证实了她们所处的困境。于是这两名女性被安排做紧急住院治疗，在不侮辱这位女主人的情况下将她们带离了这家，很快她们被转移安置在了一个较和蔼亲切的寄宿提供人家里。所幸的是，麻木无情的宿主只占少数；大部分家庭都秉持着他们开明宽容的价值观。

当然，贵格会教徒家庭和他们的广岛客人之间不可能复制实际的亲子关系。每一个人都清楚地认识到，横山初子在整个计划实施过程中充当着这些少女们的代理父母。当每位少女进入手术室时，不是她们的宿主"父母"而是横山初子握着她们的手，在她们打了麻醉针后，是横山初子大声地帮她们数数。但少女和寄宿家庭父母间温情的通信证明许多少女在计划结束后的几十年里仍和寄宿家庭保持联系，有些仍继续称寄宿家庭的父母为"爸爸"和"妈妈"。现在幸存的广岛妇女和寄宿家庭之间仍在某种程度上保持着这种联系。

可以预知的是，美国人支持对广岛民众发起慈善义举的兴趣逐渐减退。在谷本清看来这是一系列计划的开端，而对卡森斯而言却是他为广岛所做的救助活动的结尾。卡森斯帮助建立的美国组织一直关注战争期间女性遭受暴力的主题，但该组织却将谷本清曾参与募集的款项挪作他用。继"广岛少女计划"之后，在卡森斯的要求下，HPCA资助了一个相似的计划，帮助一些被纳粹生物实验在身心上留下伤疤的波兰妇女。这些女性大部分是受过高等教育的专业人士，年龄从30到60岁不等，她们被称为"拉文斯布吕克集中营的兔子"（"兔子"表明了这些女性身处"实验动物"的地位）。尽管她们都不符合少女的年龄和身份，格林神父却称她们是"波兰少女"，这表达了他不仅在两个群体遭受的暴行，还在她们康复的目标中看到了某种联系。

"少女"计划之后，HPCA试图促成美国和日本医生的合作关系，以治疗日本的原子弹受害者。但是日本的医疗机构认为这项计划暗含着对他们医术的侮辱，很不舒服，拒绝和HPCA有进一步的项目合作。用巴克的话说，美国人已经"久住遭人厌了"。当这项建立合作医疗的提议也被否决后，所有计划就完全陷入了停滞。

HPCA的董事会成员和工作人员也失去了动力。随着时间的流逝，该机构打印的文件中董事会成员名单中的名字越来越少。格林神父回忆说："美国人想帮助那些孩子、孤儿和女童。对修缮炸毁的楼房、建筑物和机构等不感兴趣。"到1956年7月，"少女"计划实施的中期，早先开始的"精神的养子"计划所获得的积极支持已经减少了一半还不止。格林发表通讯督促这些懈怠了的"父母们"继续他们"伟大的工作"，向基金捐款资助这些孤儿。格林解释说："就世界友谊以及帮助增进美日两国的谅解与和平而言，这样的经济援助作用很大。"但人们对他的呼吁充耳不闻。到20世纪60年代中期，该项计划就完全"停止了"。在日本方面，山下一家很早就被迫放弃继续开办孤儿院，到1954年，他们就已经被受过训练的社工们代替了。

　　尽管"精神的养子"计划声称其目标是为原子弹轰炸造成的孤儿提供帮助，但它却忽视了长崎的孤儿，只资助了1945年8月6日和随后几天内失去双亲的6,000名广岛孤儿。而且，"精神的养子"计划没有正式规定当孤儿长到一定年龄、需离开孤儿院后的资助事宜。诺曼·卡森斯开始就认为"精神的养子"计划是"负责孤儿的一生"，但事实是，"儿女们"按照日本法律在16岁离开孤儿院后，大部分"父母"就停止了资助。尽管一些"精神的父母"曾表示有兴趣收养，但在该计划实行三年、国会再次批准日本人可以合法移民美国后，似乎正式合法的收养也并没有发生。卡森斯曾极力建议精神的父母们能像他所做的那样，将他们的精神养子接到美国受教育，或是资助他们在日本继续受教育。有些精神的父母可能这样做过，但是没有可查阅到的记录显示这个。这些资料记录倒是表明这些十几岁的孤儿们在被放逐广岛街头后，有些人走上了犯罪的道路。

孤儿们和"精神父母"的联系——一开始就细微脆弱的联系——最终断裂了，这并不令人感到惊奇。但是，不管方式方法是多么的有限，至少这些捐助人们曾试图为自己的国家给广岛带来的恐怖罪恶做些补偿——只有极少数的美国人有这样的表示。因为这些参与者的努力，该计划为600名儿童和青年带来了切实的利益。大部分孤儿和他们的"精神父母"从未见过面，彼此语言不通，在当时没有国际互联网，甚至国际长途费用高昂的情况下，国际交流非常困难。面临这样的挑战，如果没有后续的组织支持，要维持这样的联系非常困难。相比之下，1949年在大阪"收养了"一名孤儿的美军"猎狼犬"第27步兵团——同年卡森斯开始了"精神的养子"计划——在五十多年的时间里，一直坚持在每年夏天接两到三名来自神圣之家孤儿院的孤儿前往第27团基地所在地夏威夷的团员的家里。但是不论这些美国士兵的努力多么值得称赞歌颂，总的来说，他们的努力无法和政府对受害者的补偿能力相比——前提是如果美国政府愿意补偿这些原子弹受害者，事实当然并非如此。

但是，也有一些在"少女"计划过程中结成的亲密关系和友谊一直保持着。接受治疗的女性中一个和卡森斯关系很好的女孩甚至给自己的儿子起名"诺曼·卡森斯"。其他妇女对她们的美国捐助人也一直很忠诚，不论她们对在美国的经历可能有什么样的不满，都默不作声。实际上，参与计划的每一个人都认为该计划会成功，之后他们也一直是这么做的。甚至是充满质疑的国务院最后也松了一口气，一位官员报道说："除却去年春天，伴随'广岛少女'的到来而引发的不合时宜的宣传，到目前为止，'广岛少女计划'在日本为美国赢得了相当多的善意好感。""该计划没有被当成宣传表演加以利用，也没被看作是为战时使用原子弹所做的正式道歉。"国务院可能会将此计划吹捧成美国人的仁慈之举，用助理国务卿沃尔特·罗伯逊的话说，此举表现了"我们理应为之骄傲的美国人道主义精神"。

就道德和亲子关系的主题而言，两项计划都间接地质疑了投放原子弹的正确性，都指出了美国人对原子弹爆炸中"最无辜的"受害者们所负有的责任。但是，两项计划都没有试图结束或是公开地批评美国使用核武器的政策。这些计划代表了与昔日仇恨的敌人重归于好，它们以令人容易接受的、帮助孩童和妇女的形式，或是对某些人说，以对投放原子弹而进行赎罪和部分补偿的形式表现出来。这些"人帮人"的计划显然是反种族主义的——鼓励开明宽容的、热衷政治的美国人建立一种跨越国界、种族和阶级界限的关系，以了解他们和更为宽广的世界所存在的相互依赖的关系。冷战期间，美国的整体政治目标是清除"滋生共产主义的温床"，而为广岛的妇女和青年提供一个"健康"

环境的计划恰好和美国人有关责任、同情和人性等深植于心的观念相吻合。但这些计划同时也联系着战后美国的"世界民族主义"，该主义是两种信念的结合，一是相信"美国人是上帝选民，有注定的使命和命运"，另一个是美国有责任向全世界传播诸如自由、民主、独立等"普世"价值观的信念。使用家庭的比喻既合理化了美国人和昔日宿敌之间的等级关系，又将对广岛民众的照顾责任个体化了。

"精神的养子"计划和"广岛少女计划"更多地起到了象征性作用意义而非其实际作用，这点不论是在当时或是之后对美国人似乎都并不重要。1955年，"少女"计划的开始阶段，《安阿伯新闻》曾热烈拥护称："这些兴奋的少女正在踏上一条将为她们带来新生的旅途。这一切成为可能都有赖于美国和日本一些富有同情心的人们的不懈努力。尽管这项计划规模并不宏大，但其意义不凡。这绝对是很长时间以来能够引起我们注意的最令人感动、值得的事业之一。" 35年后，卡森斯宣称尽管"广岛少女计划"规模不大且缺乏后继影响力，但他对该计划还是很满意。他认为"世界可以通过仅仅一个人一次小小的努力而改善"，他的看法改变了记者想从该计划中挖掘某种宏大意义的企图。这两项计划改善了25名少女的生活，还一度在600名孤儿无人帮助的情况下资助他们并满足了他们的生活需求。

第七章 好莱坞影片中的日本

1957年12月5日，华纳兄弟公司在摄影中心举办了一场奢华壮观的首映礼，所为影片是公司竭力推举的由马龙·白兰度和高美以子出演的"年度最受期待的影片之一"：《再见》。当应邀嘉宾和国际媒体从华纳兄弟公司的北门纷纷入场时，扑面而来的是一个"庞大的布景"，其中有"热带植物、织锦挂毯、东方书画和其他展现日本文化的物品……大量五颜六色的灯笼被当作聚光灯"点缀在北门两边213英尺高的墙上。入场后，迎候大家都是穿着"日本传统服装"的"16名有着日本血统的最美丽的加州南部少女"，其中包括1957至1958年度日裔美国小姐宫美津。这些身着和服的日裔美国少女引领嘉宾分别就坐于举办此次盛会的十个摄影棚，此次盛会由杰克·林克莱特连同安迪·格里菲斯和埃德·温共同主持。为了让"影迷观众能一览无遗这个星光闪耀的盛会",华纳兄弟公司在摄影棚停车场搭建了16个露天看台区,并用1万个100瓦的灯泡将这个星期四的夜空照耀得灯光灿烂。

尽管影片《再见》的首映礼光鲜亮丽、浮华铺张,同时还期许着影片能带来丰厚的利润回报,但是影片的制作团队也怀着促进美日两国友谊这一更为崇高的目标。《再见》的导演乔舒亚·洛根在介绍影片的深层目的时说:"我们想让人们充分关注美国大兵和日本女性之间的跨国婚姻的问题——以说明现代的交流手段已经永远地摒弃了老旧的观念:'东方就是东方,西方就是西方,两者永不交汇'。"影片《再见》改编自詹姆斯·A.米切纳的同名畅销书,讲述了美空军少校劳埃德·格鲁夫(白兰度饰)在和日本首席舞女阿依(hana Ogi)相爱的过程中如何逐渐克服对日本人的种族歧视。华纳兄弟投拍的这部电影为公司盈利1,000.50万美元,成为当年票房收入排行第三的影片。该片还获得包括最佳影片奖、最佳导演奖等在内的十项奥斯卡提名,并最终赢得其中四项,尽管这四项不是主要奖项。

《再见》一片凭借其高成本制作、多项奥斯卡提名和一流的演员阵容,或许时至今日仍是同类题材影片中最令人难忘的影片。它的确称得上是一类题材。从1949年到1967年,好莱坞制作了十几部以日本为背景的电影——其中一些是给人印象不深、容易遗忘的二流影片，如《夜幕下的东京》（1959）和《啼笑姻缘路》（1961）。但也不乏一些由一流知名演员出演的影片，如约翰·韦恩出演的《蛮夷与艺伎》（1958），当然还有另外一部由马龙·白兰度成功出演的影片《秋月茶室》（1956）。在美国剧院上映的还有十几部和亚洲相关的、以冷战东方主义为背景的电影——如表现日裔美国人的影片《全力以赴》（1951）和《黑岩喋血记》（1955）；将东西方爱情故事搬上荧幕的《爱情多么美好》（1955）和《苏丝黄的世界》（1960）；还有包括《桂河大桥》在内的近二十几部以亚洲为背景的影片。

这类题材的出现存在着多种因素。美国在亚洲战场的经历让美国的制片人和观众更加关注亚洲、亚洲人，甚至亚裔美国人。从1931年至1980年，《纽约时报书评》和《出版者周刊》上刊登的一周畅销书榜表明以发生在中国、日本、韩国、缅甸、太平洋和东南亚的战争为背景的小说和纪实文学一直是有关亚洲的畅销书。对美国作家而言，在创作有关驻日美国人的故事时，很自然地就会延续他们所熟悉且也为大众接受的美国英雄主义的情节主线。同时，好莱坞电影公司开始打破了电影不能涉及种族歧视的禁忌。二战前，电影公司——基本上由对社会歧视深有体会的犹太人掌控——顾虑到大多数的观众对支持少数种族和少数族裔权益的电影可能会反应冷淡。但战后，电影公司改弦更张，调整了对种族的看法——越来越多的美国人认识到种族主义缺少科学依据，并且他们认为这种"幼稚的"想法和行为妨碍了美国政府为国内所有公民提供平等权利的能力以及在冷战期间与有色人种国家维持同盟关系的能力。因此，和二战前电影中跨国婚姻的悲剧结局不同，在战后影片中，跨国相爱的恋人们——如果是亚洲女性和白人男性的话——就能有一个幸福圆满的结局。电影审查委员会最初认为米切纳于1953年创作的小说《再见》是"对不正当两性关系的令人无法接受的描写"，建议对剧本进行调整，表明这对恋人想结婚。电影审查委员会的约瑟夫·I.布林这位罗马天主教徒担心的是通奸而不是种族通婚。对米切纳小说的结尾部分进行修改，让男女主角结婚生子的结局，既满足了电影审查部门，又可以让华纳兄弟公司的宣传机器声称："自'蝴蝶夫人'以来，种族间的爱情和通婚可谓历经曲折。"

米切纳的小说立刻被战后急于弥补观看电影人数下滑的电影业看中，认为该小说具有改编成热门影片的潜力。1954年甚至该书尚未出版前，就有个体影视制作人和电影公司向米切纳出价购买《再见》一书的影视版权。当时，电影制作人乔舒亚·洛根在资金和艺术技巧上都具有投拍与日本相关影片的优势。洛根胸怀大志，想把日本的剧场艺术展示给广大的美国观众，通过《再见》一片突出歌舞伎和木偶戏。他运用新的科技手段在彩色印片上展现了日本园艺、风景、建筑和服饰的华丽景象——这点和当时好莱坞所有有关日本的影片如出一辙。

这些战后影片显示了自二战结束以来美国人对日本人的看法转变的程度。像《紫心勋章》（1944）这样的战时影片突出表现的是日本人的邪恶；而现在好莱坞影片宣传的是和善温柔的日本人形象。甚至有关太平洋战争的战后影片本身也常常流露出将日本敌人人性化的讯息。例如《桂河大桥》一片——《再见》上映那年的票房冠军——它的故事主线表现的就是盟军战俘内部的矛盾；而与日本人的斗争则是次要的。影片表达了对日本士兵的理解同情：他们似乎惧怕代表了"军国主义日本"的傲慢专横的长官斋藤上校（早川雪州饰）。该片反映了战后美国媒体和回忆录中对"普通"日本民众和像东条那种邪恶狂热的"军国主义分子"做出的区分。

20世纪50年代中期至60年代早期，这些以日本为背景的电影代表了战后将昔日宿敌塑造成同盟国这一过程的顶点。当然，美国人绝不会完全忘记日本人曾是战时的敌人，曾犯下过穷凶极恶的暴行。但是，战后好莱坞影片中一幕幕表现樱花烂漫的日本、和善的日本妇女和讨人喜欢的、笑脸盈盈的日本儿童的景象都让美国人逐渐适应了更宽容地看待日本人。尽管美国观众对这些表现日本的温和场景并不陌生，但战后这类形象的广为传播和影片中比喻手法的反复使用，有助于在美国大众文化中塑造一个不同于战前的转型形象。

战争期间，二战美国作战新闻处招募了一些电影公司来动员民众支持战争，但是1945年后作战新闻处被撤销了。战后，尽管没有来自华盛顿的指令或是电影公司内部之间的有意合作，好莱坞仍继续出品一些反映美国民众态度以及支持美国外交政策目标的电影。以日本为背景制作电影的制片人试图在刻画一个亲善、人性化的日本人形象的同时能大赚一笔。因此在好莱坞制片人的手下，所有试图将日本人描绘成美国朋友的努力都彻底地商业化了——当然，这也完全符合决策者们支持日本成为远东地区对抗共产主义的民主"堡垒"的目标。凭借其受过教育、训练有素的劳动力、公司资本的基础设施和中央集权的政府，日本不仅有现成的工业基地，还处于东北亚的有利位置——靠近中国和苏联——这些使得日本在美国冷战地理战略中有着重要的作用。艾森豪威尔政府在继续杜鲁门政府加强日本这个亚洲"工场"，使其"继续站在自己一边"的政策同时，推动国内及国际向日本商品开放市场。

　　好莱坞出品的任何主题的大制作影片都会让观众眼花缭乱、头晕目眩，导致观众忘记了现实，并且会刹那间产生时空错乱感。以日本为主题的好莱坞电影就在鼓励观众遗忘或是对残存的敌意置之不理，引导他们相信眼前荧幕上日本的异域美景和结局幸福的浪漫爱情故事。电影公司配合影片宣传做的"商业广告"鼓励观众购买日货及去日本旅游。这样，好莱坞就把将二战美国宿敌重塑成战后同盟所作的努力以影片的方式进行包装推向了市场。但是，这些制片人也没能摆脱他们自认为在挑战反对的东方主义观念。正如华纳兄弟公司为《再见》举办的首映礼所表明的那样，好莱坞推动种族宽容的做法是将日本作为一个被西方观众欣赏的异国美景兜售，并给日本赋予了一个想象的、神秘的、女性化的"东方"形象。因此，日本人——甚至是在《再见》首映礼上，美国出生的日裔女主持——在好莱坞的观念中，仍是文化上疏远陌生的角色。

好莱坞拍摄的以日本为背景涉及种族通婚的影片都是浪漫的爱情故事，旨在传递令人鼓舞的讯息：爱可以克服看似不可逾越的阻碍，弥合美日两国之间的种族分歧和敌意。各种慈善活动和美国资助计划改善了"广岛少女"、广岛孤儿以及像罗伯特·西山幸正一样在战后受到资助的日本学生的生活，和这些活动计划的作用一样，战后影片中这些浪漫的爱情故事将国家之间的双边关系弱化成为个体个人层面上的关系，这样既简化了美国实施的当代亚洲政策，又可以自我吹捧该政策明智而又充满人道。这些影片掩饰了两国之间社会和经济的不确定性这些更广层面上的矛盾关系，并把"爱"的结合描绘成是组建国际种族"大家庭"的纽带。战后表现日本的影片不仅表明了美国要复兴日本，将其纳入自由资本主义框架的政策，还表达了美国人有资格有能力领导日本的信念。

跨越种族的爱情

　　美国大兵和日本女性之间的爱恋关系令一些国内的美国人感到神秘而又不安。"美国国内的人们"能接受士兵们给日本孩童散发口香糖和巧克力：因为这样的接触是微小的，这样的行为也符合美国人自以为的和善大度的形象。那些体谅年轻男性性欲的美国人甚至能够接受美国大兵和日本妇女之间暂时的性关系，但大多数美国人——包括许多驻日工作的美国人——不理解为什么一个美国士兵想和"日本佬"结婚并共度一生。二战刚结束，占领区的回忆录和大众媒体的文章就试图回答这些问题。50年代，好莱坞开始在大荧幕上解释这一现象，使用了老套的说法——爱情战胜一切——来解释冷战期间这种跨国跨种族的关系。具体而言，这些电影还是以传统的文学手法在处理这种爱情故事。故事里，男性奋斗、学习，在人与人的关系中脱颖而出——通常是和一个女性保持的两性关系——成为一个开明而强大的独立个体。这些种族间的爱情故事所表现的人的转变和成熟，旨在说明欧美男性通过和日本人建立的关系，渐渐变得更开明、更善解人意、更明智——简言之，更成熟。连续几年有三部电影相继公映——《太阳中的三条纹》（1955）、《秋月茶室》（1956）和《再见》（1957）——这些影片的故事情节表现的都是美国白人男主角通过学习成为一家之主，在承担男性责任方面变得更加出色。

　　尽管以冲绳为背景拍摄的《秋月茶室》以讽刺的手法表现了美国占领日本，向观众呈现了一个模糊不清的观点：谁是管理者而谁又该教导谁，但影片中的冲绳民众天真而又勤劳，为琐事争论不休，不关心民主的意义却最关心建造一个供他们休闲娱乐的茶室。日本翻译崎二（马龙·白兰度饰）可以称得上精明，但他的知识能力范围明显只局限于日本南部一角的一小撮岛屿。杰夫·菲斯比上尉（格伦·福特饰）是一名认真但不胜任的驻日军官，他不仅逐渐懂得欣赏冲绳的文化，还学会了在异国文化中成功地交流和管理。他以一名美国军官的身份在冲绳学到了可以放之四海的技能。尽管影片中人物的塑造加强了美国军人和冲绳人民或者日本人民之间的等级关系，但电影的结尾似乎对美国占领日本进行了合理化的解释。冲绳的民众邀请浮躁专横的美国人来茶室共同庆祝——冲绳民众对在自己的国土而受制于人的从属地位并没有怨恨。影片以美国士兵们夹杂在欢快舞蹈的冲绳人民之间的场景结尾，这是保留至今最好的一幅表现美国占领冲绳时乐观而温馨的景象。作为一部讽刺喜剧，《秋月茶室》和其他由驻日美国人所写的回忆录和文章一样，目的是减少削弱美国占领日本这一严峻冷酷的事实。

　　《太阳中的三条纹》是根据军士长休·奥赖利和他妻子裕子的真实故事改编。电影对两人的浪漫故事做了修改，"裕

美国的艺伎盟友：重新想象敌国日本

272

子"成了一名漂亮的翻译（木村美津子饰），她向奥赖利（奥尔多·雷饰）介绍了一个由天主教修女开办的急需帮助的大阪孤儿院，奥赖利所在的"猎狼犬"团部收养了孤儿院的孤儿作为他们的慈善事业。影片很快打造好了军士长奥赖利的人物背景：他是珍珠港事件的幸存者，痛恨日本人，不愿前往被占日本执行军事任务，因此随后他很快就请求调离日本。但是他的长官（菲利普·凯瑞饰）批评他心胸狭隘，驳回了他的请求，并教导他说国家需要军人们能"随机应变"，这样占领结束美军离开日本时，日本人会成为他们的"亲善盟友"。在影片结尾时，一个崭新的奥赖利向同一位长官提出了与之前相反的请求：他要求能让自己在日本就地退役，留在日本。这位现已升为将军的前陆军上校——这一晋升说明了该人物具有的权威、能力和智慧——问奥赖利之所以有这样的请求是否是因为他和裕子的恋人关系。当奥赖利承认了这点，希望长官表扬他正式化这种恋人关系的高尚意图时，出乎他的意料，将军教训了他一顿，还含沙射影的表示军士长奥赖利有潜在的种族主义：

> 将军：奥赖利，一个男人如果有幸能找到一个好
> 妻子，一个像这个女孩这样可爱聪明的妻
> 子，他应该是世上最幸福的男人了，他应
> 该骄傲地带着她周游世界并且可以和任何

人为伍。

军士长奥赖利肯定回答道：长官，我深爱着这个
女孩。我绝没有以她为耻，我愿意带她去
任何地方。

将军：除了你的祖国，美国。这就是为什么你想
就地退役，对么？

军士长奥赖利辩解说：长官，这有可能。但这是
因为我爱他，我不愿带她回国后，人们因
为她是日本人就对她任意摆布或是讥讽
嘲笑。

将军：你真的认为美国人是这样的，还是说你会
这么对娶日本人为妻的美国人？（将军带
着激怒的口吻）奥赖利，你是个懦夫。尽
管……你还是个懦夫。你从来没想过这个
女孩的感受，你所考虑的只有你自己。你
知道只要你愿意是可以带她回国的，但你
却让我替你做决定，好，那我就来做。请
求不予批准，这是你想听到的吧？

军士长奥赖利生气地说：不是。

将军再次平静下来说：但是你内心里感到解放了，是
吧？军士长，我不羡慕你。（将军走开了）。

在这之后很快，奥赖利似乎顿悟了；他急忙向裕子求婚并邀她一同去美国生活。奥赖利现在坚定而充满自信，他确定地向裕子说只要一家人"在一起"，他们和将来的孩子们就能够处理一切遇到的困难。裕子接受了他的求婚，决定信任他、依靠他。当两人来到裕子家里接受裕子父亲的祝福时，荧幕上的字幕向观众说明奥赖利现在正"和妻子裕子"在西点过着他们的浪漫幸福生活——西点的确是奥赖利继日本之后被派驻的地方。

影片《太阳中的三条纹》所传递的信息是美国人必须撇开战时的仇恨，摒弃对日本人的种族歧视，这一信息赢得了国务院、国防部和军方的支持首肯。哥伦比亚电影公司为了保证影片在日本拍摄期间能得到军方的合作支持，将剧本呈送给了以上三个部门接受审查。国务院远东事务办公室的负责人写道："（我部）对该剧可能发挥的潜力非常看好，相信该剧定会大大促进美日两国之间的互解互谅。"为推进双边理解，正需要此片所宣传的一切：调和减弱让日本人敏感的美国种族主义，大肆吹捧美国士兵在日本的善行，为国内的美国人树立正面的榜样。因为该片的主题对美国对日政策颇有助益，因此国务院不仅批准了该片的拍摄，还督促国防部要积极配合哥伦比亚电影公司。军方同意合作并承诺会在影片首映和后续的全国巡演以及同美国大使馆和美国新闻署代表协调在海外"为该片开拓市场"方面都会给予"适当的配合"。

《再见》传达了一个类似的主题，影片中由马龙·白兰度饰演的男主角经历了和影片人物奥赖利一样的转变：学会了摒弃仇恨，逐渐成熟，并在和一名日本女孩的恋爱过程中克服了种族歧视。影片《再见》中第一段深入持久的对话表明，劳埃德·"埃斯"·格鲁夫（白兰度饰）是一个怀有偏见、冷淡、不成熟的空军战斗机飞行员，他试图阻止飞行员乔·凯利（雷德·巴顿斯饰）和日本未婚妻胜美（梅木三吉饰）的婚事。情景设置突出了"埃斯"和这位老相的属下凯利的不同。尽管在米切纳的小说中，凯利是个只有十几岁的"叛逆无知的"小混混，导演洛根和制作人威廉·戈茨却让一个年近40的演员和年轻的白兰度演对手戏，这样做是为了在自信的上级衬托下让凯利显得经验丰富而又睿智。白兰度饰演的格鲁夫是个过分自信、举止动作夸张的人，此段谈话发生时，他就是岔开两腿随意地坐在简易机场办公室的桌子上。正如博斯利·克劳瑟在该片的影评中所说，在影片的开始，白兰度表现的格鲁夫"像个十几岁情感尚不成熟的男孩"。而和他形成对比的是巴顿斯饰演的凯利，谈话的大部分时间，他都站在另一张桌子后，肩背英挺，肢体动作很少。这一幕将凯利塑造成"成年人"——坚持自己的立场，确切地知道自己的目标，不像那个似乎并不急着和未婚妻结婚的年轻不成熟的长官。

但到了影片结尾，格鲁夫已经成长为一个成熟的成年人，他决定和日本爱人结婚生子，面对异族通婚可能带来的困难，他和荻花决定起而反抗试图拆散他俩的种族主义势力。在一群支持者和记者面前，荻花表达了他们的决心并恳请人们的理解：

　　（我的未婚夫）知道在他的祖国有人会对此感到困扰不安。我也知道我国的民众也会感到震惊。但我希望有一天他们能理解并赞成。我们不畏惧，因为我们知道这样做是正确的。

　　《星条旗》的记者：少校，你的上级长官会对此狂怒不已。日本人对此也不会赞成。你有什么要对他们说的么？

　　　格鲁夫停顿了一下，思索着恰当的措辞：那就告诉他们"再见"吧。

这个带着反抗挑战意味的"再见"和米切纳小说中表现的意义不同，小说中的"再见"意指格鲁夫和荻花之间苦乐参半的分离之情。米切纳笔下的格鲁夫决定放弃荻花返回美国，回国后他可以得到晋升，还有将军的女儿艾琳·韦伯斯特在等他回国完婚。据《再见》一片的导演洛根说，影片结尾所作的修改是马龙·白兰度提议并坚持的结果。白兰度起初拒绝出演格鲁夫，因为他认为故事情节有种族主义色彩。白兰度曾宣称"我不会拍摄像《蝴蝶夫人》那种以美国人傲慢地抛弃日本女孩为结局的影片"。为了和这个有个性的男主角签约，洛根和戈茨答应了白兰度的要求，修改了结尾部分。为了突出强调格鲁夫转变成一个成熟宽容的男性，白兰度还假装模仿南方口音（一个影评人写道"黏稠的像原油一样的得州口音"）以说明格鲁夫是个南方人——这又和米切纳小说中塑造的主角人物不同。米切纳证实了洛根所说的有关白兰度所要求的情况，并且他记得自己也同意了制片人修改"我所写的悲伤结局"的决定。电影上映后，白兰度写信给洛根——在拍摄期间，他和洛根的关系很紧张——表示有十几个亚洲朋友都赞扬该片是首部在西方故事中将亚洲人塑造成"一等公民"的好莱坞电影。

尽管白兰度关注到了种族主义，但他对女性却缺乏同样的敏感，在现实生活中，他要求男性应受到好莱坞主流影片中表现的日本女性对欧美男性国王般的侍奉。白兰度在影片《再见》的宣传期间娶了一位南亚女孩为妻，他在接受一本电影杂志采访时说他更喜欢外国女性，因为美国女性表现得过于强势独立——"习惯于为了自己的利益而变幻不已"。而外国女性清楚地知道"何时该鼓励（他们的爱人），何时又该保持沉默"，用影片《再见》的男主角的话说，现代美国女性很少"给男性展现男性情感和行为的机会"。白兰度喜欢外国女性"想要取悦娱乐他，而对他却没有同样的要求"——这正像《再见》中的女主角表现的一样。影片中，随着格鲁夫从偏执顽固转变为宽容大度，荻花同时也经历了转变，从一个由仰慕的助手照顾一切、举止男性化的，喜欢异性装扮的名媛变成了一个愿意服从爱人意志的女人。白兰度在种族问题上表现出的进步观点以及在性别问题上表现出的倒退思想反映了《再见》及其他有关日本的冷战电影为了兜售种族宽容而对保守的性别角色表示的赞同。

角色挑选过程中体现的性和种族政治

因为异族通婚是影片《再见》的核心内容，洛根和电影公司要确保挑选一个他们认为对欧美男性有吸引力的女演员。他们花了数月寻找女主角人选。在一直找不到更好的人选前，华纳兄弟公司和洛根曾一度想让奥黛丽·赫本饰演该角色。当洛根飞往巴黎和赫本商量此事时，赫本拒绝出演该角色，她对洛根说："我无论如何也演不了东方人，没人会相信我，观众会笑的。"最终他们决定，让一个"日本女孩"扮演"这个日本人角色"会显得不那么"带有偏见"。电影公司在日本和夏威夷没有找到合适的人选，之后电影公司联系了日裔美国公民同盟（JACL）寻求帮助，他们最终在一家洛杉矶旅行社找到了一名第二代日裔美国妇女贝蒂·石元饰演该角色：拍摄时她使用的艺名是高美以子。为了激励民众欣赏高美以子的美貌，担心她的美不为人们所注意，电影公司大作宣传，称她是"像夏娃一样具有所有女性特质"或是说她"几乎是女性特质和优雅气质的典型象征"。一份新闻稿甚至表示"一个男性如果对她这种高贵的美没有反应的话，那他应该去看医生了"。

华纳兄弟公司试图保持这个新星的神秘感。在日本文化中，电影公司让高美以子在巡回宣传中所穿的色彩艳丽的长袖和服意味着穿着的人尚未结婚。尽管影片《再见》的宣传人员可能并不了解这一区别，但他们想营造一个高美以子仍是个年轻单身女性的假象。他们公布了高美以子的一些重要数据，宣称她只有24岁，这样一来，她在12年前嫁给戴尔·石元时就只有12岁了。电影公司的宣传人员有意不提高美以子的婚姻状况就更不足为奇了，因为他们知道公众，尤其是异性恋的男性们，如果知道影片中这个"身着异国服装的东方小姐"（引自露西·克罗克特）实际上已婚并且是两个孩子的母亲，他们对该片的反应就不会热情高涨了。但电影公司却让高美以子在一次影片的巡回宣传中展示了作为家庭主妇应该具有的艺术和技巧。于是在美国首府举行的宣传性质的才艺表演中，高美以子"为新闻、广播以及影视媒体的代表们制作了地道的日本牛肉火锅"。为该片宣传的报纸刊登了四幅高美以子烹制天妇罗的照片（其中一张是她将生虾浸入面糊的场景），这次她仍身着长袖和服，这样的装扮完全不适合下厨。

比起高美以子的真实年龄和婚姻状况更让人幻想破灭的是战争期间她曾被拘禁在亚利桑那的拘禁营中。当记者在一次电话采访中问到此事时，她假装信号不好，回避了这个问题。电影公司可能有也可能没有授意她要掩饰自己的过去。在好莱坞，日裔美国人的拘禁事件并不是忌讳的话题；例如，《全力以赴》这部比《再见》早六年拍摄的影片在宣传过程中有一段清楚的采访原稿，其中影星范·约翰逊指出片中的日裔演员——许多实际上是第442部队的退役军人——是"从有带刺铁丝网的拘禁营中出来"自愿加入军队的。无论电影公司是否曾明确示意高美以子掩盖自己的过去，她的所作所为和战后许多日裔美国人一样，只是想继续他们的生活而不愿宣扬自己曾受拘禁的历史，因为他们知道许多美国同胞仍对他们抱有怀疑态度。《再见》是高美以子的第一部电影，她希望能继续从事演艺事业，因此强调痛苦的过去并不在她的计划之内。作为一个少数族裔女演员，高美以子的人生经历和事业目标在不经意间让她成为了日本女性的典型代表——从不抱怨却殷切地取悦他人。

尽管华纳兄弟公司和洛根费尽周折才找到了饰演荻花的日本妇女，但在为唯一重要的日本男性角色"中村"挑选歌舞伎男演员时，却没费多少工夫。演员里卡多·蒙特尔班出演了这一角色，该角色对格鲁夫遗弃的未婚妻艾琳·韦伯斯特（帕特里夏·欧文斯饰）怀有暧昧的爱恋之情。影片的宣传在表现这位英俊的日本男性时，有意突出了这点所谓的进步，一则新闻报道"引用"洛根的话说："我认为现在是时候改变对日本男性的看法了，他们不都是龅牙士兵和强奸犯或是用喉音说话的暴眼侦探。我们听到过对日本女性魅力的无尽赞叹，并且信以为真，那么可怜的日本男性又怎样呢？"尽管洛根有着很好的意图，他还是让一个拉美演员而非日本演员甚至是亚洲演员扮演该角色。这篇新闻报道在解释为何选用蒙特尔班饰演该角色时说，导演曾找了许多会跳舞的日本男演员，但是没有一个"外表看上去是足够成熟的"。或许是无法抹去对日本男性的刻板印象，洛根后来解释说他之所以挑选蒙特尔班是因为他在日本找不到"一个具有男子气概，能让美国女性感兴趣"，同时英语表达还很流利的男性。没有一个日本男性够"成熟"或是够有男人味来出演这一角色，尽管这个角色本身是一个喜欢穿着女性服装，散发着女性气质的人物。在这些落选者中有曾是第442部队退役的日裔美籍军人戴尔·石元，他当时是该片女主角高美以子的丈夫。

尽管洛根没有承认，但他——如同许多美国人一样——或许也发现看到亚洲女性和白人男性在一起比看到亚洲男性和白人女性在一起更容易让人接受。这一时期，好莱坞至少制作了三部影片正面描写有色人种男性和白人女性之间的关系——《樱桥梦》、《深红色和服》、《天涯知己》——但三部影片都传达了矛盾的信息。在《樱桥梦》中，日本男主角最终命陨黄泉——

和早期的电影《凋谢的花朵》（1919）、《袁将军的苦茶》（1933）的结局相似——《樱桥梦》蕴含着"保守的观点，即白人女性对有色人种男性的爱恋不管怎样最终都会无疾而终"。塞缪尔·富勒导演的《深红色的和服》中，乔·江若（詹姆斯·茂田饰）赢得了漂亮的欧美女孩克里斯·唐斯（维多利亚·肖饰）的爱慕，但影片中江若对种族主义的敏感，不是表现为合理的担忧而是偏执多疑。在《天涯知己》中，遗孀伯莎·雅各比（罗莎琳德·拉塞尔饰）通过和日本商人浅野光一（亚力克·吉尼斯饰）的友谊，克服了她对日本人的仇恨，但她拒绝了浅野光一的求婚。在该影片中，吉尼斯出演黄种人浅野光一的事实更进一步破坏了影片呼吁种族宽容的目的。一篇影评中写道：吉尼斯面部化着浓妆，眼上贴着假眼皮，让他看上去就好像"眉毛上吊着两片厚厚的馄饨皮"。尽管这三部影片另有意图，但都或多或少地强化了种族等级的观念。

好莱坞的影片强烈地暗示出：日本女性都像荻花一样，如果有机会，比起和亚洲男性在一起更愿意和白人男性结合。尽管一些非好莱坞出品的影片不接受有关日本女性的刻板印象，不认为她们是很满足于依恋并侍奉美国男性的温顺的女性，但这些影片都没能在美国广泛发行。例如，在日本制片人今村昌平制作的影片《猪与军舰》（1961）中，女主角更喜欢她的日本恋人，但她迫于母亲和姐姐的压力成了美国男人的情妇，因为他送的礼物可以减轻家里极度贫穷的状况。在今村摄制的影片中，对日本女性来说，白人男性并不是不可抗拒的。《猪与军舰》长长的片头以快速移动的场景表现了十几个美国男人像捕猎的狼一样进入在海军军事基地横须贺的一家妓院。今村特写了这些美国男人长满肌肉健硕的大腿和肚脐，表现了他们在和性工作者爬上双层床时脸上急不可待的笑容。约瑟夫·冯·斯坦伯格拍摄的《安纳塔汉》（1953）也没有像主流好莱坞电影那样表现温柔顺从的日本女性。该片基于一个真实的故事：一群日本人被困在了孤岛上，不知道战争已经结束了。影片刻画了一位坚强的日本女性。但是冯·斯坦伯格却走上了另一个极端，该影片中的"艺伎"成了使用性控制男性，进而挫败男性的女性力量象征。今村的影片在美国一直无人关注，曾导演过《蓝色天使》的知名导演冯·斯坦伯格的最后一部影片《安纳塔汉》，用他自己的话说，是他"最失败的一部作品"。该片在日本不受欢迎，在美国的上映率也非常有限。因此，电影中对日本女性特质的占主流地位的阐释远远压倒了其他可能的解读，尤其是在美国，非主流阐释的影片似乎完全没有市场。

推销同盟观念

但是，那些表现了温顺、"异国装扮的小姐"或是"无忧无虑的美女"时刻都在纵容满足美国男性的作品却总能找到现成的市场。早在19世纪晚期，樱花树下坐在黄包车中的艺伎形象通过《蝴蝶夫人》中标志性的表演早已深植于美国文化。当大量的美国人来到被占日本工作服役时，这些形象就更加广为流传了。原有的东方主义观念不仅推销了战后拍摄的有关日本的好莱坞电影，还向美国消费者宣传了日本——日本的风景、特产和日本女性。于是，电影制片人推销电影的商业目标和美国政府援助日本经济的目标相吻合，美国政府希望在某种程度上通过让美国人（可能的话甚至全球观众）克服反日情绪，能够去日本旅游并从前二战敌人那里购买商品。换句话说，好莱坞通过再次演绎东方主义推销了日本和日本民族。

电影公司在影片宣传过程中大肆宣传白人男性轻而易举就可得到日本女性的观点。例如有关19世纪美国大使汤森·哈里斯（约翰·韦恩饰）和他的日本情妇（安藤荣子饰）兼带有历史性的影片《蛮夷与艺伎》，该片的海报就宣扬了日本女性心甘情愿地对欧美男性谦恭顺从。慵懒的安藤和服滑落、香肩半露地说道："我原本是被派来监视你……刺杀你的——现在我愿意随你处置。"类似对日本女性谦恭顺从的宣传也出现在影片《竹屋》、《夜幕下的东京》和《啼笑姻缘路》的海报中。在这些对日本女性的描写中，她们毫无自主权——只有选择和欧美男性在一起。好莱坞不厌其烦地演绎着这个自以为是的看法：土生土长的有色人种女性总是会选择白人男性而不是土生土长的有色人种男性，甚至可能因此而背弃自己的家人。

除了将日本女性描绘成心甘情愿与白人男性为伴，好莱坞——考虑到大批的异性恋女性观众——还启用了美国消费主义观念。一个在圣诞节前为影片《再见》推出的宣传报道把女配角梅木三吉比作节日货架上的人偶，称该女演员是"一个真正的日本人偶……目光斜视，时而跳动着欢乐的眼神，时而流露出哀伤的情绪"。通过将梅木三吉和高美以子（主要是梅木）比作人偶，影片《再见》的新闻宣传稿援引了有关日本女性的陈旧刻板印象，认为她们乐于被白人男性作为玩物操纵或是被白人女性当作装饰物摆弄。这种将日本女性比作人偶的做法显得她们似乎是可供出售买卖的，就像战前的"日本玩偶"或是美国军人和其他驻日的美国人在日本买的装在玻璃盒里身穿和服的日本人偶纪念品一样。

电影公司为了宣传以日本为背景的影片，大力建议剧场经理使用配有真实产品的商业广告。对像《再见》和《樱桥梦》这种由小说改编而成的电影，电影公司建议剧场联系当地的书店，设立一些对双方都有利的柜台或展示窗来宣传影片。还有人建议和销售日本产品的商家合作经营，例如和出售日式拉门的家具店或"当地的日式火锅店"合作。当然，最多的建议是和日本航空公司或当地的旅行社进行商业广告合作，宣传日本之旅——这是个合理的建议，因为实际上所有冷战时期有关日本的电影都是一部旅游记录影片。

　　好莱坞认为影片中体现的旅游日志特色是此类电影吸引美国观众的很重要的一部分，这一看法很正确。《生活》杂志上发表的对影片《再见》的影评充满了赞许："影片欢快地徜徉在日本的美景风物之中——岩石搭建的庭院和小桥、京都皇家花园的松林、风格姿态各具的文乐木偶戏人偶、传统的舞者、背部按摩、茶道、大量的日本米酒和日式火锅。"诸如东京的庙宇和神社、镰仓大佛像、富士山、禅院、身着和服用十三弦古筝演奏樱花调的少女这样的风光景物图片对美国观众而言已变得非常熟悉——数量之多使得电影公司在60年代为影片《我的艺伎》和《塔米克》做宣传时，宣称要从新的视角将日本刻画成一个"有血有肉有生气的民族，而非老套的明信片风景"，电影公司还自夸称它们的影片中不会出现富士山。日本旅游日志式的影片鼓励观众忘却残酷的战争，取而代之去"欢乐地徜徉"在魅力十足的异国土地的奇观异景中。当观众们受到激发亲自去日本旅游时，他们就为日本经济注入了急需的能量。日本人也很欣赏好莱坞电影宣传日本的这种方法：影片《再见》受到了来自日本旅游局和"其他政府部门"的协助，其他在日本当地拍摄的影片也受到了同样的待遇。

　　但是，好莱坞电影公司只会强调日本的异国情调、物化日本女性，或是以某种方式贬低亚洲人，除此之外它就不知如何宣传推广自己的影片了。这点在电影公司给剧场经理的"宣传建议"中表现得尤为明显。米高梅电影制片公司为影片《蛮夷与艺伎》发布的新闻稿表示会有一些日裔美国女性"装点"该片的首映式，"为了添光加彩"，她们还会打着阳伞坐在黄包车上。其他一些来自米高梅电影制片公司的建议有雇用"苦力"拉着黄包车在市区为该片大做宣传，或者雇用少女，让她穿上和服、戴上艺伎的假发，在"热闹的购物区或是在商场的入口"分发传单。毫无疑问，雇用"苦力"拉黄包车会破坏影片制作人所说的赋予日本人以人性情感的目的，但他们却成功地让吉卜林诗句中的东方和西方会合了。美国人和日本人彼此"相遇"，可以友好相处，但他们之间的地位不一定就平等。例如，《综艺》杂志在1957年12月报道称以日本为背景的影片驱使富有的纽约人纷纷"急召精于艺伎表演艺术的日本表演者"在私人聚会上表演；但是，人们可以看出这些影片并没有促使美国人和日本人个人做朋友或是邀请日本人来家里做客。人们对另一个民族以及他们的文化有兴趣、有密切联系或是有敬佩感，并不意味着就会把他们视为能主宰国家和自己命运的平等主体。

金钱换来的宽容

为数不多的资料显示一些美国观众赞同战后以日本为主题的电影所传达的有关种族宽容和国际友谊的信息。俄克拉何马州荷登维尔的W.拉塞特在给电影制作公司巨头杰克·华纳的信中称赞影片《再见》："还有什么更好的媒介能比这部电影在推进美日两国人民关系上发挥的作用更大？"住在得州达拉斯的尤拉·M.麦克纳布女士也给华纳公司写信赞扬影片《天涯知己》：

> 电影提供了无穷的机会让易受影响的观众从中受益。那些格调低俗、给观众施加负面影响的影片是不可饶恕的。在理智上，有关战争（现在这是试图判定对错的古老而无能的方法）、（以各种形式存在的）恃强凌弱或种族容忍的幼稚想法必须提升到一个在理智上更为成熟的层面。感谢你们为此所做的极具价值的努力。

好莱坞努力将种族容忍和理智成熟的概念相联系，这种努力至少得到了一些观众的共鸣。在20世纪中期的公众舆论中，美国人常常使用"成熟"和"幼稚"的说法来分析社会问题——表明即使是在二战的恐怖过后，美国人仍坚持现代主义者的信仰，认为社会是以线性方式向更高层发展——用来信者的话说，向一个"更……成熟的层面"发展。和知名学者H.A.奥弗斯特里特一样，这位女士将种族狭隘——以及战争——视为是"不成熟"、幼稚的状态，是美国人和世界上所有民族在逐渐成熟的过程中都需摆脱的状态。现在随着美国成为美国人所谓的"自由世界"的无可争议的领导者，美国人意识到他们自己还需要继续"成长"，但基本上，他们感觉良好，甚至自认他们注定要成为世界导师、世界警察和卫士。好莱坞通过日本主题的电影进一步确定并加深了这一信念，尤其是当这些影片在有线电视上播出后，好莱坞更是继续朝着这个方向努力。在战后以日本为主题的电影中，美国男主角在逐渐认识到种族偏见是错误的同时，也深入地了解自己和日本民族。有了这种新的认识，男主角，更确切地说是美国人作为"负责人"的角色就确定无疑了。

以日本为主题的电影关注的是种族偏见而非种族主义，它们试图说明种族偏见并非源于美国社会整体运作中的等级制度，相反这种偏见反映了一些个人和心胸狭窄的民族的错误想法。例如在影片《黑岩喋血记》中，抱有种族主义观念的恶棍不仅谋杀了日裔美籍农场主，还无缘无故地、冷血地杀害了年轻、误入歧途又轻信他人的白人女孩。在20世纪50年代的美国观众中，很少有人会认同这样的恶人，更不用说将自己视为这样的恶人，于是他们就能够心安理得地认为自己不是那么偏执狭隘。因为战后拍摄的影片表明开阔的胸襟和善意可以消除种族偏见——这只需要改变固执狭隘的心胸，变得更宽容，从"情感不成熟的……小男孩"成长起来——对那些早已自认为成熟、有着开阔心胸和善意的观众，这些电影对他们的要求并不高。影片《再见》的结局也只是希望观众接受美国军人和日本女性的亲密关系，并没有更多的要求。电影结束之际，观众得知美国国会正在找时机修改禁止驻日美国军人携日本配偶回国的移民法案——国会确实于1952年在修正麦卡伦—沃尔特法案时对此做了修改。因此电影制片人表示美国政府早已修改了带有种族主义色彩的法案，观众们无需做任何事情。

与冷战时期以日本为主题的影片相关的自由主义言论观点转移了美国人认真解决国内和国际种族主义的视线。影片集中关注对日本的种族偏见，而忽视了更令人困扰的、根深蒂固的美国社会经济体系和法律秩序，这些体系和秩序以肤色为标准系统地否决了部分美国人的机会和政治权利。敏锐的欧美观众承认并认可这一点。影评家在给《纽约客》杂志的稿件中称影片《再见》"比其他影片都更容易令人接受"，因为它不像其他以描写种族关系为主题的影片那么"犀利直接"。这些反映欧美人和日本人或日裔美国人关系的影片集中表现了日本"传统家庭生活和传统艺术的有趣场景"，这样就可以很容易掩盖美国国内和国外长期存在的种族主义影响。

战后大部分的电影制片人怀着真挚的理想，希望世界各国友好亲善，他们也信心满满地认为自己国家的所作所为是为了全世界人民的最高利益。要培养这样的友好关系就意味着充当非官方的亲善大使——即在国外尝试建立合作关系和友谊的同时，仍要保持以国家民族为重。但是，这种"友谊"和文化交流所带来的明显的互惠性使得人们忘记考虑这一过程中美国在经济、政治、军事力量上的主导地位。和其他冷战自由主义者一样，好莱坞的电影制片人并没有要求美国"撤退海外军事基地，或是解除和殖民地政权以及和后殖民政府之间的政治联盟，或是限制对外贸易"。他们表示就像影片《秋月茶室》中表现的那样，要想平稳顺利地和亚洲人建立友好关系，需要改变的只是态度而非各种体制。尽管制片人宣扬种族宽容，但战后影片却并没有完全改变对日本人、亚洲人或亚裔美国人的东方主义偏见。因此，他们只是对美国的对日政策做了补充，最终也只是希望美国人愿意接受日本作为盟友、购买日本商品，并没有更多的要求。美国的政策并没呼吁美国人拒绝等级差异，无论是种族、性别还是地缘政治上的等级差异。相反，美国的政策号召美国人民忘却仇恨，消费和好莱坞拍摄的有关日本的华丽影片非常相称的商品。

男艺伎

　　派拉蒙电影公司信心十足地相信美国人会对日本奇观异景十分着迷，于是在1958年底公映了一部名为《男艺伎》的喜剧。这部杰瑞·刘易斯出演的影片涉及到一个出身卑微、失意落魄的美国魔术师和一个上层阶级的日本男孩之间的友谊。该片无足轻重、意义不大，但它却能引导我们了解20世纪中期美国人对一些重大问题的想法：例如和前二战敌国间的关系、美国成为世界领导者的能力、复杂的国内社会关系等。这部电影不仅揭示了美国人对这些重大问题的担忧何在，还揭示了美国人是如何成功解决这些问题的。

影片《男艺伎》表现了"伟大的伍利"（刘易斯饰）通过和一个日本男孩的友谊成长发展为一个成功的娱乐演艺者。伍利满怀希望能通过取悦驻日的美国军队来重振他每况愈下的演艺事业，他急切地几乎是跌跌撞撞地下了飞机，踏上了日本的土地。他随行还带了个傲慢的金发小明星，一起为台下等候的人群表演，在人群中有7岁的渡边三男（罗伯特·平野和义饰），自从双亲去世后，这是他第一次露出笑容。渡边三男的阿姨式田喜美（诺布·亚斯姆·麦卡锡饰）看到他笑了很惊奇，于是她安排他和伍利见面。当渡边三男见到伍利时，他非常大胆又相当令人不可理解地对伍利说："请当我的爸爸。"那之后，伍利和渡边三男彼此都喜爱对方，尽管他们知道伍利在日本的演出结束后，他们就会永远分开。但伍利后来返回了日本，显然是要在日本定居，这样就避免了悲伤的结局。渡边三男对伍利的尊重和爱戴让伍利重拾信心，扭转了人生，于是一个在美国国内自嘲为"头等傻瓜"的失败者却成功地登上了东京的头条新闻，给电影一个美满的结局。像影片《再见》中的劳埃德·格鲁夫一样，伍利因为和日本人的情感关系而成长为一个"男人"。伍利这个美国人在剧中是日本男孩的监护人又是他的良师益友，因此该片也象征性地表明了战后日本作为年轻的同盟国需要美国引导的美日双边关系。

身为导演兼剧作家的法兰克·塔许林拍摄的影片《男艺伎》大体是根据一本原名为《皮特先生》的电影剧本改编而成的。和《再见》一片的制片人一样，为了商业和艺术的考虑，塔许林对原作进行了较大的修改。《皮特先生》讲述的是一个朝美混血孤儿从美国孤儿院逃跑后，跟着一个失败的杂要演员生活的故事。这位杂要演员无趣的表演在让皮特加入演出后，突然开始吸引大批的观众。电影结尾时，这个演员意识到他必须放弃表演事业，为皮特提供一个更稳定的家庭生活。他那位受尽苦头的女友接受了他的提议，承诺放弃演艺事业，于是两人一起收养了皮特。塔许林将皮特和那位女友的国籍改成了日本，还改变了故事发生的背景，这样《男艺伎》一片大部分场景不是发生在美国而是在日本。

值得注意的是，皮特有一半的血统来自朝鲜，但塔许林并没有将故事的背景设在朝鲜。他出于商业利益考虑做出关注日本而忽视朝鲜的决定，大致和美国在远东集中扶植日本使其成为主要同盟的政策相一致。塔许林不愿将此片拍成一部有关朝鲜战争遗留下的被人忽视的种族通婚后裔的纪实片，他决定选择了一个更为简单的主题：美国成年男性和日本男孩体现的国际友好以及种族友谊关系。这一抉择使得塔许林完全避开了棘手的社会问题，同时导演和派拉蒙电影制作公司还可以使用艺伎这种美国观众早已熟悉的标志性景观，这样就可以用派拉蒙公司现存的日本景物电影胶片制作一个低成本的旅游日志。影片《男艺伎》展示了一系列人们熟悉的镜头：东京的庙宇和神社、镰仓大佛、富士山、禅院，甚至有艺伎的居所艺伎院。塔许林还为渡边三男设定来自上层阶级，这样电影就可以展示一个带有日本式大花园的精致传统家庭。因为种种历史原因，美国人对朝鲜文化较陌生，而且这个遭受战争蹂躏分裂的国家，经济仍很落后——大部分原因是由于它是日本的前殖民地——不像日本那样容易创造商业奇迹。

　　和其他战后有关日本的电影一样，影片《男艺伎》的营销策略也试图向美国消费者推销日本产品，采用的也是性别主义和东方主义的卖点。派拉蒙电影制作公司为《男艺伎》发行的新闻宣传册鼓励剧场经理通过和当地的商场或家具店建立商业广告联系以宣传该影片：它建议将电影海报和剧场以及商场对"现在热销的日式推拉门"的优惠一起登出，进行互为有利的促销。尽管影片不是表现艺伎少女，但影片开场一连串的镜头却展示了"可爱的艺伎少女"（正如塔许林在剧本中描述的那样），她们笑容羞涩，玉体若隐若现，手中打开的扇面上印着演职员表。这样的开场，就如同片名一样，设定了影片发生的场景，但它同时也让塔许林有理由搭建精致的布景和摄影棚，有理由安排身着和服的女侍者出现在影片的首映式上。而影片首映式上出现的拉黄包车的"苦力"则是影星杰瑞·刘易斯亲自上阵。刘易斯戴着厚瓶底眼镜、无边帽，假龅牙，穿着"火红"的日本宽松外衣，扮成蠢笨的"东方"角色，用黄包车拉着合作演员诺布·麦卡锡（"喜美"）来到在好莱坞举行的影片开幕盛会上。

和影片《再见》一样，影片《男艺伎》的情节设置也有日本女性和欧美女性之间为赢得美国男性的芳心而进行的竞争，而且最终都是日本女性获胜。喜美的竞争者是女子后备空军的士官皮尔逊（苏珊娜·普莱谢特饰）；令人费解的是，这两个漂亮、看似聪明的女人竟会被头脑不清的伍利所吸引。而伍利对她俩却不太在意，但他确实注意到了喜美的美貌。在见过喜美之后，伍利感叹道："哇！我愿意时时刻刻陪在她身边！我知道为什么白兰度喜欢这个地方了。"皮尔逊士官是一位职业女性，电影中没有提及她的名字，影片中她一直身着生硬笔挺的军装，而喜美却换过许多更女性化、更漂亮的服装，其中还包括一件分体式泳衣。皮尔逊士官会批评指责伍利这里不对那里有错，而喜美却总是一直支持伍利，和颜悦色，不加评判。喜美没太在意皮尔逊士官，而皮尔逊士官却立刻将喜美当成了自己的劲敌。皮尔逊士官认为伍利太关注喜美，对此很是嫉妒，于是质问伍利："你们这些美国男人到底看上这些女人什么了？美国女性和这些东方女性到底有什么大的不同？"她后来对此次情绪爆发表示歉意，并解释说此前她的一位男友就曾因爱上了一个日本女人而离她而去。但她继而又信誓旦旦的说："相信我吧，下回再遇到心仪的男士，我会忘掉所谓的美国女性解放赢得的独立，而像日本女性那样与他相处。"皮尔逊士官显然认识到那些对"美国女士"满腹抱怨的驻日美国士兵们希望她们能吸取教训；那些在好莱坞拍摄日本主题电影的制片商们似乎也在建议更多的美国女性应当向日本女性学习。（但是就薪酬而言，欧美女性仍旧比日本女性占有优势。尽管皮尔逊士官这个角色是苏珊娜·普莱谢特的荧幕处女作，但她所得的报酬却比已有三部影视作品的诺布·麦卡锡要高。）

在好莱坞的影片中，日本男性对于欧美男性赢得日本女性的爱慕威胁很小。但是，伍利却碰到了一个白兰度饰演的劳埃德·格鲁夫所未曾遭遇的情敌——喜美的未婚夫，一个身材高大、脾气火爆的棒球运动员。未婚夫一郎这个角色（出村龙三饰）被塑造成了一个有蛮力而无头脑的巨兽。他交流的方式不是说话而是低沉的咕噜哼叫，似乎他每次看到伍利，灾难就会发生。他的性格就像只发疯的大猩猩，不禁让人想起战争早期美国宣传画报上日本人在东南亚和亚洲大陆势不可挡的侵略扩张时的形象。当年的宣传画报暗示日本的疯狂行为最终会使日本人一事无成，现在，这位未婚夫的情况亦是如此。喜美对她未婚夫的行为深感困窘，为此向伍利道歉并和未婚夫解除了婚约。

尽管好莱坞并没有忘记战争时期狂热的日本军人形象，但战后拍摄的影片倾向于通过对日本人不同程度的人性化的塑造而削弱他们给人的盲目狂热印象。塔许林戏仿了另一部几年前的影视佳作《桂河大桥》的主题，他让在《桂河大桥》中饰演傲慢专横的日本军官的演员早川雪州出演喜美的父亲和渡边三男的外公式田。在影片《男艺伎》中，观众首先看到的是他身着军装，双手叉腰，僵直地站着检查他后院里池塘上小桥的修建情况。与此同时，劳工们哼着和影片《桂河大桥》中一样的曲调。当劳工们稍有懈怠，式田就尖利地咆哮使得他们只能加快劳作，一边还吹着《波基上校进行曲》。式田那令人异常熟悉的断断续续的发火让伍利感到畏惧退缩。式田则会走近伍利向他军礼致敬，之后和他热情地握手感谢他让外孙重新找回了快乐。这位爱孙心切的爷爷解释说修建小桥也是为了哄渡边三男开心，但只有伍利让他外孙的脸上重新出现了笑容。在谈到小桥时，他说道"现在我知道了那毫无作用，只不过是浪费时间而已"——再一次暗示影片《桂河大桥》中那座命运悲惨的大桥。在伍利的一再追问下，式田承认自己和"那位演员"具有相似性，但他坚持说"我早在他之前就开始修桥了"。当伍利跟随式田前往他的住所时，演员亚力克·吉尼斯在影片《桂河大桥》中饰演的尼科尔森上校的形象在荧幕上一闪而过；伍利试图将这个画面从脑海中清除，但却不由自主的吹起了《波基上校进行曲》。套用马克思的话说：即便是电影中的历史，在第二次重演时也是闹剧；原先那位日本军官被驯化了——成了一个像天皇裕仁一样的"家居男士"——发生在日本盟军战俘营的残暴行为也成了笑话。甚至皇家日本的象征也进行了同样的处理：在影片《男艺伎》的海报中，"日不落帝国"现在成了"乐不停帝国"。

　　尽管伍利曾说过想和喜美像"筷子"一样亲密，但影片《男艺伎》中真正的感情是发生在伍利和渡边三男之间。伍利基本上对喜美渴望的眼神视而不见，一心扑在渡边三男身上。他确实曾和喜美有过激情一吻，但那是在和男孩而不是和喜美"约会"之后。而且亲吻之前和之后，伍利都没有看喜美，他显得很疲惫，满心想的都是第二天就不得不离开日本离开渡边三男了。这是分离与不得实现的热望相交织的苦涩中带着甜蜜的一吻——伍利的爱偏离了方向，却以一种看似合理的方式得以释放。派拉蒙电影制作公司不但没有忸怩地避开同性恋话题，相反它还建议剧场影院对此大加利用。在给剧场经理的影片宣传册中，公司建议可使用持续播放四天的"广告词"：

　　　　第一天："GEISHA（艺伎）读作GAY（同性恋）-SHA！"

第二天："GEISHA读作GAY-SHA，重音在'GAY'上！"

第三天："GEISHA读作GAY-SHA，重音在'GAY'上……就是杰瑞·刘易斯那样！"

第四天："GEISHA读作GAY-SHA，重音在'GAY'上……看看杰瑞·刘易斯在《男艺伎》里什么样。"

电影公司意识到这一同性恋性倾向特征是刘易斯的一个卖点。刘易斯通过画面展示了一个完全缺乏自制和自主的躯体，他扮演的伍利再一次加强了有关男性气质和成熟度的既有观念——两个在美国人看来是不可分的特质。影片《男艺伎》中的"男孩"可能指的并不是那个日本男孩——因为以渡边三男所属的社会阶级和性别，如果他是艺伎，以日本人的情感理解来说是很荒谬的——而很可能暗示是刘易斯本人。导演塔许林在随后拍摄的从《穿裙子的中尉》（1956）到《煤炭工狂想曲》（1960）连续几部影片中继续探讨了性倾向的主题——后者也是刘易斯出演——塔许林和刘易斯合作的电影还借助利用了刘易斯之前与迪安·马丁合作的歌舞表演、电影和电视作品中广受欢迎的"笨小孩"角色。通过"笨小孩"这一角色，刘易斯向观众呈现了"与观众接受的形体、成熟度和男性特质的普遍标准截然相反的形象"。"同性恋式的"杰瑞·刘易斯的笑点和较早时期杰克·本尼的笑点一样：两者都让观众在从他们"最恐惧的"事物中取乐的同时自我安慰：即使"最无能无用之人"也仍有可爱之处。就像格伦·福特在影片《秋月茶室》中饰演的菲斯比一样，刘易斯在影片《男艺伎》中饰演的这位好心但却冒冒失失的美国人那滑稽古怪的表演可以被视作是在讽刺美国为日本这个年轻的盟友提供坚定、正确领导的能力。

但是在结尾，影片回避了同性恋和男性性别错乱可能带来的威胁，重新确定了美国进行家长式领导的能力。甚至是一个无能的美国男人在前往日本，做出正确的选择后也能变得有男子气。毕竟有两个漂亮的女士在刘易斯的性格中看到了"男子气"。影片中的日本男孩在依赖伍利的同时，也通过两种其他方式帮助伍利成长为"男人"——一是承担父亲的角色，另一个是取得事业上的成功。渡边三男的孤儿身份顺理成章地使得伍利所承担的角色没有逾越父子关系。渡边三男就像是被占领的日本，需要引导帮助——在影片中，他甚至要求伍利做他的父亲。影片的最后一幕，伍利、喜美和渡边三男三人同台表演——但后两人是配角——暗示他们已形成了一个在父亲有力控制下的核心家庭。因此，通过影片的结尾，伍利潜在的破坏性、性向偏离的表现都受到了控制：影片的故事情节找到了解决问题的办法，确定了20世纪50年代美国男性的特质和成熟的标准。这个冒冒失失的美国男人已经成长为世界的领导者。

1960年《纽约时报》的一篇书评写道："15年前，许多美国人认为大部分日本人是血腥残暴的野蛮人、狂热盲从的军国主义分子、愚昧无知的天皇崇拜者。而今大部分美国人在想到日本人时似乎都认为他们中的绝大多数是令人愉悦的文明中奇趣迷人的一员，这种文明富有比西方文明更稀有更敏锐的直观认识和文化传统。"《重返日本》是伊丽莎白·格雷·瓦伊宁继《为皇太子开启的窗户》之后所写的续集，通过对该书的研究评论可以看出，作者将"美国人的仇恨之心得以快速转化为欣赏之情"的原因部分归功于许许多多在日本愉快生活过的驻日美国人，而另一部分归功于"那些对昔日宿敌改变看法的美国人所写的大量有关日本的著作"。此刻，地缘政治、消费主义和国内忧患相互融汇，这种状况促使美国人接受昔日宿敌作为美国施舍、保护和指引的最佳受惠国。美国媒体和政府中的自由主义者已经成功地调整了有关成熟度和性别的既有的意识形态，以制造出一种新的话语舆论来促进同日本的友好亲善关系。

及至1964年，日本似乎完成了从种族敌人到重要的年轻盟友的转变过程。同年，在美国的极力游说下，日本加入了经济合作发展组织（OECD）。这一事件象征着麦克阿瑟口中的"12岁男孩"现在在经济上已经足够发达，成为了一个可以加入其他"成熟的"民族国家之中的"成年人"。同样是在1964年，日本成为了亚洲第一个承办奥运会的国家。日本政府斥资28亿（以1964年美元币值计算）新建或翻新了运动设施、补贴新建酒店、更新了东京的交通系统，同时日本商界在日本商品和日本风土上投入重金，以显示日本对于广大国际游客的吸引力。《商业周刊》报道称日本政府希望"这笔投资的即刻首要的回报"是"国际声望"——即日本能够被其他国家当作一个蓬勃发展的现代经济体而认真看待。但是该杂志给日本的这一系列举动套上了熟悉的性别框架："东京就像一个在物色对象的女士，为了奥运会，手忙脚乱地试图把自己装扮得漂亮可人些。"尽管《商业周刊》发现自己很难抵制这个女性化日本的观念，但它刊登的文章主要还是关注成熟的日本科技消费品产业。该杂志称钟表公司日本精工株式会社将为奥林匹克运动会提供官方计时装置，并且该公司正在

"大造声势"要打破钟表业"瑞士垄断"的局面。正如瑞士在较早时期成功地扭转了人们对"瑞士品质"的轻蔑态度,日本人也开始扭转美国人的对日本货的认识,"日本制造"不再是假冒伪劣产品的代名词。

这幅艺伎打保龄球的图片是《生活》杂志于1964年9月发行的日本特刊采用的封面。盖蒂图片社。

东京奥林匹克运动会成为美国自由主义者自战争结束后

回顾诸多变化的契机。诺曼·卡森斯在1964年重访广岛，并给《星期六文学评论》的读者发回报道称"广岛少女"们和"精神的养子"们都过着幸福美满的生活——他们中的一些已经有了自己的孩子。《生活》杂志往日本派出了一批职员，驻扎近一年，准备发行一期有关日本的专刊。亨利·卢斯在特刊的社论中反思1945年以来日本的巨大变化时写道："在所有的历史记录中，很难找到与美日之间短暂而紧张的关系相类似的情况，它们之间充满了极端的赞誉和仇恨、背叛和信任、合作与暴力。"两国关系曾从友好走向战争，之后又回复到亲善友好且互相依靠的关系："今天的日本和美国被两国间的贸易、国防政策和政治体制错综复杂地联系在一起——两国甚至在进行一场貌似文化间的浪漫情事。"日本仍旧在继续"美国化"，而在美国，日本人的美学也在影响着新一代的艺术家和设计师。为了集中体现这场"文化情事"，《生活》杂志的封面照片刊登了一个身着传统服装的"艺伎"——象征着日本——正在打保龄球。美国人是现代保龄球的创新者；此项运动在战后的美国非常流行，并迅速风靡全球。日本人很少穿着和服打保龄球，但这样的传统服装对《生活》杂志的编辑很重要，因为它对照了传统的日本的和现代的日本——这一直是摄影师所钟情的对照布局，尤其在日本被占之后更是如此。照片上"艺伎"抛球的瞬间暗示着"日本"在行动，在重振旗鼓。美国人通常采用年轻日本男性的形象代表行动中的日本，但是现在出于编辑销售杂志的愿望以及特刊有关美日之间"文化情事"主题的考虑，需要一名身着和服的女性。

　　这种传统与现代之间的对照体现了美国是如何继续视日本为异国的、东方的他者的。尽管《生活》杂志的编辑们要求撰稿人和摄影师避免重蹈"人们熟知的旅游观光套路"，编辑们还是在特刊中选用了许多像樱花烂漫的日本这样眼熟的图片。他们甚至没能抵制住诱惑，选取了最惯常使用的日本浴女图（少女在以富士山全貌为背景的舒适温泉中沐浴）。从总体上看，《生活》杂志特刊中选用的图片分为两种，对应美国人对日本的矛盾情绪。一种表现的是静默的僧侣消失在通往森林的甬道上那依稀的背影或是沐浴中的少女，这类图片突出地表现了美国人对日本文化的欣赏之处：日本人的静思冥想、条理有序还有美学上的特征。另一种则反映了美国人对日本人负面的认识：他们缺乏自主性、缺乏理性并且潜藏着敌意。这类图片通常表现的是一群日本人混杂在一起，象征着混乱，引起人们的排斥厌恶或恐惧感——例如一大幅彩照所表现的正在进行不知是何种仪式的一大群裸体男性那挣扎扭动的躯体。大使赖肖尔意识到这种具有双重性的观点，声称日本和美国在共同关心的问题上会成为"必然的伙伴关系"，而卢斯则断言在这样的关系中，美国人仍对美日之间"现在的友好状态怀有深深的疑虑"。

　　尽管冷战自由主义者致力于宣传种族宽容，许多美国人仍持有带有种族主义色彩的恐惧感，认为神秘莫测的日本人和其他"东方人"在本质上就和"西方人"不同，所以是不可信任的。因此十年之后，当尼克松政府称日本是导致美国金融灾难的经济敌人时，美国民众立刻就相信了。比起将经济上遇到的困难归咎于美国经济的结构调整或是美国在东南亚历时漫长、花费巨大的灾难性战争而言，指责日本人要容易得多。日本人曾向美国发动过一场军事战争；现在，他们似乎正在发动一场经济战争。当"经济泡沫"在20世纪90年代的早期尚未破灭之前，日本似乎一直处于"优势"。据称日本人善用他们仿造的技巧，并且精明能干，在美国的地盘上和美国人奋战，他们将日本制造的车辆和电子产品大量输入美国市场，并且还高调收购美国地产和企业。美国工商管理学的学生们在学习如何同日本人竞争时，仔细研读了大量的资料，例如埃兹拉·沃格尔的《日本第一》（1979）、威廉·大内的《Z理论》（1981），甚至还有前现代的日本武士宫本武藏的名作《五轮书》。尽管德国在同一时期也崛起为经济强国，但它的成功在美国并没有引起同样的关注或担忧。

1964年左右，一个全新的、人性化的天皇携妻子和一群普通日本人同坐一艘船前去观察海洋生物。盖蒂图片社。

在大众文化中，像《滚球大战》（1975）和《巴西》（1985）这样的影片刻画了崇尚军国主义的反面角色"武士"恶棍。但是这些恶棍像机器人一样受人操控，这种形象正适合日本作为科技强国的新地位，还会让人回想起法兰克·卡普拉的话：日本士兵是"同一张底片的复制品"。同时，带着照相机的日本游客成为了另一新的固定形象。这一时期拍的照片似乎代表了日本的优势，而美国人对日本人地位上的优势感到不适，这可能是造成20世纪七八十年代日本那种可笑刻板形象广泛流行的原因。这种对日本成为经济强国的恐惧——现在日本被认为是雄壮有力、刚愎固执又神秘莫测的——在日本经济衰退前，一直存在于美国大众文化中，这点从当时的畅销书中可见一斑，例如克莱夫·卡斯勒的《龙》（1990）和迈克·克莱顿的《朝阳》（1992）。由于这是一场比喻性的"战争"，不是实际发生的战争，所以这些形象得以同那些樱花烂漫的日本形象共存。例如，整个这一时期，洛杉矶的广告牌上都有身着和服、优雅的日本航空公司的空姐们宣传日本友善、柔和的形象。美国人并没有简单地将艺伎的形象替换成武士形象；他们继续使用这两种比喻形象以表明他们和日本的双边关系。

换言之，美国人仍旧从两方面看待日本：日本引人着迷的同时又令人厌恶排斥，和善的同时又具有威胁性，亲善的同时又不怀好意，是美国年轻的盟友又是狡诈奸猾的敌人。这种赤裸裸的两面性让美国人理解接受了简单易懂的舆论宣传，例如有关"开明"、热爱和平的天皇威慑压制了"封建的"军国主义战争贩子，这种舆论宣传解释了为何战后美国与日本结成了联盟。这种具有两面性的观点一方面使得美国人可以继续对像自负的东条英机或是"变态的"、心怀怨恨的川北友弥那种"邪恶的日本佬"表示种族仇恨，另一方面，让美国人在战后舆论中为"亲善的日本人"留有余地：比如美国化的、心胸宽广的西山、恭敬顺从的"广岛少女"们或是无辜的战争孤儿们。这种对日本人的双重看法在战前就存在，现在美国人仍旧可以信手拈来解释目前的状况。视政治环境而定，这两方面此消彼长，快速轮换——因为它们是同一现象的两个对立面——但在没有危机的情况下，通常对立的两面同时存在。

诚然，舆论为转变日本人形象而作出的努力并没有说服所有的美国人；一些人仍旧认为日本人狡猾可疑。但舆论的努力也对许多美国人产生了作用——产生了些预料之中的混合结果。1995年，在关于使用原子弹的亚洲史研究的辩论中，一个使用原子弹的坚定支持者在给作者的电子邮件中写道："日本人总的来说是一个亲善伟大的民族，我欣赏这样的民族……他们有优雅的女性、可爱的孩子，还有包含有趣的娱乐和运动的令人着迷的文化。"但是，他仍对这样的一个民族感到不安，因为他们"（实际上）仍是一个帝制统治的社会，有1亿为生计残酷竞争的人们拥挤在"一片相对贫瘠、地质条件不稳定的岛屿上。他对"日本人那种像旅鼠一样急切地自我结束生命的行为"感到恐惧。他强调说"我实在不希望在日本有人启动'世界末日装置'，结束这个星球上所有的生命，仅仅因为他们感到自己——或是人类——有不可饶恕的自我羞耻感！"

鲁思·本尼迪克特有关日本人耻感文化的理论已经进入了美国人对日本的主流观念，这一点清楚地表现在跟作者通电子邮件的这个历史爱好者的观点之中，甚至也表现在像伊恩·布鲁玛这样的日本专家的著作中。本尼迪克特认为她的研究将有利于建立"一个差异共存的世界"，但结果却将这些差异实质化、具体化，从而加剧了种族主义。当时，像本尼迪克特这样的战后自由主义者坚信，通过强调文化比生物特征重要以及有色人种也有"发展成熟"为现代社会的潜力，他们在和以往种族主义者的思维方式脱离、决裂。但是，如本书所示，战后自由主义者们尽管是出于好意，结果却在其他领域重新构建了种族主义。他们的作为使得种族主义对许多美国人而言不易辨识，其影响一直延续至今。因为这些代表大多数人意见的自由主义者们非但没有改变，反而加剧了本质差异这一观念，所以他们最终没能改变种族主义者的观念想法。

战争结束60年后，美国人在了解日本时，种族主义以及东方化的"他者"观念仍占重要地位。尽管反种族主义对话和教育都一直在进行，但时至今日，很少有人会采用成熟度这一术语来鼓励美国人"成长起来"，改善他们和美国的少数族裔或是世界上有色人种之间的种族关系。自由主义者的舆论宣传逐渐消亡了，随之而去的还有自由主义者对美国人发展"成熟心智"能力的信心。许多美国人仍旧认为其他民族需要发展成熟；他们甚至嘲笑其他民族幼稚；但现在他们没有将这种话语应用于自身。

在冷战自由主义者的世界观中，成熟度和发展这两个旧有的、具有强大说服力的观念不仅被赋予了性别化色彩，还受到了严格的限定。今天，或许有人会带着怀旧的心理回顾这些自由主义者的观点，向往他们曾怀着发自内心的冲动和物质承诺要建造的那个美好世界。但是重要的一点是，我们同时还要记得这些观点又是怎样破坏了他们所宣称的创造一个更平等、更民主的全球化社区的目标。